中国教科书发展史丛书

丛书主编 石鸥

丛书副主编 张增田 刘丽群

中国革命根据地

教科书研究

◎ 石玉 著

知识产权出版社

全国百佳图书出版单位

图书在版编目（CIP）数据

中国革命根据地教科书研究/石玉著. —北京：知识产权出版社，2015.8
（中国教科书发展史丛书/石鸥主编）
ISBN 978 - 7 - 5130 - 3658 - 0

Ⅰ.①中… Ⅱ.①石… Ⅲ.①革命根据地—教材—历史—研究—中国
Ⅳ.①G423.3

中国版本图书馆 CIP 数据核字（2015）第 165050 号

责任编辑：汤腊冬   责任校对：孙婷婷
文字编辑：申立超   责任出版：刘译文

中国革命根据地教科书研究

石玉 著

出版发行：知识产权出版社有限责任公司		网　　　址：http://www.ipph.cn	
社　　址：北京市海淀区马甸南村 1 号（邮编：100088）		天猫旗舰店：http://zscqcbs.tmall.com	
责编电话：010 - 82000860 转 8108		责 编 邮 箱：tangladong@cnipr.com	
发行电话：010 - 82000860 转 8101/8102		发 行 传 真：010 - 82000893/82005070/82000270	
印　　刷：三河市国英印务有限公司		经　　　销：各大网上书店、新华书店及相	
		关专业书店	
开　　本：720mm×1000mm　1/16		印　　　张：15.25	
版　　次：2015 年 8 月第 1 版		印　　　次：2015 年 8 月第 1 次印刷	
字　　数：250 千字		定　　　价：58.00 元	

ISBN 978 - 7 - 5130 - 3658 - 0

① ② ③ ④

① 董纯才，《初级新课本》国语常识合编，陕甘宁边区教育厅审定，华北书店，1942

② 陕甘宁教育厅国民教育科，《初级新课本》国语常识合编，陕甘宁边区教育厅审定，新华书店，1945

③ 编撰者不详，《战时读本》，太行文化教育出版社，出版时间不详

④ 华北联合大学教育研究室，《常识课本》，前卫出版社，1941

① 张腾霄、张岱，《初小国语课本》，晋察冀边区行政委员会教育处审定，冀中行署教育科，1945

② 晋察冀边区行政委员会教育处，《算术》，晋察冀边区教育出版社，1944

③ 编撰者不详，《自然课本》，晋冀鲁豫边区政府教育厅审定，出版社、出版时间不详

④ 贾林放，《自然课本》，晋冀鲁豫边区教育厅审定，边府印刷局，1945

| ① | ② |
| ③ | ④ |

① 辛安亭，《历史课本》，晋冀鲁豫边区教育厅审定，太岳新华书店，1944

② 冀鲁豫行署教育厅，《历史课本》，冀鲁豫书店，出版时间不详

③ 编撰者不详，《小学国语课本》，冀南区二专署翻印，大众书店出版，出版时间不详

④ 编撰者不详，《国语课本》，出版社、出版时间不详

① 编撰者不详，《国防历史地理课本》，蓬莱县政府，1945

② 张思俊，《高小史地》，陕甘宁边区教育厅审定，新华书店，1946

③ 编撰者不详，《战时新课本》国语常识合编，晋冀鲁豫边区教育厅审定，振华印刷厂，1945

④ 曾频，《初级新课本》国语常识合编，晋冀鲁豫边区教育厅审定，太行群众书店，1945

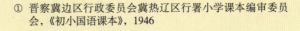

① 晋察冀边区行政委员会冀热辽区行署小学课本编审委员会，《初小国语课本》，1946

② 编撰者不详，《算术课本》，晋冀鲁豫边区教育厅审定，太行群众书店，1947

③ 晋察冀边区行政委员会教育处，《历史课本》，晋察冀边区行政委员会教育处审定，晋察冀第二专区印刷所，出版时间不详

④ 编撰者不详，《新民主主义政治课本》，太岳文化出版社，1941

① 刘御，《初小国语》，陕甘宁边区教育厅审定，新华书店，1948

② 编撰者不详，《国语课本》，晋绥边区行政公署教育处审定，晋绥边区新华书店，1948

③ 编撰者不详，《珠算课本》，晋察冀边区行政委员会教育处审定，晋冀第二专署印刷厂，1946

④ 编撰者不详，《算术课本》，晋察冀边区行政委员会教育处审定，晋察冀新华书店，1948

总　序

"我们是由教科书决定的"

人们习惯于指责权力的介入，没错，权力是极端重要的，但权力的介入有时候却是次要的，因为它往往被有些人警觉地关注着，有人要把权力"锁进笼子"里。民间的认识习惯才是主要的，甚至关键的。有时候，真相无法起到真相的作用，长久以来形成的符合人们认识的一些非真相及其演绎出来的故事更重要。比如教科书中的岳飞、三皇五帝，比如学界对蔡锷与小凤仙的定论，还有许多类似的例子。现在的问题或困惑是，不管有没有找到真相，人们似乎已经不需要真相了，社会似乎也已经不需要真相了。人们宁愿相信自己熟识的那套即便是非真相的东西。"符合需要"比"符合真相"更重要。

即便如此，我们还是要堂吉诃德式地去努力挖掘真相。真相帮我们回忆和反思，帮我们认识我们的先辈，其实这也是帮我们认识自己，更是帮我们认识未来；真相能够让我们更聪慧，避免或少犯曾经犯过的错误。我们这套"中国教科书发展史丛书"的出发点之一，就是揭示与展示教科书发展历史中的真相或事实。老课本虽不足以涵盖一个国家的发展命运，但老课本是我国近现代文化中最细小、最有魅力的碎片，有了它们，才能勾勒出魅力文化或真实文化的全貌。

我们这套书的选题有着多方面考虑。

我们认为，关于我国近现代教科书发展历程的研究，是一个研究基础薄弱、学术开拓空间相当广阔的领域。说研究基础薄弱，主要是史料建设工作严重滞后，关于教科书及相关文献史料的整理和开发还未被提上议事日程，大量相关文献史料尚尘封在历史角落里，没有进入研究和阅读的视野，文献资源的封闭、散佚和流失现象严重，学界对此重视不够，研究力量相对薄弱，长时间没有引起足够重视。说学术开拓的空间广阔，主要是因为教科书涉及各学科领域，早期教科书中蕴含着学术转型、整合、成型的要素，体现了我国西式学科的起源与发展历程。尤为重要的是，早期教科书对当时的政治、经济、文化教育有多方位的、特定形式的反映和描述，它们是研究该时期社会思潮、认识与行为、语言形态、乡风民俗、价值观、人生观等领域的鲜活而宝贵的历史材料。教科书是一支最朴素的力量，推动着传统文化和社会价值的变革。一本本教科书反映出一段段近代中国教育、甚至中国社会变革与发展的历史，透过清末民初教科书，我们可以探寻到中国近代教育开启、演绎、转轨的足迹，可以感受到那个时代变革的风雨交加、电闪雷鸣。正因为这些因素，对近现代教科书发展历程的进一步梳理就显得格外重要，也格外艰难。《简明中国教科书史》就是力求借助我们团队以及日益增多的教科书研究者的最新研究成果，对教科书发展历程作更清晰的脉络化工作。尽管仍然远远不够清晰。

张爱玲曾说："我们这一代人是幸运的，到底还能读懂《红楼梦》。"仔细想来，他们之所以如此幸运，竟然是他们幸运地诵读过那时的教科书。我们很看重教科书的价值。派纳说，"我们是由课程决定的"。而课程最重要的载体是课本，即教科书。所以可以把他的话改一下："我们是由教科书决定的。"教科书的作用具有隐蔽性、柔性的特点，很难让一个人说出自己在哪些方面确实受到了教科书影响。教科书的影响可以潜移默化地深入到主体的内心，成为主体的知识结构和心智世界之一部分。

教科书在哪里读响，启蒙就跟进到哪里。在有教科书读响的地方，文明出现了，生长了，新社会也形成了。这才是我们需要的真正的教科书。我们看重这样的教科书，我们怀想它们，思忆它们，要还它们本来面貌。清末民初的教科书，因其在开启民智民德中的作用，为大量中国知识分子利用。所以，百年来既有显赫如张之洞、严复、张百熙等人编创的课本，又有一些地位普通的知识人编纂的课本，他们找到了一种自己的发声系统——编写课本，这是边缘者的武器。边缘者不像革命者，不总是用不合作、起义、暗杀等方式，他们借助课本催生新生活、新社会。《百年中国教科书忆》就是对这些有代表性的课本进行追忆式的挖掘。当传统经典从高高的殿堂步向现实的课堂，当救亡图存与重塑国民精神的时代呼声转化为孩童们诵读的浅白课文，当新思想、新知识经过小课本的反复传播被国人认同为公理和常识，小小的课本就为中国大大的启蒙做出了不可替代的贡献。一个世纪后，当我们诵读这些略显粗糙的课文，体会着我们的先辈那忧国忧民也不无褊狭的爱国情怀，内心依然充满感动。

我们觉得，任何教科书都有其特定的意义与价值，即便是遭到世人唾弃的教科书。比如"文革"时期的教科书。尽管社会彻底否定了"文革"，历史似乎已把"文革"遗忘，但"文革"还是犹如现实的影子，伴随现实而行。确实，"文革"时期的教材浅显、充满说教，但有一条大体上可以认同，在"文革"的教材和教学下，孩子们既有童年，也有学习。孩子们在"文革"的课本中，心比天高又嘻嘻哈哈地一路学来，没有压力，没有痛苦，只有不自量力的崇高与责任。这一点恐怕是今日学生所永远难以企及的。"文革"课本不论多么肤浅，我们总不能自欺欺人地认为它不存在。它存在了十年，实实在在的三千六百五十天，实实在在影响甚至形塑了一代人，乃至几代人（因为并非所有的人都是完整接受十年"文革"教育的）。《新中国"红色"课本研究》就是要唤醒它们，由唤醒"文革"课本到唤醒今天的人们去关注"文革"、警觉"文革"的阴影。

如果说十年"文革"是短暂的，那么百年的乡土教材发展历程够长了吧。乡土教材几乎与现代意义的教科书同步产生和发展。是的，乡土教材历经百年，它们从激发爱乡之情到晕染出爱国之情，它们在保护乡土文化，构建和谐乡村；它们在唤醒学子知乡、爱乡、建设乡村；它们在培育乡里乡亲和谐的邻里关系上起了不可替代又亟待研究发掘的作用。今天的人们，为乡村的失落而忧虑，为乡里乡亲的完全陌生化而伤感，为乡村文化的碎裂毁灭而奔走呼号。可他们是否想过，这一切难道与乡土教材的失落没有关系吗？这种失落既表现在对乡土教材的不重视上（乡土教材离消失已经不远了），也表现在乡土教材本身的"弱智"上，看一下百年前的乡土教材，比较一下今天的乡土教材，便能够引起我们的许多思索。希望《百年中国乡土教材研究》成为一次振兴乡土教材的呼号与呐喊。

清末民初，在南方一所西式女学堂，一群女孩在教室读书。她们中有陈衡哲，有秋瑾，有冰心，有丁玲，有萧红……"只须案摊书本，手捏柔毫，坐于绿窗翠箔之下，便是一幅画图。"她们是当时真正独特的风景，她们是社会的异数，她们更是未来。构建未来的不是刺刀，不是监狱，而是学堂中的女孩子们，她们青春焕发。也许还饥肠辘辘地在与家庭和自己的命运抗争，但她们充满希望，正从课本中汲取智慧和力量。女子教科书与女子学堂一样，在中国历史上存在的时间不长。但女子教科书的演变历程如何？它们在中国传统文化的传承与新文明的引进中发挥了什么作用？它们在女性成长中究竟扮演了什么角色？《清末民初女子教科书的文化特性》一书，力求给我们某种答案，某种启迪。

在经历长征等重大挫折之后，中国共产党何以能够迅速扩大其实力，并动员广大农民积极参加抗战？的确，日本侵略中国为党的战略策略调整和党在新的斗争环境下的生存、发展、壮大带来了一定的契机，但若无潜在的力量和正确的举措，契机也会失去。众所周知，1935年红军长征到达陕北时，只剩约两万五千人。以如此微弱的力量，如何能在短期内成功地动员千百万农民投身共产党，投身抗战？共产党在乡村地区组织和动员的工具是什么？谁架起了共产党革命理想与农民现实主义之间的桥梁？共产党通过什么将散漫的小农组织改造成为全心全意支持共产党的力量？在大革命失败后艰苦卓绝的岁月中，共产主义奋斗目标何以在革命根据地被广大穷人内化为内心深处的信仰和信念？弱小的共产党何以在纷繁复杂的矛盾变化及艰难困苦的岁月中获得广大民众持续的认可和拥护？……这些问题并没有得到满意的解答。我们注意到，以往对中国共产党发展的研究多集中于意识形态、政治冲突、权力斗争、阶级对立、军事行动等。这种研究受历史研究中专注于宏大叙事的影响，倾向重大事件和上层精英，极少注意到西北农村学校及其教科书在其中的意义与价值。即便某些研究注意到了学校与革命的关系，也只是聚焦于学生运动或少数革命精英学生，忽视了教科书在其中的作用。而一旦翻阅根据地的《共产儿童读本》《初级新课本》《战时新课本》《国语课本》，我们就会发现，作为拥有最多读者的根据地宣传载体，教科书在宣传共产党的政策、在共产党领导合法化过程中的作用远未被挖掘出来。教科书把共产党的政策与农民的切身利益结合起来，它们传播现代基础文明，灌输无产阶级的话语系统，用崭新的政治意识和行为规范指导民众；它们既充满强烈的政治意识和民族精神，又具有广泛的亲农倾向，是沟通知识精英和农民大众的天然桥梁。根据地小课本所起到的大宣传，在中国革命史上写下了浓墨重彩的一笔。这正是《中国革命根据地教科书研究》想要梳理与表达的。

……

当下，教室正在失去学堂的味道，教科书越来越令学生产生将之从窗口扔出去甚至撕毁的冲动。此刻，面对百年前，或半个世纪前的泛黄的老课本，突然，一种感觉袭来，我们都将逝去，我们正在逝去，而它们还存在着。它们让人反省，让人产生敬畏。

本套书系全国教育科学规划国家社科课题"百年中国教科书在文化传承与创新中的基础作用研究"（BAA120011）的部分研究成果，是我们"教科书团队"的研究成果。这是一个正在成长的团队，也是一个生机勃勃的团队。这个研究团队由我本人领衔，以首都师范大学为基地，辐射全国，主要研究力量有赵长林、吴小鸥、张增田、王昌善、方成智、李祖祥、刘丽群等教授，有段发明、李水平、刘学利、廖巍、刘斌、吴驰、石玉、赵志明、李新、刘景超、崔柯琰等博士，他们在自己擅长的领域对教科书研究进行拓展研究，为团队所取得的研究成果以及本套书的完成做出了自己的贡献。还有我的已毕业或尚未毕业的所有研究生，他们前赴后继，从教科书的整理、归类，资料的查询、书稿的校对等多方面为我们的教科书研究做出了不可或缺的努力。他们在我脑海中留下了大量美好的身影与姿态，但我可爱的同学们，你们知道吗？在我心中，烙下深深印记的，你们最优美的身影与姿态，是你们读书的情影，是你们整理书的情影！教科书是你们的 T 型台。

总体上说，这套书之所以能够比较顺利地面世，要感谢首都师范大学教育学院，感谢孟繁华教授，感谢蔡春、张增田等教授。我们还要感谢知识产权出版社的汤腊冬女士。感谢我的研究团队，感谢我的学生，我的研究同伴。如果没有他们，很难想象这套书会顺利完成。这都不是客套话。

由于本套书的每个作者都有自己的研究思路与表达风格，我只对形式方面作了一些统一规整，对一些大的结构调整提出了建议，同时提供了所有的教科书照片，没有对其他作者的书稿内容进行全面考校，希望读者能够理解。

首都师范大学　石　鸥

2014 年教师节改定于学堂书斋

第四章
解放战争时期的革命根据地教科书（1946～1949）

第五章
革命根据地教科书的特征及影响

后　　记

第一章　中央苏区时期的教科书
（1927～1937）

党在中国革命根据地创建教育体制之初，秉持全盘否定已有教育形式的态度。现有的学校教育被认为是"注入式的奴隶教授"❶，开办在城市的学校是"很守旧的行会和资产阶级为愚弄工人起见所组织的"❷，在乡村学校任教的教师被认为是"反动思想的塾师"❸。无论城市的，或是乡村的、宗教的，或是世俗的教育形式，它们所代表的都是党要推翻的旧社会，不符合党对教育的基本期待。党需要建立一套全新的教育制度。虽然中央苏区时期教育制度的创建工作不尽完善，甚至教育系统未能走上常规化轨道，但此时创新的教育制度、特殊的教育目的、规定的教育内容、实践的教育形式为党的教育事业的发展作了铺垫。诞生于其中的教科书，成为之后教科书编撰的蓝本。而蕴含于蓝本之中的教育，更是影响至深。

第一节　中央苏区时期的教科书编撰背景

中央苏区时期的教育基本情况、教育方针、教育内容、教育评价标准决定了该时期教科书的编撰。根据地教科书总是随着这几方面的变化而变化。

一、"中央苏区"的教育形式

1927 年国共合作分裂，创立根据地和建设根据地就成为党领导的民主革命的极其重要的事。从 1927 年 10 月开辟井冈山革命根据地到 1937 年抗日战争爆发，党建立了一批农村革命根据地，成立了以江西中央苏区为中心的苏维埃政权。

（一）借用党的队伍建设形式

苏区的教育最早开始于党内的红军教育和干部教育，以向党内干部

---

❶　文化教育问题决议案［Z］. 永新县四全代表大会，1932 – 6 – 03.

❷　关于"工会运动与共产党"的议决案（附加议案）［Z］// 中国共产党第二次全国大会决议案，1922 – 07.

❸　乡村教师运动决议案［Z］// 中央档案馆. 中共中央文件选集（第一册）. 北京：中共中央党校出版社，1989：542 – 543.

宣传党的政治文化为目的。这种教育形式被应用于随后创建的社会教育和学校教育中，形成了具有中国革命根据地特色的教育形式。

1. 军队建设和干部教育的形式

党最早的正规教育形式是在军队建设和干部教育当中。早在井冈山时代，党就相当重视军队的文化建设工作。据记载，党内领导经常深入部队讲课。1928 年 3 月，党内领导在酃县中村对从湘南返回的部队进行了为期 1 周左右的政治思想教育工作。毛泽东每天上午亲自给部队指战员上政治课，在课上分析了第一次国内革命战争失败后的形势和中国革命的性质、任务与特点，阐述了坚持湘赣边界工农武装割剧的重要意义。下午由部队指战员们进行讨论。❶ 朱德于 1927 年创办国民革命军第三军官教育团，对学员进行政治思想教育，并经常向学员灌输革命思想。❷ 同年 12 月，朱德、陈毅对南昌起义保留下来的部队进行整训，二人亲自制定了教育计划，编写了新的军事教材和政治教材，领导部队指战员白天出操、上课，进行军事训练和政治训练；晚上以连、排为单位，分散到附近农村去向群众作宣传、发动群众，走上了把武装斗争和农民运动结合在一起的道路。❸ 1929 年 10 月，中共赣东北特委创办信江军政学校，邹琦任校长，邵式平任政委，校址在江西弋阳县吴家墩。第 1 期学员有 170 多人，他们都是有一定文化的工农子弟，由地方党组织和苏维埃政府保送入学。邹琦校长亲自讲授军事课，方志敏、邵式子、黄道也经常在学校讲课、作报告。❹ 1930 年 7 月，红七军在广西思林县开办训练班，邓小平亲自讲课。当时训练班有学员 20 余人，都是红军和当地政府的工作人员。❺

干部教育以举办各种类型的短期速成训练班为主，培训时间一般为

❶ 皇甫束玉，等 . 中国革命根据地教育纪事（1927.8～1949.9）[M]. 北京：教育科学出版社，1989：11.

❷ 皇甫束玉，等 . 中国革命根据地教育纪事（1927.8～1949.9）[M]. 北京：教育科学出版社，1989：4.

❸ 皇甫束玉，等 . 中国革命根据地教育纪事（1927.8～1949.9）[M]. 北京：教育科学出版社，1989：7.

❹ 皇甫束玉，等 . 中国革命根据地教育纪事（1927.8～1949.9）[M]. 北京：教育科学出版社，1989：20.

❺ 皇甫束玉，等 . 中国革命根据地教育纪事（1927.8～1949.9）[M]. 北京：教育科学出版社，1989：26.

半个月至 1 个月或 2 个月，最多不超过 3 个月。训练班由各地方革命政府或党组织举办，也有的由红军协助办理。自 1929 年 8 月起，中央闽西特委为了培养支部书记开始创办训练班。最早的学习班为期 8 天，学员 20 人，由各县县委选派。训练班联系革命斗争实际开设有关共产主义与共产党、六次大会决议与精神、土地问题建国策略、民资大会决议、政治报告、党的组织工作、群众工作须知、游击战争与暴动等内容的课程。1931～1933 年，闽浙赣省委共产主义学校共办 3 期学习班，每期学习 4 个月，开设有关阶级斗争、马列主义基本理论、白区工作、土地问题、青年工作、婚姻法等内容的课程。❶ 1932 年，闽浙赣边区建立红色教员养成所，修业 18 个月，开设政治、社会、自然、算术、军事训练、音乐、图画、地理、国语等学科的课程。❷ 1933 年 9 月 13 日，闽赣省革命委员会发布《关于开办训练班的问题》，决定全省各县都要开办干部训练班……次日，闽赣省革命委员会又根据中央苏维埃政府（人民委员会）《关于政府工作人员要加紧学习》的命令，发布第三十三号训令，提出："在各级政府工作的人，都应当加紧学习，尽量提高自己的文化程度和工作能力。尤其是不识字的工农分子，更要努力识字，学习政治和工作……造就真正的工农干部。要求每个区、县政府都要设识字班，强迫所有的委员和工作人员努力识字。平均每人每日至少要学习 5 个生字，每个识字的人要教不识字的人，程度稍高的要成立读书班。"❸

红军教育和干部教育最初是作为党自身建设的手段，目的是让军人和党内人员明了党的意识，展开社会宣传，从而赢得社会对党的认可与支持。从内容和形式方面看，二者是一致的。内容上，两者均以党的政治宣传为目的，围绕着政治活动划定教育内容；❹ 形式上，采取灵活的短期训练班的训练形式。之后，这些党的自身建设的手段不仅应用到社

---

❶　徐大妹. 闽浙赣省委共产主义学校［M］//回忆闽浙赣苏区. 南昌：江西人民出版社，1983：389－390.

❷　闽浙赣省第二次工农兵代表大会听了省苏执委工作报告后的决议案［Z］//赣南师范学院，江西省教育科学研究所. 江西苏区教育资料汇编（第一册）. 1985：150.

❸　闽赣省革命委员会关于开办训练班的问题［Z］//中共江西省委党史资料征集委员会，中共江西省党史研究室. 江西党史资料（第十三辑）［M］. 1990：90－91.

❹　例如，中央苏区时期武装斗争、土地革命、创立根据地等活动.

会教育当中，党所创建的小学、中学也基本上都采用了这一模式。

2. 各苏区教育应用党的队伍建设形式

中央苏区时期尚未建立统一的教育制度，由各苏区自行组织教育。各苏区将红军和干部教育的形式应用于社会教育和普通教育当中。例如，社会教育结合土地革命进行，为了教育小学生积极支援前线工作和土地革命斗争，小学十分注意教学与此内容密切结合。课堂教学与社会活动密切结合。除个别苏区外，这时期苏区的小学没有大规模地发展起来，小学的管理体制、修业年限、课程设置、教学内容、教学方法以及教师的聘用和待遇都没有统一的规定。❶

最初作为党自身建设的手段被应用到社会教育和普通教育当中，获得了有力的效果。结合战争时期政权发展的需要，这种党建手段被作为特殊的教育模式稳定下来。之后，又被当做优良的传统继承和发展。可以说，从早期红军教育和干部教育开始，中国革命根据地教育的特征已显现出了基本框架。

（二）教育制度的创建

1. 形成三种教育类型的制度框架（学习"政党知识"的教育制度）

中央苏区逐步确立了新的教育体系，即干部学校教育、社会学校教育和普通教育。这是首次在中国将教育划分为三种类型，并形成了三种教育类型的特殊排序与结构。

1930年，瑞金县苏维埃政府❷和闽西苏维埃政府❸在教育计划中即提出发展"养成……干部人才""社会教育""强迫性质的教育"三种教育。这是中国革命根据地三种教育类型早期的划分。"养成……干部人才"是指培养能在革命环境下从事革命工作的干部的教育；"社会教育"是指提高群众阶级觉悟、政治水平和文化程度的教育；"强迫形式的教育"是针对6～11岁儿童开设的必须接受的小学教育。三种教育类型根据战争的需要和根据地实际的社会发展情况提出，针对不同人群并列设置，彼此之间没有毕业升学的通道联系。1934年，教育人民委员

---

❶ 董纯才. 中国革命根据地教育史（第一卷）[M]. 北京：教育科学出版社，1991：39.
❷ 瑞金县苏维埃政府目前文化工作总计划 [Z]. 文委会第一次会议决定关于指导各级文委会的教育工作，1930–9–20.
❸ 红报，第44期.

部颁布《教育行政纲要》❶，规定教育部在教育方针及政策上领导全国学校教育（普通教育）及社会教育，并设置了初等教育、高等教育、社会教育、艺术四局。初等和高等教育两局协同管理普通教育，社会教育局及艺术局协同管理社会教育。并要求各区教育部虽不分科，但必须兼顾普通教育及社会教育。县教育部分为普通教育科及社会教育科。这就逐步形成了社会教育、干部教育和普通教育的并列结构体系。

这个特殊的教育体系提出的依据是中国革命根据地政权发展的时局和社会的实际情形。在教育体制上"不是首先遵循教育的顺序性，而是首先满足革命斗争和实际斗争的需要；不是事先有什么框框，而是那里需要办什么教育就办什么教育"❷。三种教育虽并列设置，但从教育目的、形式以及内容等教育实施层面的因素看，它们的差别细微，都以党的宣传与动员目的为核心，使用同样的"教科书"。

2. 创建正规教育制度的尝试（学习"普通知识"的教育制度）

在创建这种独特的教育体系之外，还存在另一种尝试。1932 年《湘鄂赣省苏维埃政府训令（文字第二号）》❸ 颁布的学制并未依据"三种教育类型"划分，而是依照"现代教育学制体系"而设置。该训令提出苏维埃的学制要适合社会经济的组织，苏维埃学制的最终目的是要适应人人自生至死都受到适当的最快乐的教育生活，基于这个认识制定了"过渡时期的学制"。学制规定开展与普通学校、专门学校、研究院、保育院相对应的四类教育。普通学校包括幼稚园、列宁小学校和特别学校（为残疾等特殊儿童的教育而设），课程是各科的普通知识；专门学校根据实际的需要而分别设立，有工厂学校、农场学校、教员养成学校等；研究院方面，根据实际的需要，设立各种专门研究院，专门学校毕业生可进入；保育院则负责三岁以前的婴儿看护。

该训令还规定了遵循适合实际情形来办理学校的原则，在目前最低限度地实施。各县普遍设立前期列宁小学校，按能力和需要设立后期列宁小学校、模范列宁小学校。以模范列宁小学校为基础，而办理小学教。

❶ 教育人民委员部，教育行政纲要（原名：教育工作纲要）[Z]. 1934.
❷ 董纯才. 中国革命根据地教育史（第一卷）[M]. 北京：教育科学出版社，1991：70.
❸ 学制与实施目前最低限度的普通教育《湘鄂赣省苏维埃政府训令（文字第二号）》[Z]. 1932-5-7.

员研究所。大部分地区只发展了列宁小学校，且前期列宁小学校居多。

1933 年，少共中央局、中央教育人民委员部联席会议颁布了《关于目前教育工作的任务与团对教育部工作的协助的决议》❶，该决议提出在目前的时局之下必须将教育的中心工作放到社会教育和普及教育之上。"极大地发展社会教育……是非常重要的"，而"社会教育必须要有相当的普通教育发展的基础"，所以要建立普通教育的系统。此处，普通教育是社会教育的基础，社会教育是整个教育体系的中心所在。1933 年 10 月 20 日，"中央文化教育建设大会"通过《苏维埃学校建设决议案》❷，并第一次在苏区整体规划了学校制度。该决议案提出"苏维埃学校制，是统一的学校制，没有等级，对于一切人民，施以平等的教育，所以需要普遍地消灭文盲，普遍地进行义务教育。但是同时要顾及目前国际和国内的革命形势的积极转变，需要工农分子的政治、军事、工业和文化教育人才。因此在学校种类上、科目增减上、修业期限上、课程标准上，以至教材选择上，均须有极大的伸缩；惟不违背实际环境，达到逐渐统一的目标"。学校教育体系分为四类，即以"消灭文盲"为主要目的的学校、以"培养共产主义的新后代"为目的的劳动小学校、"劳动学校和大学中间的学校"以及培养高等专门人才的大学。

在中国革命根据地"三种教育类型"的框架形成和巩固过程中，上述尝试体现出了对待教育的另一种观点。实际上，是创建正规的教育制度，还是创建符合根据地需要的教育制度，这一争论一直是中国革命根据地教育发展过程中存在的对立力量。

1934 年，红军长征开始，创建教育制度的尝试被迫中止。中央苏区时期，党为了适应战争和根据地各项建设的需要，借助了干部队伍和军队的建设形式，形成灵活多样的办学形式。这些办学形式多为短期性质的培训班以及教授基础文化知识的小学教育，均无固定的教学对象、教学内容和年级升降的规定。总体观之，由于物质条件限制和教育观念的偏向，中央苏区时期并未产生系统且制度化的学校教育。

---

❶ 关于目前教育工作的任务与团对教育部工作的协助的决议 [Z]. 1933 – 8 – 30.

❷ 中央教育科学研究所，陈元晖，邹光威，等. 老解放区教育资料·土地革命战争时期 [M]. 北京：教育科学出版社，1980：62 – 62.

二、"中央苏区"的教育任务

中国革命根据地的教育从创建之初就继承了党早期文化宣传的传统，承担着向教育对象宣传党这一职责。

1. 以"宣传"为核心任务

"宣传"被确定为该时期教育的核心任务。党在建立政权的初期，国内外时局混乱，政权处于不稳定状态，极其需要争取最大范围的群众力量来支持党所领导的革命斗争。这一时期，一方面，需要积极向群众宣传政党的革命任务及策略，使群众认识、理解并接受党的斗争目标和斗争路线；另一方面，根据党的各种任务的实际需要，应采取多种形式"作实际斗争的鼓动口号和鼓动工作……以争取群众更容易走到革命的旗帜底下来……以发动更广大的群众革命斗争"❶。1931~1934年，在由省、区、县、乡各级政府以及中共中央发布的有关教育任务的各类文件中，均见"宣传"成为教育工作的主要任务，同时教育也是最重要和最有效的工作形式，其相关描述详见表1-1。

表1-1　各类文件中有关教育任务的描述

时间	机构	有关教育任务的描述
1931	湘鄂赣省	……以启发学生群众的阶级觉悟和认识，坚强学生群众的阶级意识和斗争决心为原则❷
1932	湘赣省	……以发动阶级斗争，坚强阶级意志，而巩固苏维埃政权的社会基础❸
1933	中央教育人民委员部	……以深入思想斗争，使能更有力的动员起来，加入战争，深入阶级斗争，和参加苏维埃各方面的建设❹

---

❶ 湘鄂赣省工农兵苏维埃第一次代表大会文化问题决议案［Z］. 1931-9-23.
❷ 湘鄂赣省工农兵苏维埃第一次代表大会文化问题决议案［Z］. 1931-9-23.
❸ 赣南师范学院，江西省教育科学研究所. 江西苏区教育资料汇编（一）［M］. 南昌：赣南师范学院，江西省教育科学研究所，1985：124.
❹ 中华苏维埃共和国临时政府教育人民委员部训令第一号［Z］. 1933-4-15.

续表

时间	机构	有关教育任务的描述
1933	中央教育人民委员部	……成为战争动员一个不可缺少的力量。提高广大群众的政治文化水平，吸引广大群众积极参加一切战争动员工作❶
1933	湘赣省	……要成为省苏维埃共产党的宣传者❷
1933	中央教育人民委员部	……帮助战争的动员和争取五次"围剿"中的胜利❸
1934	湘赣省	……使更热烈地参加革命战争❹

表1-1截取了党在该时期所发布文件中有关教育任务的内容，从叙述中可见该时期教育之目的主要在于"宣传"二字。正如1933年湘赣省提出的"教育要成为省苏维埃共产党的宣传者"。"宣传"的目的在于使教育对象理解党所认同的文化和政治，才能动员教育对象参加与党的文化和政治相对应的各种任务。

2."宣传"的对象

从阶级论的视角出发，根据地对教育对象有明确规定。不同时期党的政策有变化，教育对象的范围也有相应扩大或缩小，但始终强调工农阶级教育优先权。

1931年闽西苏维埃政府提出"学校是穷人自己的学校"，"我们的教育是阶级的教育，每个工人、农民必须受阶级的教育"❺。1931年《中华苏维埃共和国宪法大纲》规定教育对象为"工农劳苦民众"。1931年的《中华苏维埃共和国第一次全国工农兵代表大会宣言》提出教育对象为"一切工农劳苦群众及其子弟"❻。1933年中央文化教育建设大会通过的《目前教育工作的任务的决议案》❼和《苏维埃学校教育

---

❶　中华苏维埃共和国临时政府教育人民委员部训令第四号［Z］. 1933-7-7.

❷　湘赣省苏维埃政府训令·抚字第十九号［Z］. 1933-1-26.

❸　目前教育工作的任务的决议案［Z］. 中央文化教育建设大会通过，1933-10-20.

❹　少共湘赣省委、省教育部和省儿童局关于儿童入校与消灭文盲运动的指示［Z］. 1934-1-14.

❺　闽西苏维埃政府文化委员会决议案［Z］. 补充委员后第一次会议通过，1931-4-21.

❻　中央教育科学研究所，陈元晖，邹光威，等. 老解放区教育资料·土地革命战争时期［M］. 北京：教育科学出版社，1980：27.

❼　目前教育工作的任务的决议案［Z］.《青年实话》第三卷第一号，1933-11-13.

建设方案》❶ 规定教育对象为"一切男女儿童"和"一切人民"，但强调要考量目前国际和国内的革命形势，教育要着重培养工农阶级的各种人才。

党的教育工作十分看重对工农阶层总体特征的分析，并结合不同时期教育的特定目标及任务积极调整教育形式。1931 年闽西地区提出，需要站在劳动及生产观点上来决定学校学期安排。根据农村实际情形，闽西地区对学期的安排进行了调整：将一年分为三学期。第一学期为春耕至夏收，第二学期为夏收至冬收，第三学期为冬收至春耕。春耕放假二星期至三星期，夏收放假四星期，冬收放假三星期。要求各地按当地实际情况，决定何日放假，何日上课。总之，不能超过这个期限。如没有冬收的地方，可不放假。各地区以这个总的安排为标准灵活决定每学期的安排，只需预先告知文化部即可。❷

3. "宣传"的检验标准

"宣传"是否到位是检验教育工作的重要标准。根据地的领导人经常以此来检验教育工作的成绩。

1934 年，毛泽东在第二次全国苏维埃代表大会上以党报发行数量的提升证明群众文化运动的迅速发展："现在已有大小报纸三十四种，其中如《红色中华》从三千份增至四万份，《青年实话》发行二万八千份，《斗争》二万七千一百份，《红星》一万七千三百份，证明群众的文化水平是迅速的提高了。"❸ 洛甫（张闻天）在谈及苏维埃的文化教育政策时，肯定了苏区当前的教育工作，报告称马克思列宁主义在苏区的工人甚至广大农民中有极大的权威。在任何一个群众机关中，都有"马克思和列宁的遗像或者写他们名字的红纸条"，有的地方将"马克思、列宁当作菩萨一样供奉"❹。党的政治文化是否深入群众，进而动员群众参与党的革命任务成为评价教育工作的标准。

通过强调教育工作的"宣传"效用，党的政治文化高效地渗透到

---

❶　苏维埃学校教育建设方案［Z］. 中央文化教育建设大会通过，1933 - 10 - 20.

❷　闽西各县、区文委联席会决议案［Z］. 闽西政府常委会通过，1931 - 7 - 8.

❸　赣南师范学院，江西省教育科学研究所. 江西苏区教育资料汇编（一）［M］. 南昌：赣南师范学院，江西省教育科学研究所，1985：6.

❹　赣南师范学院，江西省教育科学研究所. 江西苏区教育资料汇编（一）［M］. 南昌：赣南师范学院，江西省教育科学研究所，1985：17.

了社会当中。1930 年 10 月 7 日，赣西南特委书记刘少奇，在给中央的报告中写道："苏府范围内的农民，无论男女老幼，都能明白《国际歌》《少先歌》《十骂反革命》《十骂国民党》《十骂蒋介石》《红军歌》等各种革命歌曲。尤其是阶级意识强，无论三岁小孩，八十老人，都痛恨地主阶级。打倒帝国主义，拥护苏维埃及拥护共产党的主张，几乎成了每个群众的口头禅。"❶ 1934 年红军主力撤离江西苏区后，国民党江西省政府民政厅厅长吕咸奉命到兴国办理"善后"。吕咸在兴国发现广大儿童都有着较高的政治文化水平时，急忙给教育厅厅长程时奎打来电话："儿童均受赤化教育，麻醉甚深，亟应普施感化。"他从兴国回到南昌后，在江西《民国日报》上发表了长篇文章——《处理善后事宜纪要》。他在纪要中写道：地方青年男女儿童"只知有苏维埃，不知有中华民国，只知有公历一九三四年，不知有民国二十三年"。随后，教育厅也派出"考察团"到宁都进行"考察"。他们在考察报告中也写道："虽无知妇孺工农，悉能唱之快乐歌、送郎歌、儿童歌、并能呼口号，如打倒封建、打破迷信、消灭豪绅地主"，能说各样名词，如"扩大红军，选举权等不一而足"。他们惊呼"赤化之烈，殊令人咋舌"❷。方志敏撰写的《赣东北苏维埃创立的历史》记述道："开头，苏维埃三个字，有许多人不懂得，现在，苏区内的儿童团员，都懂得苏维埃政府是工农劳苦群众自己的政府。"❸

根据地教育的任务在不同时期的表述不同，这种变化主要体现的是党内外时局的变化。然而变化之中的共同的精神是教育的核心任务始终为宣传党政治文化和鼓动参与革命。这是对党的早期文化宣传工作的继承和发扬，遵循"学校又可以作为政治宣传工作的一种帮助"❹ 这一党早期对文化宣传工作的认识。党很重视教育的这一功能，对不同阶段的教育任务的支持力度都很大。中国革命根据地的教育对党的执政产生了巨大的推力。

---

❶ 肖小华.试析中央苏区时期思想政治教育的针对性 [J].福建党史月刊，2008 (3).
❷ 江西民国日报，1934 - 11 - 14，12 - 15.
❸ 方志敏：闽浙赣革命根据地史料选编（下册）[M].南昌：江西人民出版社，1987：520.
❹ 教育宣传决议案 [Z].共青团第六次全国代表大会通过，1928 - 7.

第二节　中央苏区时期的教科书编撰

一、根据地教科书编审制度的建立

中央苏区时期形成了一种封闭的教科书制度。教科书从编撰到审查、选用到巡查完全在教育系统内部完成，高度统一于党的领导之下。于战争的特殊环境中，制度的统一高效一方面保证了教科书的编撰及出版，稍加缓解了教育资源贫瘠对教科书出版的限制；另外，它也是实现教育之"宣传"任务的必然需要，唯有通过封闭垄断的制度，才能实现党制定的教育目的。

（一）形成教科书的编审统一

中国共产党对各种出版物有着严格的控制传统。1921 年《中国共产党第一个决议》即确定了党对一切出版物具有领导和监督的权力："一切书籍、日报、标语和传单的出版工作，均应受中央执行委员会或临时中央执行委员会的监督。每个地方组织均有权出版地方的通报、日报、周刊、传单和通告。不论中央或地方出版的一切出版物，其出版工作均应受党员的领导。任何出版物，无论是中央的或地方的，均不得刊登违背党的原则、政策和决议的文章。"❶ 1926 年中国共产党提出设立统一的编辑委员会，❷ 对各种出版物定期审查，为了对各地方的出版物起到"周到的指导"作用，从而保证出版物符合党的工作要求，委员会至少每月开会一次，报告中央及各地的出版物情况。这种对出版物的严格控制，也体现在干部教育、社会教育以及普通教育用书的出版上。总体上看，中国革命根据地通过统一编撰机构、审定编撰内容以及规定选用渠道等形式实现了教科书的统一出版。

---

❶ 中央档案馆. 中共中央文件选集·第一册 [M]. 北京：中共中央党校出版社，1989：6 – 7.

❷ 中央档案馆. 中共中央文件选集·第二册 [M]. 北京：中共中央党校出版社，1989：189.

1. 各级苏维埃政府的教材编撰与审查

党采取"要求教材要统一"❶的政策，早期的教科书编辑和审定大多在同一个部门中进行。一般是由各级政府负责编辑与审查。例如，1930 年 11 月，闽西苏维埃政府文化部教材编审委员会编审委员，要求在年底以前完成小学各科教材的编写工作。❷ 1931 年 10 月，中共湘赣省第一次全体代表大会通过《苏维埃问题决议案》，指出"列宁学校的教材，应由苏维埃政府立即编定"❸。1931 年 7 月，闽西决定"教育委员会底下组织编审委员会，专门编辑与审查课本"❹，闽西还规定了各县、区"编审教材"❺ 的原则，提出教材应与当前的斗争、群众实际生活以及地方实际情形联系起来，并要求对过去所编课本再审查。1931年 7 月，鄂豫皖苏区举行第二次工农兵苏维埃代表大会，通过了《关于文化教育政策的决议》，提出"审查各种教材，严格反对三民主义的、孔孟之道的、耶稣教会的以及一切反映地主资产阶级思想的材料，统一教材的内容。严格以马克思列宁主义为根据，编定各种模范读本，供学校使用"❻。1931 年 9 月，湘赣鄂省工农兵苏维埃第一次代表大会通过《文化问题决议案》，也提出"统一教材和改良教材内容"❼。1931 年 12月，湘鄂赣省万载县苏维埃第一次执委扩大会议通过《文化决议案》。该决议案规定："儿童从 7 岁起强迫实行'四二'制普通教育……统一编制教材。"❽ 1932 年 1 月湘鄂赣省大冶县苏维埃政府开会决议"各校教材由县苏维埃文化委员会编印发行"❾。1932 年 5 月，鄂豫皖苏维埃文化委员会针对"教材不统一的混乱状态"，进一步强调"省文化委员会必须领导各县学校把教材有系统地编好"❿。1932 年秋，闽浙赣省要

❶ 闽西特委第一次执委会决议 [Z]. 1929 – 12.
❷ 皇甫束玉，等. 中国革命根据地教育纪事 [M]. 北京：教育科学出版社，1989：33.
❸ 皇甫束玉，等. 中国革命根据地教育纪事 [M]. 北京：教育科学出版社，1989：49.
❹ 闽西各县区文委联席会议决议案 [Z]. 闽西苏维埃政府常委会通过，1931 – 7 – 8.
❺ 闽西各县区文委联席会议决议案 [Z]. 闽西政府常委会通过，1931 – 7 – 8.
❻ 皇甫束玉，等. 中国革命根据地教育纪事 [M]. 北京：教育科学出版社，1989：46.
❼ 皇甫束玉，等. 中国革命根据地教育纪事 [M]. 北京：教育科学出版社，1989：48.
❽ 皇甫束玉，等. 中国革命根据地教育纪事 [M]. 北京：教育科学出版社，1989：52.
❾ 皇甫束玉，等. 中国革命根据地教育纪事 [M]. 北京：教育科学出版社，1989：55.
❿ 张耀纶，等. 鄂豫皖苏区教育史 [M]. 开封：河南大学出版社，1988：98.

求"省文化部应继续编印列宁小学的教科书"❶。川陕省苏维埃政府文化教育委员会下设学校教育局、社会文化局、国家出版局。其中学校教育局负责"指导各地列宁学校，审查教师、教材，办理苏维埃学校、培养专门技术人材的学校"。

此外，各级苏维埃政府组织成立了各种研讨教科书的组织。龙岩县于 1931 年 7 月 15 日至 8 月 14 日召开了为期 1 个月的教研会，到会100 余人。与会者广泛地交流了教学经验，较系统地探讨了教育理论和教材教法问题，这种带有理论探讨的研究活动，解决问题的深度和效果都超过短期培训班。❷"沔阳县师范讲习所"结业后，留下 10 名学员编写小学教材，其余分配到各地列宁小学任教。1932 年 5 月，鄂豫皖省苏维埃政府还要求专门创设了课程研究组织，"各县尽快成立教学联，各县教学联应马上成立列宁小学课程研究会，开展对小学各种课程的学术研究活动"❸。商城县余集列宁模范学校由区苏维埃政府直接管辖。周围各乡列宁小学教师经常集中在这里开会学习，县、区文化委员会在这里举办师资培训班，教联会在这里开展教育教学研究，总结交流经验，编写教材。❹

2. 编审委员会的编辑与审查

1931 年教育部成立，随后逐步实施教科书编审的统一。1932 年 6月，中华苏维埃共和国临时中央政府人民委员会第十六次常委会做出决定：教育部组织教材编审委员会，以徐特立为主任，关蕴秋、施红光、蔡乾三同志为委员对全苏学校教科书进行编审工作。❺ 编审委员会隶属于教育人民委员部管辖领导，初时设在瑞金叶坪村，与教育部合署办公，负责苏区教育图书的编撰、审定工作。由于中央未设立文化部，故苏区的文化艺术类书籍的编审也由该委员会负责。委员会成立后，即着手制定苏区文化教育图书的出版规划，统一苏区各类学校教材课本，废止国民党旧书，使临时中央政府成立后新兴的苏区教育事业得以在短期

❶ 皇甫束玉，等. 中国革命根据地教育纪事 ［M］. 北京：教育科学出版社，1989：68.
❷ 李国强. 中央教育苏区教育史 ［M］. 南昌：江西教育出版社，2001：55.
❸ 皇甫束玉，等. 中国革命根据地教育纪事 ［M］. 北京：教育科学出版社，1989：61.
❹ 张耀纶，等. 鄂豫皖苏区教育史 ［M］. 开封：河南大学出版社，1988：116.
❺ 红色中华 ［N］. 1932 – 06 – 16.

内用上了新书。由于人手少，编审委员会除了自己抓紧图书的编纂外，一部分出版任务便分配到了各省县，而更多的时间集中于审查书籍，通过审定后予以签发出版。编审委员一方面加紧对地方苏区教科书编写工作的指导，审查地方苏区的自编教材；另一方面则积极地组织力量编写苏区通用教材。除苏区统一教材外，各级教育部同样负有供给之责。但地方教育部编辑的教材要带地方性且简明通俗。比较普遍的是由中央教育部审查。❶ 1933 年 4 月 15 日，中央教育人民委员会批准的《省、县、市、区教育部及各级教育委员会的暂行组织纲要》规定"省教育部之下设编审出版委员会。编审出版委员会的职务，是编辑普通教育、社会教育的各种材料，审查下级编辑的材料，并以之出版。但中央苏区及与中央苏区发生了直接联系的苏区，其重要材料的审查权在中央教育部"❷。在此之前，苏区的编审出版工作基本上由中央出版局和教育部编审委员会等部门管理和负责，省以下地方机构无权审定。这样，就产生了教材及其他政治书籍上报后审批周期长，出版延迟的情况。根据中央这个决定，中央苏区的江西省、福建省、闽赣省及毗邻的湘赣省、闽浙赣省等，先后设立了省级编审委员会。除少数重要的材料申报中央批准外，其余本省范围内编写的各类教材书籍，均由本省编审批准出版。❸ 至此，从中央到省级苏维埃政府，都成立了编审委员会。

3. 编审局的编辑与审查

1933 年 12 月 12 日，中华苏维埃共和国中央执行委员会颁布了《中华苏维埃共和国地方苏维埃暂行组织法（草案）》，明确规定了地方苏维埃的编审出版机构和职能："省教育部下设普通教育科，社会教育科，编审出版科。县区市教育部以下，设普通教育科与社会教育科。编审出版科管理普通教育与社会教育的各种材料之编辑，审查下级教育部门及私人编辑的材料，并管理出版事业。"按照这个组织法规的条例，苏区各省原来的编审出版委员会又改称编审出版科，县一级不设专门机

---

❶ 江西省教育学会. 苏区教育资料选编（1929～1934）［M］. 南昌：江西人民出版社，1981.

❷ 省、县、市教育部及各级教育委员会的暂行组织纲要［Z］. 人民委员会批，1933－4－15.

❸ 严帆. 中央革命根据地新闻出版史［M］. 南昌：江西高校出版社，1991：49.

构。将编审出版机构纳入地方苏维埃政权中，规定各省苏维埃政府原有的编审出版委员会之下增设编审出版科，全权管理本省出版事业及各种教材的编审。❶ 1934 年 4 月，《教育行政纲要》规定"中央人民教育委员部另设编审局，领导编审教材事宜"❷。至此，编审统一的出版制度形成。

从成立统领全区出版事业的各级编审委员会，到将其改为编审出版科，并将其正式纳入苏维埃政权体系，教科书的出版实现了编撰与审定统一的出版制度，达到了教科书出版的严格控制。编审统一的教科书出版制度是党执政的必然需要，体现了党对文化教育的严格控制。这套制度在抗日战争时期得到了进一步的完善。

（二）加强教科书选用与巡查统一

关于选用什么样的教科书，一般由各级苏维埃政府规定。1932 年 1 月，湘鄂赣省规定"教材用省苏维埃政府文化部颁发的教材"❸。湘鄂西苏区规定"除自然科学采用旧的外，其余共产主义教材，均由联县政府及各县政府文委会编辑发给，所有《四书五经》及反动教科书一律停止"❹。由于党执行义务教育和免费强制入学的政策，在一些区域，教科书的选用完全由政府负责，由政府购买给学生使用。1929 年 10 月，上杭县第一次工农代表大会提出"各区乡应办高初级的列宁小学，招收男女学生，学什费豁免，并由政府给予书籍"❺。一些地区，政府承担督促学校购买教科书的职责。例如永新县的文化部通令中批评"区文化部门不督促列宁学校来列宁出版社买书，有的学校三四个学生共用一本书，有的全体学生都没有一本书的"❻。

同时，苏维埃政府给予教员一定的选择权。1934 年中国共产党提出"凡经教育人民委员部审查过的，教员可自由选用。并应随时采用带地方性的具体教材，以及儿童所需要的教材来补充书中的教材，但不能违反教育人民委员部所颁布的课程教则的内容和程度"❼。由于编审制

❶ 邵益文. 中国编辑研究 [M]. 北京：人民教育出版社，2007：28 - 29.
❷ 老解放区教育资料（一）[M]. 北京：教育科学出版社，1981：72.
❸ 皇甫束玉，等. 中国革命根据地教育纪事 [M]. 北京：教育科学出版社，1989：56.
❹ 列宁小学条例 [Z]. 湘鄂西苏区.
❺ 中共上杭县执委会对上杭县第一次工农代表会议的提案 [M]. 1929 - 10 - 2.
❻ 永新县苏维埃文化部通令 435 文字第八号，11 - 25.
❼ 中华苏维埃共和国小学制度暂行条例 [Z]. 1934 - 2 - 16.

度的统一以及出版条件的限制，教科书出版总量不足，教员可选择的范围实际也是被限定在很小的区域中。此外，苏维埃政府同时利用教育巡查制度监督和规范各地区教科书的选用。1931 年 8 月，鄂豫皖苏区颁布的《巡视纲要》规定："各地巡视员对各学校中教材的选择进行调查了解。"❶

党对教科书从编审、出版到选用与巡查实行严格的控制。正是这种严格控制的教科书制度，使得所编撰出版的教科书体现了对特定的教育目的和教育对象高度聚焦式的呼应。这是教科书在选材、内容与编撰策略上呈现出突出且统一特征的制度保障。

二、中央苏区时期的新编教科书

中央苏区时期，根据地教育资源贫乏，同时在教育目的及形式等方面各区域存在着较大争议。此外，加上各区域处于频繁应战状态与 1934 年的长征，教育发展更是雪上加霜。该时期虽然颁布了相关的教育政策，但教育体系尚未成型，也未常规化，这导致了中央苏区时期的教科书并未严格依据常规的学科设置进行编撰，而只是编撰了"读本""常识""识字""游艺"等几类主要的教科书。

第一，"读本"类教科书。教科书书名上有"读本"二字的将其归类为"读本"类教科书。它们共同的特征是以体现党政意识形态的材料为基础内容来教授国文知识。如《共产儿童读本》（见图 1 - 1）、《红孩儿读本》（见图 1 - 2）、《国语读本》《工农读本》《工农三字经读本》等。

《共产儿童读本》暂编 8 册，由中华苏维埃共和国教育人民委员部组织人力编写完成。该书在供给列宁小学使用之前，交由徐特立审阅，并再次修订后才印行发给学校使用。编撰者肖向荣在修订后的《共产儿童读本》第一册"写在前面几句话"中记录了徐特立审阅该书的意见："太重于政治，日常事项太少，且内容深浅几册都没有什么分别。"对此，向荣回应："我觉得很对，所以按照特立同志的指示，加以修改。"

---

❶　皇甫束玉，等．中国革命根据地教育纪事［M］．北京：教育科学出版社，1989：47.

随后引用了徐特立的来信："此项读本为应目前需要，用一、二学期后或再编，或改正，当更加完善。目下可不用中央教育部审定名义。"向荣据此回复："这部书的印行，只是为应目前需要，供各地列宁小学做临时的教材。里面的缺点很多，因目前人力和时间的关系，无法编辑完善，只待将来由中央政府教育部再编或修改。"

图 1-1　肖向荣，《共产儿童读本》，中华苏维埃
共和国教育人民委员部，1933 年

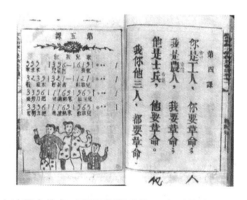

图 1-2　土地革命战争时期湘鄂赣边境工农兵暴动委员会《红孩儿》
编辑委员会出版，《红孩儿读本》，1930 年 5 月 30 日❶

---

❶ 本文中《红孩儿课本》的课文内容及照片均摘自：张斌，刘文．本报独家公开珍贵史料 81 年前《红孩儿读本》［N］．三湘都市报，2011-05-31．

《红孩儿读本》被认为是"现存最早的一种红色初级小学校的儿童读本"❶。其第一册封面上注明"红色初级小学校儿童读本之一红孩儿读本第一册",落款为"湘鄂赣边境浏阳第八区苏维埃政府"。

另外,还有由湘赣省文化委员会、湘赣省苏教育部编撰的《国语读本》共4册,为列宁初级小学适用。赣东北省苏文化委员会编撰的《工农读本》。

第二,"常识"类教科书。"常识"类教科书的突出特色为其书名有"常识"二字。这类教科书将各学科的知识体系减缩编写,供短期或速成性质的教学使用。它是中国革命根据地为适应战争环境的尝试,这类课本适用于群众教育和社会教育,学校教育也采用。共编有《常识课本》《算术常识》《自然常识》《地理常识》《农业常识》《生物常识》等。时任教育部长的徐特立参与了此类课本的编撰工作。

《常识课本》供列宁初级小学用,1933年8月再版;《算术常识》由教育人民委员部印,供短期训练班失学青年和成年用;《自然常识》由徐特立、刘涵玉编,教育人民委员部编审局印,供师范及中学用。编者在书内写道:"本书限10小时学完,在这极短时间要学完生物、理化、生理卫生、天文地理,当然有很多困难,因此各科用综合原则联系起来。但对于不能建立很好联系的课,或要特别注意的课,不能因时间短促就马马虎虎混下去,仍须单独教学。在每一事项,每一问题中,理论联系实际是必需的,使学生于实际生活中认识原则,由于学习原则加长,若单用提纲的方法是不行了,因此课数就减少下来。科目多课数少的书,很难建立完满的科学系统。希望教者学者在时间可能内加以修改和补充。但要注意一点,不能因要建立科学系统,就把一切材料变成为抽象的提纲或表解。"

第三,"识字"类教科书。识字课本在中国革命根据地时期的教育中有重要的意义。虽然未针对相应学校教育的学科设置而编撰,但在各类教育中经常使用。

其他的识字课本,诸如《红军识字课本》由中国工农红军总政治部于1934年编撰出版;另外一本《红军识字课本》由闽粤赣军于1932

---

❶ 皇甫束玉,等. 中国革命根据地教育纪事 [M]. 北京:教育科学出版社,1989:28.

年编撰出版;《夜校识字班教材和宣传材料》由教育人民委员部编审局于 1934 年 7 月 26 日编印。

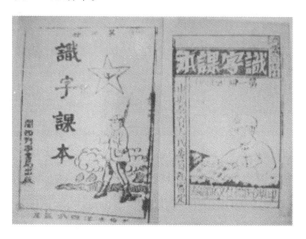

图 1 - 3　中华苏维埃中央军委,《识字课本》,1931 年 2 月

第四,"游艺"类教科书。"游艺"类课本是为体育、音乐及美术的学科教学而编撰的(见图 1 - 4)。

图 1 - 4　中央教育部编辑,《儿童唱歌集》;
少共中央局,《时刻准备着》❶

《少队游戏》和《少队体操》由中央总队部总训练部于 1934 年编

撰出版，经中央教育人民委员部审定。中央教育人民委员会于1934年4月8日颁布的《中华苏维埃共和国少年先锋队中央总队部命令第四号》介绍"少队游戏"与"少队体操"是少队游戏体操的基本训练材料，各级部应依次加紧对队员的教育，锻炼每个队员的体力，使其适于革命战争。并对课本评审道："内容编制，都还适宜；不仅可作少队游戏的教材，对于儿童团与列宁小学的学校同样适用。"

其他的"游艺"类教科书诸如《竞争游戏》由中央教育编撰，全书共12课；《柔软体操》于1933年5月编印；《儿童游戏》由湘赣省儿童局于1933年10月4日翻印。

第五，教学法及其他。《教学法》由湘赣省苏文化部制定，于1933年1月8日出版；《国语教学法》由教育人民委员部于1934年1月20日编印；《国语常识教学法》由湘赣省苏教育部于1933年9月编印；《列宁小学算术教学法》由教育人民委员部于1934年编印；《算术教学法概要》由湘赣省苏教育部编；《四则算术简要》由湘赣省苏教育部编；《列宁小学校心算教授书》由教育人民委员部于1934年1月编印；《小学体育运动教学法》由湘赣省苏教育部于1934年编印；《各种赤色体育规则》于1933年编印；《田径赛训练法》于1933年5月编印；《怎样上政治课》由工农红军湘赣军区政治部于1933年10月编印；《实习教学和批评规则》由湘赣省苏教育部印；《共产党、共青团、儿童团讲授大纲》由中央教育部编，等等。

由中央军委总卫生部发行的《看护教科书》，中央教育部编的《苏维埃政权》《土地问题》等书本也应用于各类教育中。

从1934年10月～1936年10月，红军进行了长征，各学科教科书的编撰出版情况不甚明晰，现知道这一时期一些部队用的课本也同时用作小学课本。如1934年4月少先队中央总队部总队长张爱萍、党代表周恩来签署发布第三号《命令》，批准发行总训练部编写的《少队读本》第一、二、三册。次日，少先队中央总队部发布第四号《命令》，批准发行由总训练部编辑、中央教育人民委员部审定的《少队游戏》《少队体操》两本小册子，供少先队、儿童团与列宁小学学生作游戏和体操的基本训练教材。❶ 某些小学还自编有一些教材，如1936年3月中共皖西特委在驻地岳西县大冈岭下的磨刀坪开办红军小学，教材先用《三字经》《百家姓》等，后来自编了一本《先苦后甜三字经》作为教材。❷ 1934年，课本缺乏的问题还未来得及解决，根据地开始长征。红军到达陕北后，课本缺乏问题日益严重，出现了严重的"课本荒"。直到1942年前后，根据地课本供应才基本能满足教育的需要。教育资源的极度贫瘠，教科书的严重缺乏是此时期根据地教科书的特点之一。

三、中央苏区时期禁用的课本

党的"政治文化"是中国革命根据地教育的核心内容，课本是否符合该"政治文化"是该时期课本取舍的标准。属于中国共产党的"政治文化"是一条严格的边界，划定了各类教育的内容，确定该课本是否可为根据地所用。

根据地教育一直以党的"政治文化"为中心。表1-2是中国共产党于1927~1934年发布的各类文件中有"以……来教育"的描述。这些由省、区、县、乡各级地区政府以及中共中央发布的文件，虽然叙述不同，但内涵高度一致，反映出了根据地在教育内容上的统一。

表1-2 1927~1934年各类文件中有关教育内容的描述

时间	机构	"以……来教育"	文件名
1927	江西省	"提高革命文化"❸	《江西省革命委员会行动政纲》1927年9月
1931	湘鄂赣省	"……科学的马克思主义列宁主义的革命理论和经验……了解目前政治形势，经济状况，以及社会情形的实际内幕……学习各种社会活动……"❹	《湘鄂赣省工农兵苏维埃第一次代表大会文化问题决议案》1931年9月23日

❶ 皇甫束玉，等.中国革命根据地教育纪事 [M].北京：教育科学出版社，1989：96.
❷ 皇甫束玉，等.中国革命根据地教育纪事 [M].北京：教育科学出版社，1989：112.
❸ 江西省革命委员会行动政纲要 [Z].1927-9.
❹ 湘鄂赣省工农兵苏维埃第一次代表大会文化问题决议案 [Z].1931-9-23.

续表

时间	机构	"以……来教育"	文件名
1932	永新县	"…使用…革命书籍……贯彻共产主义教育到儿童的脑海里去……"❶	《文化教育问题决议案》，永新县四全代表大会 1932 年 6 月 3 日
1932	永新县	"提高……文化程度和政治水平……加强……阶级认识与仇恨"❷	《文化教育问题决议案》，永新县四全代表大会 1932 年 6 月 3 日
1932	湘赣省	"使……智识增进，政治水平提高……""用马克思、列宁主义的革命现论和经验……"❸	《湘赣省苏维埃政府第二次代表大会决议案》，湘赣省苏维埃政府印，1932 年 9 月 6 日
1933	中共中央	"启发……阶级觉悟……提高……文化水平与政治水平……"❹	《中华苏维埃共和国临时政府教育人民委员部训令第一号》，1933 年 4 月 15 日
1933	中共中央	"提高……文化水平和政治水平"❺	《中国农业工人工会第一次全国代表大会决议案》1933 年 4 月 6 日
1933	中共中央	"提高……政治文化水平…提高……阶级觉悟……从灌输阶级斗争的思想讲到无产阶级专政，必然走到社会主义""提高……文化政治水平"❻	《关于目前教育工作的任务与对教育部工作的协助的决议》，1933 年 8 月 30 日
1934	中共中央	"提高……政治文化水平"❼	《中华苏维埃共和国临时政府教育人民委员部训令第四号》，1933 年 7 月 7 日

❶ 文化教育问题决议案［Z］. 永新县四全代表大会通过，1932 – 6 – 3.
❷ 文化教育问题决议案［Z］. 永新县四全代表大会通过，1932 – 6 – 3.
❸ 赣南师范学院，江西省教育科学研究所. 江西苏区教育资料汇编（一）［M］. 南昌：赣南师范学院，江西省教育科学研究所，1985：124.
❹ 中华苏维埃共和国临时政府教育人民委员部训令第一号［Z］. 1933 – 4 – 15.
❺ 中国农业工人工会第一次全国代表大会决议案［Z］. 1933 – 4 – 6.
❻ 关于目前教育工作的任务与团对教育部工作的协助的决议［Z］. 1933 – 8 – 30.
❼ 中华苏维埃共和国临时政府教育人民委员部训令第四号［Z］. 1933 – 7 – 7.

如表 1 - 2 所示，这些规定教育应传授和提高的内容，呈现出对"政治文化"的高度倾向。也反映出教育需要关注的是"马克思主义列宁主义的革命理论和经验""阶级认识与仇恨""阶级觉悟""阶级斗争""无产阶级专政""社会主义"等与政党的意识形态和执政理念相符的理论以及经验。这并非是以传达政党意识为责任对某一个学科的内容规定，而是统领着各种教育以及各个学科教育的核心所在。

值得注意的是，表 1 - 2 中"政治和文化"转变为"政治文化"的表述形式。如表所示，1933 年发布《中华苏维埃共和国临时政府教育人民委员部训令第一号》中，对当前文化教育的任务规定为"要用教育与学习的方法，启发群众的阶级觉悟，提高群众的文化水平与政治水平，打破旧社会思想习惯的传统，以深入思想斗争，使能更有力地动员起来，加入战争，深入阶级斗争，和参加苏维埃各方面的建设"，其中"文化水平和政治水平"的表述，在同年发布的《中华苏维埃共和国临时政府教育人民委员部训令第四号》中被改为"政治文化水平"。训令第四号强调教育处在一切基于战争和一切服从战争利益的国内革命战争的时局中，提高教育对象的"政治文化水平"，使教育对象积极参加一切战争被规定为"战斗任务"。由此，教育内容由"政治和文化"改为"政治文化"。

不符合"政治文化"的课本包括旧式私塾、教会教育团体、国民党统治区域使用的课本。闽西、湘鄂西、鄂豫皖、湘鄂赣等区域对学校使用的课本都作出了明确又具体的规定。1931 年 2 月，闽西苏维埃政府文化部讨论教育工作问题，规定取缔乡村私塾，禁止使用未经审定的教科书。同年 7 月，鄂豫皖第二次工农代表大会通过《文化教育政策的决议》，要求学校严格审查各种教材，提出"反对三民主义的、孔孟之道的、耶稣教会的以及一切地主资产阶级思想的材料"❶。同年 9 月，湘鄂赣苏区在第一次代表大会上通过《文化问题决议案》，其中规定学校"禁止用基督教书籍、国民党文化书籍、'四书五经'等作教材"。湘鄂西苏区颁发的《列宁小学条例》，对教材作了统一要求，"除自然科学采用旧的外，其余共产主义教材，均由联县政府及各县政府文委会

---

❶ 皇甫束玉，等. 中国革命根据地教育纪事 [M]. 北京：教育科学出版社，1989：46.

编辑发给，所有'四书五经'及反动教科书一律停止"。

为什么要禁用这些课本？因为它们属于"旧教育"，这种教育造成了"人民的黑暗与愚昧……每百人中不识字的有八十到九十人之多，每千人中能够进学校读书的不过是十五人到二十人。极大部分的工人和农民都是文盲，尤其是劳动妇女可以说整个的都是文盲。地主、资产阶级更制造酗酒、赌博、娼妓、宗教迷信、民族成见种种罪恶去欺骗和愚昧工人和劳动者"❶。因为，旧教育"是操在地主阶级手里的"❷，将广大的工农群众排除在外，"没有金钱是不能跨进学校大门的"，工农群众"没有可能来享受文化教育的幸福"❸，"虽然地主、资产阶级时常夸耀他们的学校和一切的文化教育机关是培养人才之所。这不过是他们想训化奴隶，从他们身上取得更多的利润。所以地主、资产阶级只有在他们自己利益的范围内才容许提高工人和劳动者文化，因为他们不但要培养驯服的奴隶，维持他们的安宁和秩序，而且要培养熟练的奴隶，善于为他们创造更多的利润"❹。国民党所实施的教育政策是一种奴役的教育，是"消灭被压迫阶级的革命思想"❺的教育。

当时的国民教育体制的设置是不适宜的，是"欧美资本主义国家贩来，完全是适合资本主义制度和资产阶级的需要"❻。它大致将中小学设置为初级小学四年、高级小学两年、初级中学三年、高级中学三年。之外是大学和初级和高级专门学校。党批评这种国民教育制度只考虑了资产阶级的利益，例如质疑国民义务教育制度中"教育的普及是以国民的教育为目的，为什么穷人的儿子无论怎样聪明，却比不上富豪的低能儿，更向上面的学校升学，而眼巴巴地看他辍学了呢？"继而分析其深层原因是不符合国情，"国民义务教育制度，也不过是奉侍资本主义制

---

❶　全苏教育建设大会何凯丰同志的报告［R］. 1933 - 10.
❷　毛泽东. 第二次全国苏维埃代表大会的报告［R］. 1934 - 1.
❸　何凯丰. 全苏教育建设大会何凯丰同志的报告［R］. 1933 - 10.
❹　何凯丰. 全苏教育建设大会何凯丰同志的报告［R］. 1933 - 10.
❺　毛泽东. 第二次全国苏维埃代表大会的报告［R］. 1934 - 1.
❻　湘鄂赣省苏维埃政府训令文字第二号·颁布学制与实施目前最低限度的普通教育［Z］. 1932 - 5 - 7.

度的主人翁资产阶级的东西罢了！"❶

　　党对学校这种具备文化传播功能的团体具有极高的警惕性，明确拒绝宗教教育和私塾教育的形式，提出"把宗教权与教育和学校分离，禁止任何宗教干预教育和学校。把数千年统治于教育和学校的孔教废止。苏维埃教育的基本原则就在这里"❷。宗教在苏区的传教活动受到了党的严格限定："苏维埃是不禁止的，但苏维埃对于它们是没有丝毫帮助的，群众也有权利反对宗教，如外国教士到我们这里来传教是可以的，不过要绝对地遵守苏维埃的法令，违反了就要严办"。之所以如此，是因为这些都是不符合"政治文化"的。

　　根据地认为教育方面弊端重重，"为着革命战争的胜利，为着苏维埃政权的巩固和发展，为着动员民众一切力量加入伟大的革命斗争，为着创造革命的新后代，苏维埃必须实行文化教育的改革，解除反动统治阶级加于工农群众精神上的桎梏，而创造新的工农的苏维埃文化"❸。批判和拒绝现存教育中不符合根据地"政治文化"的形式和内容。

第三节　中央苏区时期教科书的文本特征

　　中央苏区时期的教科书并未严格依据学科编撰，教科书文本的内容层面侧重对"实际材料"的编入，而形式层面沿袭早期文化宣传材料的特征。总体而言，该时期教科书文本体现出极大的原创性。

一、教科书内容主题单一化

　　中央苏区时期确立了以"宣传"为目的，以"政治文化"为内容的教育模式。为了发挥该教育模式应有的功能，党提出教科书于选材上

---

❶　湘鄂赣省苏维埃政府训令文字第二号·颁布学制与实施目前最低限度的普通教育［Z］. 1932 - 5 - 7.
❷　何凯丰. 全苏教育建设大会何凯丰同志的报告［R］. 1933 - 10.
❸　毛泽东. 第二次全国苏维埃代表大会的报告［R］. 1934 - 1.

要强调"儿童的课程都是实际的材料"之类的要求。❶ 所谓"实际的材料"是指反映"政治文化"的内容，即党的政治任务和日常工作等方面的内容。党对教科书的这一规定导致该时期的教科书内容在主题上呈现出单一化的特征。符合标准的"苏区政治"和"苏区生活"成为该时期教科书中两大主题，在教科书层面，最大程度满足了党对教育的需求。

（一）"苏区政治"主题

中央苏区时期的教科书对"苏区政治"的编入不仅比例极高，且从多个层面呈现出来。教科书通过编入"苏区政治"及相关内容，巧妙地宣传了党的政治信念、政治制度、政治规范以及党的价值判断。

1. "苏区政治"主题的出现

"苏区政治"主题是中央苏区时期教科书文本中出现频率最高的主题，各类教科书大量选入介绍政府机构各种运行方式的内容。这是由于各级苏维埃政府都对此作出了规定。1930 年莲花县规定"教材课本应采用关于一般革命知识及革命工作经验的内容，并且要改善其内容"❷。1931 年闽西苏维埃政府规定，除了"儿童必需的基本知识的课程之外，一切课本都要采取实际教材。根据目前中心任务及实际工作的经验，编成课本"。并要求口头讲授为编制课本的重要材料，尤其要注重实际斗争的材料。❸ 1932 年 5 月，鄂豫皖苏区规定编写教材的原则是"必须以马克思列宁主义为根据，以适应目前斗争的需要，反映苏区革命战争和阶级斗争实际"❹。1933 年湘赣省提出编撰教科书的材料"要适合目前斗争环境，带地方性与时间性……"❺

有的地区直接把党的文件作为教科书内容。鹤峰县文化教育委员会规定，全县各类学校以县苏维埃政府编印的《苏维埃政府宣传提纲》作为教材，一般是由学生抄一页读一页。这使得教科书高效率地达到

---

❶ 闽西苏维埃政府文化委员会决议案［Z］. 补充委员后第一次会议通过，1931 - 4 - 21.

❷ 中国莲花县委六次委员扩大会议决议［Z］. 1930 - 9 - 13.

❸ 闽西苏维埃政府文化委员会决议案［Z］. 补充委员后第一次会议通过，1931 - 4 - 21.

❹ 张耀纶，等. 鄂豫皖苏区教育史［M］. 开封：河南大学出版社，1988：98.

❺ 湘赣省文化教育建设决议草案［Z］. 1933 - 12 - 14.

"宣传和鼓动"的功用。这类主题所占比例极高，多数教科书中的此类主题占 50% 左右。例如，"游艺类"教科书甚至全篇均为介绍党所执行的实际具体的政治任务。

1）国文读本中的"苏区政治"

《共产儿童读本》是中央苏区时期具有代表性的教科书，共编有 6 册。各册中，"苏区政治"主题始终比重最大。[1]《共产儿童读本》第二册共有 34 课，其中编入关于"政治文化"主题的课文占 9 课，分别是：第一课"红旗"、第五课"唱歌"、第六课"乡政府在那里"、第十三课"客来找爸爸"、第十七课"不要你的新书"、第二十一课"开会"、第二十七课"送红军上前方"、第三十一课"做工的工人"、第三十二课"对红军呼口号"。该类主题占据本册教科书内容的 26.47%，具体内容见表 1 – 3。

表 1 – 3　《共产儿童读本》第二册目录

一、红旗	十、一共六个人	十九、种牛痘	二十八、瞎子捉跛子
二、我要唱歌	十一、糕饼	二十、不要吃烟	二十九、油从那里来的
三、画图画	十二、蚯蚓	二十一、开会	三十、不要玩火
四、小鸟唱歌	十三、客来找爸爸	二十二、牧牛	三十一、做工的工人
五、唱歌	十四、不要闹	二十三、拔草	三十二、对红军呼口号
六、乡政府在那里	十五、吃东西要留心	二十四、弟弟并不老	三十三、开窗换气
七、蜘蛛结网做什么	十六、住屋的方向	二十五、失落手巾	三十四、开门窗
八、起大风	十七、不要你的新书	二十六、做游戏	
九、螳螂和蜻蜓	十八、唱首歌儿送哥哥	二十七、送红军上前方	

---

[1] 《共产儿童读本》第一册每课无标题，故该书从第二册起各册以表格形式呈现内容及"政治文化"主题所占的比重。

　　《共产儿童读本》第三册共有课文 34 课，其中直接反映"苏区政治"主题的课文有 12 课，分别是：第四课"讲演会"、第六课"从前我们的家里"、第七课"现在我们的家里"、第九课"我们的村庄"、第十课"从村庄到街市"、第十一课"我们农村的组织"、第十二课"这是什么人"、第二十一课"接到哥哥的信"、第二十二课"写信给哥哥"、第二十三课"一个儿童自述"、第二十六课"一个儿童说家里的生活"、第三十二课"共产儿童团"。该类主题占本册教科书内容的35.29%，具体内容见表 1 – 4。

表 1 – 4　《共产儿童读本》第三册目录

一、从家里到学校	十、从村庄到街市	十九、月亮	二十八、云
二、粗心的儿童	十一、我们农村的组织	二十、姐妹谈话	二十九、整洁教室
三、大扫除	十二、这是什么人	二十一、接到哥哥的信	三十、哥哥不要告诉他
四、讲演会	十三、妹妹来拉嫂嫂	二十二、写信给哥哥	三十一、晒汗
五、镜子	十四、燕子是候鸟	二十三、一个儿童自述	三十二、共产儿童团
六、从前我们的家里	十五、燕子的益处	二十四、垃圾倒在哪里	三十三、蚊子
七、现在我们的家里	十六、旅行	二十五、我们的校园	三十四、眼的卫生
八、影子	十七、学艺会	二十六、一个儿童说家里的生活	
九、我们的村庄	十八、小动物的游艺会	二十七、雾	

　　《共产儿童读本》第四册共编有课文 39 课，与"苏区政治"主题直接相关的课文达 20 课。分别是：第一课"开学"、第二课"苏维埃代表的话"、第三课"不要钱读书"、第四课"铁匠和农民"、第七课"资本家的肚子为什么这样大"、第九课"打儿童是不对的"、第十四课"秋日旅行琐记（一）"、第十五课"秋日旅行琐记（二）"、第二十课

"工人苦"、第二十一课"为什么要革命"、第二十二课"谁革谁的命"、第二十五课"红军好"、第二十六课"白军苦"、第二十七课"给哥哥的信"、第二十八课"哥哥的回信"、第三十一课"十一月七日"、第三十二课"拥护苏维埃歌"、第三十六课"喜欢什么生活"、第三十七课"一个冬天的早上"、第三十九课"为什么我们还没有选举权"。该类主题占本册教科书内容的51.28%，具体内容见表1-5。

表1-5　《共产儿童读本》第四册目录

一、开学	十一、烟和酒的害处	二十一、为什么要革命	三十一、十一月七日
二、苏维埃代表的话	十二、秋日旅行（一）	二十二、谁革谁的命	三十二、拥护苏维埃歌
三、不要钱读书	十三、秋日旅行（二）	二十三、奏军兵乐	三十三、时日
四、铁匠和农民	十四、秋日旅行琐记（一）	二十四、怕没有决心	三十四、历
五、互相帮助	十五、秋日旅行琐记（二）	二十五、红军好	三十五、一天的生活
六、一只大的，一只小的	十六、不要说谎	二十六、白军苦	三十六、喜欢什么生活
七、资本家的肚子为什么这样大	十七、说谎的害处	二十七、给哥哥的信	三十七、一个冬天的早上
八、好懒的学生	十八、雁	二十八、哥哥的回信	三十八、雪是从什么地方来的
九、打儿童是不对的	十九、农民苦歌	二十九、原来是自己寄的信	三十九、为什么我们还没有选举权
十、牛不是一只角吗	二十、工人苦	三十、他只当是人家寄给你的信	

《共产儿童读本》第五册共有32课，其中与"苏区政治"主题直接相关的有15课，分别是：第一课"上学应该做的事"、第三课"茶话会"、第四课"儿童在家的工作"、第六课"洋溪的儿童"、第九课"兴国县妇女对生产的积极"、第十课"儿童菜园和肥料所"、第十一课"儿童捉虫队"、第十二课"给哥哥的信"、第十八课"兴国儿童的节省

运动"、第二十一课"儿童做归队运动"、第二十四课"儿童检查路条"、第二十七课"慰劳红军和欢送红军"、第三十课"兴国耕田队的组织和工作"、第三十二课"铁匠"。该类主题占本册教科书内容的46.87%，具体内容见表1-6。

表1-6 《共产儿童读本》第五册目录

一、上学应该做的事	九、兴国县妇女对生产的积极	十七、老鼠	二十五、死水与活水
二、鸡	十、儿童菜园和肥料所	十八、兴国儿童的节省运动	二十六、我们的教室
三、茶话会	十一、儿童捉虫队	十九、竹的用途	二十七、慰劳红军和欢送红军
四、儿童在家的工作	十二、给哥哥的信	二十、麻	二十八、驼背
五、街上	十三、粗心人误事	二十一、儿童做归队运动	二十九、聪明的学生
六、洋溪的儿童	十四、买桃子	二十二、防传染病的法子	三十、兴国耕田队的组织和工作
七、桥	十五、儿童反对烟赌	二十三、消毒	三十一、好吃的梨
八、鸟的飞行	十六、那一种水最清洁	二十四、儿童检查路条	三十二、铁匠

《共产儿童读本》第六册共有课文32课，其中与"苏区政治"主题直接相关的有13课，分别是：第一课"列宁钓鱼的故事"、第二课"学湘赣儿童的榜样"、第四课"两个儿童过河的故事"、第六课"迷信"、第八课"列宁安慰病人的故事"、第十课"模范女同志"、第十二课"道士赶鬼的故事"、第十四课"列宁吃了六个墨水瓶"、第十六课"和土豪老婆结婚的故事"、第十八课"瑞金渡头区青年雇农"、第二十课"胜利的歌声"、第二十二课"汽车工人讲列宁的故事"、第三十二课"儿童鼓动当红军"。该类主题占据本册教科书内容的40.62%，具体内容见表1-7。

表1-7 《共产儿童读本》第六册目录

一、列宁钓鱼的故事	九、蛇	十七、火的功用	二十五、氏族观念
二、学湘赣儿童的榜样	十、模范女同志	十八、瑞金渡头区青年雇农	二十六、鱼
三、房屋	十一、蚯蚓	十九、种牛痘	二十七、尿当酒的故事
四、两个儿童过河的故事	十二、道士赶鬼的故事	二十、胜利的歌声	二十八、堆肥
五、饮食	十三、稻	二十一、云雾霞虹	二十九、谜语三则
六、迷信	十四、列宁吃了六个墨水瓶	二十二、汽车工人讲列宁的故事	三十、苍蝇
七、衣服的作用和材料	十五、种菜	二十三、两儿童赌力的故事	三十一、火柴
八、列宁安慰病人的故事	十六、和土豪老婆结婚的故事	二十四、体温的生理	三十二、儿童鼓动当红军

《共产儿童读本》第二册到第六册关于"苏区政治"主题的课文分别占各册教科书总内容的 26.47%、35.29%、51.28%、46.87%、40.62%。可见，在高年级教科书中，大幅度提高了该类主题的比例。

在另一套国语教科书中"苏区政治"主题所占比例同样很高。列宁初级小学校适用《国语读本》第一册共编有40课，直接相关的主题有26课，占整册教科书内容的65%；第二册共编有40课，与苏维埃相关的主题有19课，占整册教科书内容的47.5%。

2）"游艺类"教科书中的"苏区政治"

"游艺类"教科书几乎全篇均与"苏区政治"主题相关。教科书将各种当前的政党工作任务以游艺活动的形式编入教科书，包括与政治制度相关的选举和阶级斗争、与战争相关的抓俘虏和战场技术等内容。以下三本游艺类教科书，其内容全是党的工作任务。第一本是由中央教育部编撰的《竞争游戏》，为列宁小学系列教科书；第二本是由中央总队部总训练部编、中央教育人民委员部审定的《少队游戏》，为少先队的体操基本训练材料，以提高队员的体力以适合于革命战争为目的，该书于1934年3月，由中央教育部审查并被认定其内容编制适合儿童团与列宁小学使用；第三本是由湘赣省儿童局于 1933 年 10 月翻印的《儿童游戏》。各册教科书目录如表 1 - 8 所示。

表 1 - 8　三本"游艺类"教科书目录

《竞争游戏》目录	《少队游戏》目录	《儿童游戏》目录
夺取南昌	勇敢冲锋杀敌	革命竞赛
节省粮食帮助红军	反对开小差	慰劳红军
小孩儿吃饼饼	避飞机	学习积极进攻敌人
要团结	丢炸弹	
最勇敢的战士	冲破新的困难	
冲破困难	通过坑道	
飞机来了要躲避	冲破敌兵哨的侦探	
无线电	攻城	
要学前进要学后退	抄袭要塞	
俘虏	秘密传令	
伤兵互助竞赛	臂力竞赛	
工农兵联合起来帝国主义滚出去	两人三脚跑	
	视觉敌情	
	战图记忆	
	急行侦察	
	寻号行军	
	骑马战斗	

从党的对外斗争到党的内部斗争，三本教科书都尽可能全面地呈现了该时期党的政治任务，体现出教科书对"政治文化"具有极高的偏重性。突出的"政治文化"内容是中央苏区时期教科书最为显著的特征。这也是由该时期教育的发展情况、教育方针、教育内容、教育评价标准所决定的。

2. "苏区政治"主题的内涵

中央苏区时期教科书中的"苏区政治"的内涵是多层面的，从对政治信念、政治制度、政治规范及其价值判断几个层次的呈现来看，均体现出中央苏区时期的教科书直接有效地实现了规定的教育目的。

1）教科书中关于政治信念的内容

《共产儿童读本》第二册第一课"红旗"对学校、儿童团、政府等场景中的红旗进行了描述，并通过课文最后的"你到处都飘扬起来呀！"，向学生传授了红旗所代表的党在该时期期望扩大苏维埃区域的政治信念。

啊！——好看的红旗！中间有镰刀有锤子，还有五角的星。儿童团有这样的旗子。学校里有这样的旗子，苏维埃也有这样的旗子。红旗呀！红旗呀！你到处都飘扬起来呀！

《共产儿童读本》第二册第五课"唱歌"通过描述姐姐和我唱歌的实际情境，宣传了党的部队，并通过姐姐拒唱"送郎歌"而要唱"红军歌"的行为传达了党批判该时期社会文化的政治信念。

姐姐喜欢唱歌，我也喜欢唱歌，我要姐姐唱送郎歌，姐姐不肯唱；姐姐要唱红军歌，我就和姐姐，一同唱红军歌。

《共产儿童读本》第二册第三十一课"做工的工人"通过描述一位儿童向教员提问的情景，宣传了党的阶级观。

儿童拿了书，指着书上的图问教员："这三个图画的是做什么的人？"教员说："上面两个人拿着锤子，是打铁的；中间一个人，是缝衫的；下面两个人，是盖瓦的。"儿童又问："为什么把他们画在一起呢？"教员说："因为他们，都是做工的工人，所以把他们画在一起。"

教科书中关于党的政治信念的主题还包括对党的领导人的宣传。中央苏区时期的教科书宣传的并非是中国共产党领导人，而是苏联领导人。《共产儿童读本》仅出现了一位苏联领导人——列宁。在该套教科书的第六册中有4课是关于列宁的课文：第一课"列宁钓鱼的故事"、第八课"列宁安慰病人的故事"、第十四课"列宁吃了六个墨水瓶"、第二十二课"汽车工人讲列宁的故事"。这四篇课文通过生动的故事表现出了党的领导人对群众利益的关心和爱护，也由此传达了党关心和爱护群众的政治信念。

《共产儿童读本》第六册第一课"列宁钓鱼的故事"通过一个生活故事，宣传了党与群众关系密切、平等的政治信念。

无论哪一个工人，哪一个农民，哪一个劳动者，和列宁同志相会了，没有不把列宁同志看作自己的同伴。有什么意思向列宁同志说，一点也不隐藏，一点也不做作。因为列宁同志对于劳动者，是非常坦白的，没有一点隐藏，一点做作。有一个年老的渔夫，关于列宁同志曾经这样说过："那样正直和单纯的人，再也找不出第二个。"有一次，列宁同志到布加利去，看见许多渔夫，在河上钓鱼。列宁同志也很高兴地跑到渔夫所在的船上去；渔夫们非常欢迎他，教他怎样来钓，有一个渔夫很亲切地向他说："你手上捏着钓丝，在手指感到颤动的时候，鱼就已经上钩了；那时钓丝宾！宾！地动起来"。那个渔夫的话，没有说完，立刻就有一条鱼，含了钓丝，钓丝就宾宾地动了，列宁同志将钓丝拉起，果然钓着一条很大的鱼，好像一个孩子一样，欢天喜地的叫道："啊！啊！宾！宾！宾！"

渔夫们看着列宁同志钓着一条很大的鱼，都发出了欢笑。他们一个个像孩子一样，快乐地跳起舞来。因为列宁同志的"宾！宾！"的笑声，给渔夫们一个不能忘记的印象，以后大家就叫他做"宾宾大人"！列宁同志离开这个地方后，渔夫们总不时地问道："宾宾大人好久不见了啊？不会给资产阶级政府捉去了吧？这样可爱单纯的人。"

《共产儿童读本》第六册第二十二课"汽车工人讲列宁的故事"，课文通过列宁"爱护工农劳苦群众"的故事树立了党爱护工农劳苦群众的形象，由此宣传党的政治信念。

一个汽车工人讲："列宁真是个例外的人，那样的人再没有第二个了。有一天，我替他开着汽车跑在米呵斯尼凯亚的街上，那时候的街上真是混乱极了，汽车的前后左右都挤满了人，我几乎不能前进了，我只怕车伤了人。我不断地摁着喇叭，但没有效果，我心里非常焦躁起来。列宁开了车门下来，几乎跌倒，一步一跤地冒着危险，跑到我这边来，他用很温和的面孔向我耳旁说道：'基尔，不要着急呀，同大家一样地向前走吧！'我驾了很多年的车，是一个年老的运车手，坐车的人也看见很多，但像他那样的行动，我是没有见过的，我想是谁也做不出来的。"

在这位汽车工人简单的一段话里，我们知道列宁同志是这样一个随时留心着、爱护着工农劳苦群众的人。

此时，党在各方面都坚持向苏联学习。因此，教科书中唯一选入的代表党政治信念的领导人就是苏联的领导人。这种情况在随后的中国革命根据地教科书中有所变化。

2）教科书中关于政治制度的内容

这类课文介绍了政府的各种机构。《共产儿童读本》第二册第六课"乡政府在哪里"通过一个儿童问路的实际情境介绍了党的机构。

一个儿童，遇着一个成年。成年说："小同志！请问到乡政府走那里去？"儿童说："照大路去，经过茶亭，向右走，望见那一个大房子，就是乡政府。"

《共产儿童读本》第二册第十三课"客来找爸爸"通过一位儿童接待父亲的访客的实际情境宣传了"贫农团"这一党在中央苏区时期所组织的社会团体。

李儿的妈妈死了，只有一个爸爸，有一天，外面来了一个客，问李儿说："小同他的爸爸，到哪里去了？"李儿说："到贫农团开会去了！"客听了就要走了。李儿说：我爸爸快要回来，请你进来坐一下吧。"

列宁初级小学校适用《国语读本》第二册第一课"列宁学校"以儿歌的形式介绍了苏维埃政府创办的学校。

列宁学校，是苏级埃政府创办的；贫苦的小同志们，大家有书读，真正得到解放了！

3）教科书中关于政治规范的内容

此类课文将体现党的政治规范的工作方式编入了教科书。《共产儿童读本》第二册第二十一课"开会"，通过呈现儿童开会的实际情境，宣传了党的民主制度。

许多儿童，在那里开会。队长报告说："选一个主席出来。"有一个儿童说："我选队长。"又有一个儿童说："我选阿三。"最后队长说："举手表决。"结果赞成阿三的举手多，就以阿三当主席。

"游艺类"教科书所编入的内容与中央苏区当前的中心工作任务保持一致，编撰时选择了各种政党活动的场景，对其进行游戏化改编后以课的形式呈现。尤其是对战争场景的巧妙替换，使学生在游艺教学中了解战争，并训练学生的战争能力。例如，《竞争游戏》第七课"飞机来了要躲避"将战场上躲避飞机的方法改编成游戏：

全体学生分成三部分，一部分为圆阵生站一大圆圈，另选一部分为群众，群众在 10 人以上，站入大圆圈内为一小圆圈，再选一部分为飞机，人数 6 人以下，立在小圆圈中央为一堆不要散开，大小圆圈一概携手，准备妥当后，教员便叫"飞机来了"，群众闻令，"发现飞机来了"赶快分散，在圆阵生的两手臂之下，作为躲避。在群众溜到了圆阵生的两手臂之下，飞机则不能轰炸了，只有在群众还未溜到圆阵生手臂下时，飞机才能轰炸，但为群众者不可久避于圆阵生手臂下，见飞机去再不许躲避，被轰炸者，立即应声倒在地下，在那地方被做飞机的学生手拍一下表示被轰炸了。

《竞争游戏》第一课"夺取南昌"与党该时期的目标积极呼应，是教育的政党"宣传与鼓动"功能在教科书中的体现：

（一）用具：红旗四面，白旗一面。

（二）方法：全级学生分成两队红军，排成两纵队，每队红旗两面（排头尾各一面）立在平一线之上，选一人为总司令，立在两队之前面向南昌，排妥，总司令高唱"前进"，两军排头者一人闻司令唱，即拿着红旗向南方前进，前进到了目的地（插着白旗的地方）：把红旗一插，又把红旗拿取跑向原地，第二者又接着红旗向目的地竞跑，继续不断地跑到队尾，看那军先把两红旗插在南昌城者，则那军为胜利，胜利者高呼口号或鼓掌为喜。

注意：（1）两军的人数要相等。（2）在第一者未跑回原地时，第二者不能向前进。（3）跑到排尾的第二人，红旗就插在目的地，不要拿回，因末尾有红旗。

游艺教科书编撰时抓住游艺科目教学的特殊性，巧妙地实践了教育目的对教科书的规定，即实现"宣传与鼓动"。

此外，教科书还直接教学生去实现政党任务。例如，列宁初级小学校适用《国语读本》第二册第三十一课"童养媳"采取直白的陈述形式宣传了政党解放童养媳的政策和任务：

打扫堂前地，放出笼里鸡，煮熟三餐饭，要洗半天衣。做了许多事，还遭打和骂。这般可怜儿，就是童养媳。大家要禁止，解放她出去。

列宁初级小学校适用《国语读本》第二册第二十二课"钟"以钟的形象引出未来的情境，以此告知学生要去"寻找光明"：

的得！的得！壁上的钟声，好像说："黑暗已经过去，曙光快到面前！小同志们，冲上前去，寻找光明！"

列宁初级小学校适用《国语读本》第二册第四课"读书和革命"以歌谣的形式告知学生"要革命"：

小同志们，听，听，听；你爱读书，你要革命，打倒地主豪绅，才有田分。

"红孩儿，笑哈哈，他常对人说道：'我要做出掀天揭地的事业，我要走遍地角与天涯，做个伟大革命家。'"

《红孩儿读本》第一册第一课这样写到。这种通过教科书的权威形式直接命令学生遵守党的政治规范的课文，在根据地教科书中是常见的。

4）教科书对政治文化的价值判断

依照教育的"宣传和鼓动"之目的，教科书除了大量编入以上反映该时期党的政治文化的内容外，还直接编入了对政治文化的价值判断。课文通过具有强烈感情色彩且设定特殊角色的形式向学生传达了对党政治文化的肯定评价，实现教育的"宣传与鼓动"目的。

课文通过文中人物角色的言语和行为引导学生主动拥护党。《共产儿童读本》第二册第十七课"不要你的新书"通过呈现弟弟妹妹送哥哥参军上前方时的情景肯定了党的政策，引导学生拥护党的政策，也对学生支持党的政策之行为作出了示范：

哥哥报了名！要当红军去，妹妹说："哥哥，你到前方去，我做好一双布草鞋送给你。"弟弟说："哥哥，你到前方去，我读的这本书送给你。"哥哥说："妹妹的布草鞋哥哥要，弟弟献新书，留给弟弟读，哥哥不要。"

《共产儿童读本》第二册第三十二课"对红军呼口号"描述了儿童遇见红军的情景，课文向学生示范了面对红军时要"排成一个横队，举手向红军敬礼……高呼口号……"的行为。这些行为都传达了拥护政党的态度。

许多儿童，在一个草坪上开会；对面有一队红军战士，头上戴着斗篷，肩上背着枪，一步一步走近前来，儿童就停止开会，排成一个横队，举手向红军敬礼。并高呼口号：欢迎红军天天打胜仗，红军万岁！

通过不同角色的设定，以及角色之间的交流，教科书巧妙地传达了拥护党的态度。其一，教科书以预设的教育对象为原型设定角色。该时期教育以"工农劳苦民众"为对象，因此在角色设定时亦从阶级论的视角出发，以工农阶层角色为第一角色。例如，列宁初级小学校适用《国语读本》❶ 第二册第十九课"渔家生活"和第三十二课"革命后的儿童"中的各种角色均来自于工农阶层。

我家住在小江边，五人吃饭没耕田；两间小茅屋，一只打鱼船；父亲天天上船去，捕得鱼儿换铜钱。❷

你是牧童哥哥，我们同来上课；你是学徒弟弟，我们同来游戏；你是童养媳，我们同来唱歌；革命前被压迫，而后才快乐！❸

《红孩儿读本》❹ 第一册课文包含工、农、兵三种角色：

你是工人，你要革命；我是农人，我要革命；他是士兵，他要革命。你我他三人，都要革命。

其二，教科书结合政党任务设定角色以体现政党特色。如小同志、贫儿、赤儿、儿童团的成员等角色名称。如，列宁初级小学校适用《国语读本》第一册第二十二课中有"贫儿"，第三十四课有"革命儿童"。列宁初级小学校适用《国语读本》第二册第一课"列宁学校"中有"贫苦的小同志们"，第十二课"小战友"中有"我们都是小战友"，第

---

❶　列宁初级小学校适用国语读本［M］.湘赣省苏维埃政府文化委员会.

❷　列宁初级小学校适用《国语读本》第二册第十九课"海家生活"。

❸　列宁初级小学校适用《国语读本》第二册第三十二课"革命后的儿童"。

❹　红孩儿读本［M］.湘赣边境工农兵暴动委员会红孩儿编辑委员会，1930 – 5 – 31.

二十一课"土豪"中有"小同志们",第三十六课"红军"中有"赤儿"。再如《红孩儿读本》以"政党性角色"赋名。其中"红孩儿"之名取自西游记,以此期待"劳动小朋友……像西游记中红孩儿那样……革命的本领,使能肩负起来红色世界主人的责任……"。发刊词这样写道:"我是红孩儿,我是革命的红孩儿,有创造的天才能力,有伟大的牺牲精神,不怕那穷凶极恶的统治者,不怕那糊涂黑暗的旧世界,我要放出万丈的光芒,把他们的狰狞面目损破,我要大挥犀利的宝剑,斩除那些凶恶的妖魔!把糊涂黑暗的世界,创造得灿烂光明!愿爱我的朋友,与我一齐来,冲锋前进,跑到共产社会的集团,尝尝看自由平等的果子。"通过设定这些表达政党性质的角色宣传了政党,并由角色引导学生支持和拥护政党。

其三,教科书的角色设定多采用晚辈、小辈以及被领导的群众等蕴含着服从与接受性质的角色,这些角色有效地示范了对教育的接受和理解。

(二)"苏区生活"主题

"苏区生活"是该时期教科书中的重要主题。教科书中很多内容反映了中央苏区以生产劳动为中心的生活方式,并教育儿童掌握在中央苏区生活的基本常识。当然"苏区生活"是与外在的生活完全不同的。

1. "苏区生活"主题的出现

"苏区生活"的主题是该时期教科书的内容特征之一。这类主题以中央苏区所在农村地区的日常生活为主,也有涉及苏区未来有可能的城市生活内容。

《共产儿童读本》第二册共编有34课,其中与"农村生活"直接相关的课文有8课。分别是:第十一课"糕饼"、第十二课"蚯蚓"、第十五课"吃东西要留心"、第十六课"住屋的方向"、第十九课"种牛痘"、第二十课"不要吃烟"、第二十二课"牧牛"、第二十九课"油从那里来的"。该类主题的课文占据全册教科书内容的23.53%,其目录见表1-9。

表 1-9　《共产儿童读本》第二册目录

一、红旗	十、一共有六个人	十九、种牛痘	二十八、瞎子捉跛子
二、我要唱歌	十一、糕饼	二十、不要吃烟	二十九、油从那里来的
三、画图画	十二、蚯蚓	二十一、开会	三十、不要玩火
四、小鸟唱歌	十三、客来找爸爸	二十二、牧牛	三十一、做工的工人
五、唱歌	十四、不要闹	二十三、拔草	三十二、对红军呼口号
六、乡政府在那里	十五、吃东西要留心	二十四、弟弟并不老	三十三、开窗换气
七、蜘蛛结网做什么	十六、住屋的方向	二十五、失落手巾	三十四、开门窗
八、起大风	十七、不要你的新书	二十六、做游戏	
九、螳螂和蜻蜓	十八、唱首歌儿送哥哥	二十七、送红军上前方	

　　《共产儿童读本》第三册共编有 34 课，其中与"农村生活"直接相关的课文有 7 课。分别是第六课"从前我们的家里"、第七课"现在我们的家里"、第九课"我们的村庄"、第十课"从村庄到街市"、第十一课"我们农村的组织"、第二十四课"垃圾倒在哪里"、第二十五课"我们的校园"、第二十六课"一个儿童说家里的生活"。该类主题占据全册教科书内容的 20.59%，其目录见表 1-10。

表 1-10　《共产儿童读本》第三册目录

一、从家里到学校	十、从村庄到街市	十九、月亮	二十八、云
二、粗心的儿童	十一、我们农村的组织	二十、姐妹谈话	二十九、整洁教室
三、大扫除	十二、这是什么人	二十一、接到哥哥的信	三十、哥哥不要告诉他
四、讲演会	十三、妹妹来拉嫂嫂	二十二、写信给哥哥	三十一、晒汗
五、镜子	十四、燕子是候鸟	二十三、一个儿童自述	三十二、共产儿童团
六、从前我们的家里	十五、燕子的益处	二十四、垃圾倒在哪里	三十三、蚊子
七、现在我们的家里	十六、旅行	二十五、我们的校园	三十四、眼的卫生
八、影子	十七、学艺会	二十六、一个儿童说家里的生活	
九、我们的村庄	十八、小动物的游艺会	二十七、雾	

在《共产儿童读本》第二册和第三册中，"苏区生活"主题的内容分别占据各册教科书内容的23.53%、20.59%。与之相应的同册教科书中的"政治文化"主题分别占据各册教科书总内容的26.47%、35.29%。可见低年级教科书中"苏区生活"主题份量之重。"苏区生活"不仅包括农村生活，也包括中央苏区未来可能的城市生活。中央苏区时期的教科书中有大量反映城市生活的内容，都是该时期党苏维埃化政策在教育及教科书中的反映。直到1942年后，党才从教科书中删除了与城市相关的主题。

2. "苏区生活"主题的内涵

首先，教科书中的"苏区生活"取材于中央苏区所在的农村地区，凸显的是农村背景下的生产劳动及生活常识。此类主题的选入使得中央苏区的教科书与同一时期其他教科书相比，在内容上呈现出独特之处，这是该时期中央苏区教科书内容上的明显特征。

《共产儿童读本》❶ 第二册第十一课"糕饼"对生活中的一件事作出直接评判，教育儿童讲卫生：

> 一伙店铺，外面摆着很多糕饼，有许多苍蝇，方才在疮疤上吃了脓血，和在地上吃了痰和鼻涕，都飞到糕饼上，伸着嘴去舔。这些糕饼，被苍蝇的嘴和脚，染着很多生病的东西，真是不卫生。

《共产儿童读本》第二册第十五课"吃东西要留心"也是类似的内容，通过一个真实的事件教育儿童吃东西要讲卫生：

> 有一个儿童，喜欢吃零星东西；常常肚子痛。他的妈妈对他说："吃东西，要留心：没有熟的果子，已经坏了的饭菜，摊上摆的米果，都不要吃；吃了就要生病的。"

《共产儿童读本》第二册第十六课"住屋的方向"通过对话的场景教给儿童生活常识：

> 黄生同张生说："我家朝北，夏天很热，冬天很冷，不及你家冬暖夏凉。"张生说："朝北的屋子，夏天没有凉风，冬天没有太阳，实在不合卫生，所以屋子的方向，朝南方最好。"

---

❶ 中共中央教育人民委员部1933年编撰出版，共6册，供列宁初级小学用。

《共产儿童读本》第二册第二十三课"拔草"通过呈现一个劳动场景传授学生劳动知识：

欣明同妈妈到菜园里，妈妈说："这菜下生了好多草。"欣明说："妈妈我来帮你拔草。"妈妈说："好的，但这菜土枯燥，草不容易拔出，要挑点水来，把菜土浇湿一下才好。"欣明就挑着两只小桶挑水。

教科书关注农村生活，儿童通过学习获得相关的知识，对家庭的生产劳动很有帮助。

其次，"苏区生活"不仅仅取材于当前的农村，还包括在党的政策蓝图中有可能进入的城市。党在中央苏区时期尝试使教育步入正规化，学习城市中系统的教育体制。该时期的教科书对生活的呈现，并不像根据地后期（抗日战争时期）的课本那样完全地呈现农村生活。一些课文并未有明显的农村背景，或是直接描述城市生活。这些都是教科书中"苏区生活"的独特之处。

《共产儿童读本》第二册展现童趣生活的课文有 10 篇。分别是：第二课"我要唱歌"、第三课"画图画"、第四课"小鸟唱歌"、第十课"一共六个人"、第十四课"不要闹"、第二十二课"牧牛"、第二十五课"失落手巾"、第二十六课"做游戏"、第二十八课"瞎子捉跛子"。这类课文直接呈现了儿童生活趣味性的一面，与体现政治文化的课文形成了对比。

"苏区生活"的主题倾向于政治文化的灌输，教科书将党的政治文化贯穿到以上各种生活场景当中。教科书以最高效的方式实现了中央苏区时期的教育目的。

总体而言，中央苏区时期的教科书在内容上体现出单一化的特征。"苏区政治"和"苏区生活"占据了各类教科书的大量篇幅。教科书重点编入反映党的政治和党领导下的社会生活的具体材料，而忽略学科知识。从这一内容特征来看，该时期的教科书类似于政治读本形式的教育材料。

二、教科书编撰形式单一

中央苏区时期教科书编撰体例的基本元素和基本结构单一，未采用清末"新学制"以来的现代教科书编撰体例，在教科书叙述模式和语言策略上沿袭党早期的政策宣传材料的特点。总体上看，该时期所编出的教科书强调对内容的呈现，即对事件的呈现，而教学规律和学科规律在教科书的编撰中未被充分考虑。

（一）教科书的体例结构简单

标题、课文、插图是中央苏区时期教科书的基本元素，仅少数教科书有习题和说明等元素。基本元素和基本结构的单一，是由于该时期教科书着重考虑的是对政治文化内容的选入与呈现，而非学科规律和教学规律。

1. 低年级用教科书的体例突破学科体系

该时期的低年级用教科书侧重通过课文呈现实际情境的形式，将党的执政机构、执政理念等儿童较难理解的内容传授给学生。由于这类知识与学科知识体系完全不符，教科书在形式上并未严格依据学科逻辑，而是将大量的教育规定传授的内容，以各种形式编入教科书中。这在很大程度上模糊了学科的边界。例如，小学国语教科书将歌曲编入其中。列宁初级小学校适用《国语读本》第二册第三十三课"打倒国民党歌"为歌曲内容。

打倒国民党歌　4/4

5　55　- ｜ 3　56　- 0 ｜ 6　1　5 - 0 ｜ 3 23　5 - ｜

来来来打倒他国民党怕什么

32　1 - 0 ｜ 12　1 - 0 ｜ 3　356 i i 6　｜

改组派来欺骗要一起把它消灭

5　56 5　- ｜ 3　356 i i 6　｜ 5 56 5　- ‖

尽不留根要一齐把它消灭尽不留根

将歌曲编入小学国语教科书的做法体现出，该时期教科书在编撰形式上并未依据学科体系，而是依据教育的需要将符合主题的内容混编到一起。在一套《共产儿童读本》的教科书中，除了第一册有字词的教学设计外，其他各册的课文完全是事件的呈现。该套教科书的基本结构仅仅是标题—课文—插图，功能是呈现事件。例如《共产儿童读本》第二册第十四课"不要闹"，课文基本元素和基本结构如下：

不要闹

哥哥骑木棍，我骑竹竿，在窗外游戏；跑来跑去，大声叫着："马来了！马来了！"

妈妈推开窗门，对我们说："小弟弟刚睡着，你们不要闹。"

从初级小学一年级第二学期到初级小学四年级，该套教科书各课内容均做如此编撰：从标题到课文内容以文字和插图呈现。又如初级小学三年级第二学期用《共产儿童读本》第六册第三课"房屋"的基本元素和基本结构如下：

房屋

房屋有三点要注意的事项：

第一要有光要透气，几个窗的总面积，要占房屋的地基六分之一才够，所以窗太小和太少的房屋不好。

第二要干燥，房屋太湿，易生病菌，使人多病，所以房屋不宜建筑在低地，同时房屋周围的水沟要深，使水从沟中放出。

第三房屋周围和内面，不可堆积不洁净的灰屑和别的肥料，弄得空气不清洁，妨碍卫生。

在"房屋"这篇课文中，仅呈现出了房屋的三点注意事项，没有从教学规律和课文背后所代表的学科规律进行考虑。从课文的形式看，课文与党所颁布的各种通知的文本形式更接近，与教科书需要考虑学科规律和教学规律的要求不相符合。文科类的教科书是传达党的政治文化的最佳载体，编撰上以呈现党的政治文化为目的，对学科体系的规定性也就不做考虑。相比较而言，在初级小学高年级用书中，这种事件呈现的功能更加凸显，课文多采取平铺直叙的形式对某个政策或某个生活常识等事件进行呈现。

2. 高年级用教科书的编撰体例

因为学科上的特点，理科类教科书在编撰时势必需要考虑学科体系的规定性，尤其在高年级教科书中，这种学科体系的规定性表现得更明显，这就意味着要打破低年级教科书编撰中无视学科体系的编撰形式。这些因素的牵制致使高年级教科书的编撰体例比低年级教科书更为丰富。《自然常识》❶ 为师范生和中学生使用，是中央苏区时期教科书仅有的体例较为丰富的教科书，尤其第一课"地园和地动"是该册教科书中最完善的一课，该课的基本结构由标题、课文、习题、插图及说明四个基本元素构成。各元素及结构具体如下：

标题：第一课　地园和地动

课文：

Ⅰ　地球是圆形的，和一个球一样，所以我们叫它为地球。但尚有些人怀疑这种理论，现在举例事实来证明：

……

Ⅱ　地球是动的，太阳是不动的。这一说法或许有人不相信，因为我们每日只看见太阳东出西进，绕地球转，没有看见地球自己转，下面大概来说明一下：

……

习题：

1. 地球以极大的速度旋转，为何我们住在地球上没有感觉到？
2. 自转和公转有何分别？
3. 向地球的东方或西方不断地走，可否回到原处？
4. 地球由西向东转，不是由南向北转，举例证明。

插图和说明：

地球公转自转图

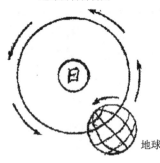

地球

1. 中间的圆球为太阳。
2. 外层的圆周线为地球公转的轨道。
3. 轨道上有线的圆球为地球。
4. 轨道圆边的箭标，表示地球公转的方向。球圈边的箭标即表示地球自转的方向。

该课所具备的教科书基本元素和基本结构与规范的教科书体例最接近，这在中央苏区时期的教科书中是很少见的。

相比之下，同样是理科类教科书的《理化常识》❶，其编撰体例就十分简单。该书由中央教育人民委员部编审局编印，供为期一个月的干部教育训练班用。全册共编有 5 课：第一课 "云、雨、雾、霞、虹"，第二课 "霰、雪、雹、露、霜"，第三课 "风、雷、电"，第四课 "声"，第五课 "几种简单实验"。每课的基本元素和基本结构相当简单，大部分课文仅由标题和内容两个基本元素构成，仅第三课和第五课编有插图对课文内容展开解释。例如，第四课 "声" 的结构是：

标题：第四课 声

课文：

声的产生　声是由于物体振动而产生的。讲话的时候，用手摸一摸喉咙哽……还有许多证明声是由于物体振动的事实要自己去找。

传声　振动发声的物体有一种势力能激动空气……此外还有液体和固体的东西，也能传声，并且比空气更快哩！

回声　发声的时候，空气所成的音波是向着四方传达去的，但是……这就是因为这个道理。

课文通过三个主题的形式呈现了声的知识，编撰体例的元素和结构单一。

中央教育人民委员部编印的《地理常识》则采用章节体的形式呈现内容。全册教科书共编有三个章节：第一章 "大陆和海洋"，第二章 "中国地理"，第三章 "五大洲的地势、气候、物产、居民的概况"。第一章下编有 "大陆" 和 "海洋" 2 个小节，第二章下编有 "中国的疆域" "中国的领土" 2 个小节，第三章下编有 "亚洲" "欧洲" "北美洲" "南美洲" "非洲" "澳洲" 6 个小节。在每个小节之下便是具体内

---

❶ 中央教育人民委员部编审局. 理化常识 [M] //赣南师范学院，江西省教育科学研究所. 江西苏区教育资料汇编1927～1937（七）·教材.1985：205－208.

容。例如第一章的第一节基本结构如下：

第一章　大陆和海洋

（一）大陆

大陆分为五大洲。就是亚、美、欧、非、澳五洲……

（二）海洋

围着五大洲的大水，叫做洋。洋有五大洋……

该册教科书的编撰体例直接按照书本的章节体形式呈现，没有课的结构，是该时期教科书编撰体例单一且不规范的体现。采用这种单一的编撰体例，反映出他们在编撰教科书时着重对内容的呈现，而非对教学规律和学科规律的考虑。总体而言，体例单一是该时期教科书编撰的主要特征。

（二）教科书叙事风格的"材料化"

中央苏区时期教科书最明显的特征是对党早期文化宣传材料的沿袭，教科书的形式与党早期对外的社会宣传和对内的红军及干部教育中所使用的材料形式一致。

在早期的文化宣传工作中，党对宣传品的叙述形式有具体规定。1931 年湘鄂赣省规定"宣传品力求通俗，不要用深奥难解的文句，须刷带地方性的白话语，篇幅不要太长，须力求简单，字句同样不要太长了，具有鼓动性""文字要简短，使他们顷刻间能看完，字句要精警，使他们一看起一个印象""传单不要做长了，要浅显扼要，一字有一字的鼓动性""在白区的传单，特别要做短，要通俗"[1]。湘鄂赣省《战斗半月刊》的投稿规定"要具体、要实际……要带鼓动论，要浅显，要简短"[2]。这些基本形式被同样承载宣传政治文化功能的教科书沿袭，在教科书中多采用歌谣的形式表达对党的强烈情感。

1. 低年级教科书叙述以韵语为基本形式

中央苏区的教科书多采用感染力极强的句式，尤其多以强烈的情感叙述形式来宣传党的政治文化。列宁初级小学校适用《国语读本》第一册和《共产儿童读本》第二册分别在初级小学一年级第一学期和第

---

[1] 湘鄂赣省工农兵苏维埃第一次代表大会文化问题决议案［Z］. 1931 – 9 – 23.
[2] 湘鄂赣省工农兵苏维埃第一次代表大会文化问题决议案［Z］. 1931 – 9 – 23.

二学期所使用。按照该时期中央苏区的教育政策关于入学年龄的规定❶推算，这本教科书编撰时考虑的对象约为 6 岁。6 岁的学生理解"政治文化"主题的内容有相当大的难度。事实上，中央苏区针对成人宣传此类主题时，成人同样面临理解和接受的困难。中央苏区所在地区社会文化水平本身很低，苏区的政治文化以批判当前政治文化为基础，因此，苏区政府在文化宣传时费尽心思。体现在教科书中，如何将这种儿童难于理解，远离儿童生活的"政治文化"主题有效地传达给学生，便成为教科书编撰需要考虑的重要问题。也因此易于传诵和表达强烈情感的韵文成为当时教科书主要的形式。例如，列宁初级小学校适用《国语读本》第二册的部分课文句式简单，学生读来朗朗上口。

列宁学校，是苏维埃政府创办的；贫苦的小同志们，大家有书读，真正得到解放了!❷

新书好! 新书好! 歌谣多，谜语巧! 革命意义真不少。❸

国际旗上有：铁锤和镰刀，表示工农的团结。五角星，表示无产阶级革命，普遍全世界。❹

"常识类"教科书以生产劳动知识和生活常识为主，也采用了接近歌谣的形式来呈现内容。列宁初级小学校适用《常识读本》第四册第八课"可恶的蚊虫"、第九课"可恶的苍蝇"均采用了拟声词来生动地呈现动物。

可恶的蚊虫，飞来飞去，嗡嗡嗡。咬得我们的皮肤红肿，还使我们害疟病。它们生在污水中，排泄污水便绝种。❺

可恶的苍蝇飞来飞去，嘤嘤嘤。舔了我们的食品，放上病菌，使我们容易传染疾病。大家赶快捉苍蝇，捉它一个不留存。❻

---

❶　1930 年《闽西苏维埃政府文化教育委员会第二次会议决议案》规定：儿童教育，采取强迫性质的教育，凡 6~11 岁的儿童，有必须受小学教育的权利。(《江西苏区教育资料汇编（一）》，170 页。)
❷　列宁初级小学校适用《国语课本》第一课"列宁学校"课本。
❸　列宁初级小学校适用《国语课本》第二课"新书好"课本。
❹　列宁初级小学校适用《国语课本》第三课"国际旗"课本。
❺　列宁初级小学校适用《常识课本》第四册第八课"可恶的蚊虫"。
❻　列宁初级小学校适用《常识课本》第四册第九课"可恶的苍蝇"。

此外，教科书采用的方言叙述也是党早期文化宣传材料常用的方法。为了更加贴近群众，使群众理解党的政治信念，这些文化宣传材料采用了当地的口语化的语言。教科书在编撰时有意识地避开深奥句法，力求通俗易懂，甚至一些口语化的方言也被编入其中。例如，1927 年，由于宁冈县大办学校，缺乏教材，当赵锦元、丁钰拿着编写出来的教材，请毛泽东审阅时，毛泽东尽管军务繁忙，但仍未推脱，立即看了起来，并边看边修改。如他将"土地分到家，有穿又有吃（当地口音念qià），穷人喜洋洋，工农坐天下"一段，改为"土地回老家，合理又合法，豪绅要打倒，工农坐天下"。❶

2. 教科书叙述夹带强烈的政治情感

"读本"类、"识字"类教科书注重使用感染叙述形式，课文编撰时常采用精短有力的句子，用鼓动性的语言营造出一个特殊的气氛，激发学生参与战争的热情。《红孩儿读本》常采用短小精悍的句式，语言特征明显。从以下《红孩儿读本》第一册的发刊词即可看出该时期的教科书在语句形式上的特点所在。

> 我是红孩儿，
>
> 我是革命的红孩儿，
>
> 有创造的天才能力！
>
> 有伟大的牺牲精神！
>
> 不怕穷凶恶极的统治者。
>
> 不怕那糊涂黑暗的旧世界，
>
> 我要放出万丈的红光，
>
> 把他的狰狞面目揭破！
>
> 我要大挥犀利的宝剑，
>
> 斩除那些凶恶的妖魔！
>
> 把糊涂的黑暗世界，
>
> 创造得灿烂光明！

---

❶　肖去岭，陈钢. 井冈山革命根据地文化建设史［M］. 南昌：江西人民出版社，2007：93.

愿爱我的朋友：

与我一齐来！

冲锋前进！

跑到共产主义的乐园，尝着自由平等的果子。

《红孩儿读本》的发刊词气势磅礴，短短的全文便足足有 7 个感叹号。再如《红孩儿读本》第一册中有课文为："跑！跑！跑！向前跑！跑到共产社会几多好""儿童！儿童！不要懵懂"。第四课为："你是工人，你要革命。我是农人，我要革命。他是士兵，他要革命。你我他三人，都要革命。"第五课为："来来来，儿童们，一齐来。看这本，好新书，红孩儿。要努力把它读熟来，红孩儿。要努力把它读熟来，红孩儿。"整册教科书从发刊词到课文内容都采用韵文的形式，夹带着强烈的情感，叙述了党的政治信念和政治理想。

列宁初级小学校适用《国语读本》第一册的课文全是采取韵文或接近韵文的形式，大部分课文都夹带强烈的党的政治情感。以下三篇课文，整体营造出一种积极活跃的氛围，不仅传授了党的政治文化，更是通过积极的氛围传播了对党肯定和拥护的态度，将坚信党的领导这一信念植根于儿童心中。

我家的人，都革命；父亲放哨，哥哥当红军。❶

哥哥和我肩红棍，妹妹打红旗；同去开会，整整齐齐。❷

会场里，空气好，唱的唱，跳的跳，真是很热闹啊！❸

这些教科书采用朗朗上口的句法，饱含感情，便于儿童记忆，有利于教学和学习。这些教科书像一个有激情的长者，他有面对旧世界的愤怒和面对新世界的热情，他引导儿童理解党的政治信念，支持党的政治行动，促进儿童成为党的"红孩儿"。总体而言，党对宣传材料的句法要求也被应用到了教科书中。这一特点影响了革命根据地后期的教科书编撰，成为根据地教科书叙述中的特征。中央苏区的教科书沿袭了这一特征，并且在随后的教科书中也得到了继承。

---

❶ 列宁初级小学校适用《国语读本》第一册第十七课。

❷ 列宁初级小学校适用《国语读本》第一册第十八课。

❸ 列宁初级小学校适用《国语读本》第一册第十九课。

结　语

中央苏区时期的教育处于极其不稳定的局面下。国民党的围剿使得各项教育工作难以走上常规化的发展，党内对教育建设的意见尚未统一，这两点共同导致中央苏区教育的不稳定性。一方面，苏区的实际情况正如毛泽东描述的一样，各项建设工作是极其不稳定的：战线的不固定，影响到根据地领土的不固定，时大时小、时缩时伸、此涨彼落，经常发生；战争和领土的流动性，影响到根据地建设工作也出现流动性。❶在教育工作中体现为：战争发生时，苏区集中力量应战，文教干部和师生都投身于突击任务，学校空关；战争胜利后，学校才转入正常活动。另一方面，1933 年年初，党的临时中央政府从白区迁入苏区以后，批评了苏区忽视教育本身建设的做法，提出了"团队教育部工作协助运动"。这种批评反映出党内对苏联教育模式向往的另一种观点和对建立正规化教育制度的需求。

教育工作的不稳定和党内人员对教育方针政策的分歧，很大程度上影响了教育工作向常规化方向的发展，对该时期教科书的编撰和出版工作起着规定性的影响。中央苏区时期没有编出成套的学科教科书，而是以读物、常识、识字、游艺等类型的教科书为主。这些教科书以实现中央苏区"宣传与鼓动"的教育任务为编撰目的；教科书在内容上以"政治文化"和"苏区生活"为主要选材来源；在形式上采用党的文化宣传材料的基本形式，且不以为学科体系的框架为教科书编撰依据。因此，中央苏区时期的教科书从类型、内容、形式各方面都体现出了极大的原创性，其中形成的编撰经验在一定程度上影响了后期教科书的编撰，尤其是对 1942～1946 年期间教育结合实际进程中的教科书编撰产生极大的影响。

---

❶　毛泽东. 中国革命战争的战略问题［Z］. 1936 – 12.

第二章 抗日战争时期的革命根据地教科书(上)

(1937~1942)

中国革命根据地的教育方针一般根据党在不同发展阶段的具体任务作出不同的选择。教育目的、对象以及内容都在不断变化。中央苏区时期的教育方针和抗日战争时期的教育方针就很不一样。即使在抗日战争时期的不同阶段，教育方针也不同。因此，常有教科书刚出版即遭批判而重新修订。1937～1942年期间，根据地虽然处于严重缺乏教科书的困境中，但相比中央苏区时期，教科书的编撰更规范，编撰水平有了较大提高。1942～1946年期间，在延安整风运动后，党据此重新编了教科书。以1942年为界，政治环境、教育方针的截然不同使得抗日战争时期前后两阶段的教科书呈现出不同特征。

第一节　抗日战争初期教科书的编撰背景

1935年11月，党在瓦窑堡宣布成立中华苏维埃共和国中央政府西北办事处，二万五千里长征宣告结束。此时，陕北地区的教育建设十分落后。据称，在陕甘宁边区管辖的二十余县中，人口的总数约95万，原有小学校却不到20所，中等学校除延安和绥德两个县外，别的县份是没有的，文盲占人口总数的95%以上。[1] 1941年党发布的官方统计数据记载，1936年以前陕甘宁边区范围之内完全没有社会教育活动，新式小学只有约120所，文盲人数约占人口总数的90%以上。[2] 到达陕北后局势一直不稳定，到1937年4月党才开始教育建设。1937～1942年期间，根据地的教育经历了从强调"教育为战争服务"到进行大规模的"教育正规化建设"的过程。这构成了教科书编撰的背景，对教科书编撰的制度、教科书内容的选择、教科书内容的组织等方面产生了极大的影响。

一、教育为抗日战争服务

"七七事变"爆发以后，毛泽东针对民国政府对抗战的犹豫、徘徊

---

❶ 楚云．陕行纪实［M］．重庆：读书生活出版社，1938：49.
❷ 陕甘宁边区政府工作报告［Z］//陕西省档案馆，陕西省社会科学学院．陕甘宁边区政府文件选编・第三辑［M］．北京：档案出版社，1987：205.

向全国人民宣告了反对妥协退让的方针，主张坚决实行抗战的方针，提出了《抗日救国十大纲领》。其中包括实行"国防的教育"和反对"亡国奴的教育"。这是党针对全国提出的教育政策，而在革命根据地，早在这之前就已经逐步把教育工作纳入抗日救国的轨道，并据此调整了适应战争的课程。

（一）确立教育为战争服务的方针

1937～1938 年期间，党颁布了"国难教育""国防教育""战时教育"等一系列相关政策文件，确立了教育必须为战争服务的重要原则。"国防教育"于 1937 年提出，将原有的"国难教育""抗战教育"最后统一为"国防教育"。"国防教育"虽然也提出要建立全民性的教育体系，但建立一种适应抗战时期的课程制度是这一概念的重心所在。

1936 年 6 月，党提出了"国难教育"❶。要求"以战时国民总动员为中心，推行国难教育的范围，不专限于学生，而要普及工农兵学商；国难教育的方式，不应该是形式化、机械化的、千篇一律的军事训练，而必须能够多方面地适应每一个人的社会本质和职业任务"。规定教育在于"提高民众抗敌情绪，训练民众抗敌技术"和"消灭一切汉奸理论，如唯武器论、物质对比论等"。

1937 年，党进一步强化了教育与战争的结合。同年 4 月 16 日，西北青年第一次救国大会召开。大会号召全国青年将民族解放的责任担当起来，提高边区青年的文化水平与政治水平，增强国防技术知识，以加强抗战的力量，大会决定从 1939 年 5 月 1 日至同年 12 月底展开边区的普及教育突击年运动。❷ 1939 年 5 月 3 日，毛泽东在中国共产党全国代表会议的报告中提出"目前应在政治、军事、经济、教育作出国防准备"，这几方面"都是救亡抗战的必要条件，都是不可一刻延缓的"❸。7 月 6 日，《新中华报》刊登的中共陕甘宁边区委员会在民主的普选运动中提出民主政府《施政纲领》。其中第 14 条规定："实行国难教育。

---

❶ 甘肃省社会科学院历史研究所．陕甘宁革命根据地史料选辑·第四辑 ［M］．兰州：甘肃人民出版社，1985：38－41．

❷ 甘肃省社会科学院历史研究所．陕甘宁革命根据地史料选辑·第四辑 ［M］．兰州：甘肃人民出版社，1985：38－41．

❸ 毛泽东．毛泽东选集·第一卷 ［M］．北京：人民出版社，1991：256．

推广免费义务教育。普遍地设立日校、夜校及补习学校，进行消灭文盲运动，改善教职员待遇。"❶ 7 月 23 日，毛泽东发表《反对日本进攻的方针、办法和前途》，指出必须坚决反对妥协退让的方针和办法，实行坚决抗战的方针和办法，以争取驱逐日本帝国主义，实现中国自由的前途。为此，"在坚决抗战的方针之下，必须有一整套的办法，才能达到目的"，这就是包括进行"国防教育"在内的 8 条办法。该办法指出："根本改革过去的教育方针和教育制度。不急之务和不合理的办法，一概废弃。新闻纸、出版事业、电影、戏剧、文艺，一切使之合于国防的利益。禁止汉奸宣传。"❷ 8 月 22 日，党通过《抗日救国十大纲领》。其中"抗日的教育政策"提出"改变教育的旧制度旧课程，实行以抗日救国为目标的新制度新课程""实施普及的、义务的、免费的教育方案，提高人民民族觉悟的程度""实行全国学生的武装训练"。❸ 11 月20 日，陕甘宁特区党委颁布《特区政府施政纲领》，其中关于教育提出"实行国防教育，实施普及的、义务的、免费的教育，提高人民民族觉悟的程度；实行学生的武装训练，普遍地设立日校、夜校及补习学校，进行消灭文盲运动，改善教员、职员的待遇"❹。

1938 年 4 月 11 日，陕甘宁边区国防教育会（即原陕公国防教育研究会）在延安举行为期 4 天的第一次代表大会。毛泽东、张闻天等出席了大会。毛泽东在大会开幕式上提出："应该用全力来应付抗战，用教育来支持抗战。目前的抗战是规定一切的东西，我们的教育也要听抗战的命令。这就叫做抗战教育。抗战教育不是强迫的，而是自觉的。它依靠着群众或学生的学习热忱和教育干部的积极性。并且需要把教育者与被教育者亲密地联合起来。"❺ 陕北公学校长成仿吾作了关于国防教育

❶ 皇甫束玉，等. 中国革命根据地教育纪事 [M]. 北京：教育科学出版社，1989：126.
❷ 毛泽东. 毛泽东选集·第二卷 [M]. 北京：人民出版社，1991：348.
❸ 西北政法学院法制史教研室. 中国近代法制史资料选辑 1840～1949·第三辑 [M]. 西北政法学院法制史教研室，1985：285–286.
❹ 中央档案馆，陕西省档案馆. 中共陕甘宁边区党委文件汇集（1937～1939 年）[M]. 中央档案馆，陕西省档案馆，1994：71.
❺ 皇甫束玉，等. 中国革命根据地教育纪事 [M]. 北京：教育科学出版社，1989：136.

意义的报告，教育厅长周扬报告了边区教育方针及实施情况。会议确定成仿吾、周扬、徐特立等 29 人组成边区国防教育会第一届执委会。1938 年 11 月，党再次提出实行国防教育政策是全中华民族当前的紧急任务，在教育方面：实行国防教育政策，使教育为民族自卫战争服务。[❶]

在教育为战争服务时期，虽然也提出要建立面向全民的教育体系，但是如何使当时教育更好地服务于战争是该时期教育的中心工作。

（二）制定适合战争的课程设置

根据教育为抗战服务的总方针，各地区规定了具体教育措施和办法。陕甘宁边区于 1938 年 8 月颁布《陕甘宁边区小学教学法》，第 1 条明确规定"边区小学校依照国防教育方针及实施方法以发展儿童的身心，培养他们的民族意识及抗战建国所需要的基本知识技能"[❷]。晋察冀边区军政大会于 1939 年规定《战时文化教育的方针》，提出建立正确的抗战理论，提高民族意识；粉碎敌人奴化教育政策，肃清汉奸倾向的言论；提高民众抗战胜利的信心与民众觉悟的程度，使之自动地参加抗战。[❸] 各地区先后制定新的课程设置，在传承中央苏区时期课程的基础之上，以缩减和凝聚课程为主要方式，形成一切为了战争的课程体系。

1. 两个规定课程实施的草案

党抵达陕北后于 1937 年 4~5 月期间陆续颁布了两个涉及教育制度的政策，体现出该时期战争的迫切性以及党将教育与战争结合的坚决态度。4 月 29 日颁布的《关于群众的文化教育建设草案》首先批评了江西苏区时期"战争与教育对立""成人教育与儿童教育对立""没有大胆吸收地主富农出身的知识分子做教育工作"等原则上的错误。随后提出在当前国内战争停止，大规模进行抗日战争的准备，将"实施民族解放"和"民主政治"作为教育的中心内容。5 月 23 日颁布的《小学教

---

❶　中共扩大的六中全会政治决议案［Z］. 1938 – 11 – 6.

❷　陕西师范大学教育研究所. 陕甘宁边区教育资料·小学教育部分（上）［M］. 北京：教育科学出版社，1981：11.

❸　中央教育科学研究所. 老解放区教育资料·抗日战争时期（上）［M］. 北京：教育科学出版社，1986：154.

育制度暂行条例草案》❶将"国难时期儿童的特点"作为小学教育的基本原则。"国难时期儿童的特点"的第 1 条即提出当前的儿童"是目前参加民族解放运动有力的一个助手",规定课程总体上应是"为着学习时间的经济和思想科学化,一般课程的规定必须体系化,同时在儿童工作方面采用设计教学法,以破除体系中凝固的部分,以充分地配合抗日和民主的运动"。这两个文件为此后的教育实践规定了明确的方向,即根据战争的需要精简课程、改革教学。各区根据教育与战争结合的需要,对课程进行精简,使教育能更有效地为战争服务。这一时期学制、课程和教科书都有了很大的改变。

2. 各类教育中课程制度的变化

第一,在初等教育方面,进行了缩减学制和删除与战争无关课程的改革。

陕甘宁首先将学制设定为小学五年,中学二年,师范一年。课程内容均以政治、军事、抗战建国的知识为中心,并规定一切教材都适合抗战建国的需要。课外活动都是与抗战建国有关的工作。例如,小学生都参加儿童团、少先队、民先队,做抗战宣传工作,帮助自卫军放哨、查路条、送信、探消息、捉汉奸、抓洋烟等,同时他们还参与优待抗日军人家属活动,帮助抗属担水、砍柴、推磨、扫地、写信。他们也参加生产劳动,如春耕运动、秋收运动等。❷

1938 年 6 月,陕甘宁边区再发通告号召小学要配合抗战动员,适应战时的环境和需要,更具体、更紧张地把应教的课和应做的工作推动起来,使群众的抗战运动和儿童的战时活动取得密切的联系,进而提出小学要从学校军事化、转移课程重心、加强课外活动三个方面加强国防教育,以配合抗战动员。其中对转移课程重心如此要求:

首先应该注意到统一战线和抗战政治的教育,使学生对抗战的形式和抗战的工作有简单的了解。当然其他一般的课目,还是照常去教。其次就是防空防毒,反汉奸、土匪等,因为这是目前迫切需要的常识,假

❶ 甘肃省社会科学院历史研究所. 陕甘宁革命根据地史料选辑·第四辑. 兰州:甘肃人民出版社,1985:20 – 25.
❷ 陕西师范大学教育研究所. 陕甘宁边区教育资料·小学教育部分(上)[M]. 北京:教育科学出版社,1981:26 – 36.

使不注意到这些课目，是不能应付战时环境的。这些教材除教育厅供给一部分外，可向冬学及政府机关去找，应认为是很重要的课目，同时须在最短时间内教完，使他们具有战时的常识。❶

同年 8 月 15 日，陕甘宁边区修订《陕甘宁边区小学法》，提出边区小学应依照边区国防教育宗旨及实施原则发展儿童的身心，培养他们的民族意识、革命精神及抗战建国所必需的基本技能。❷ 根据陕甘宁边区教育厅 1938 年年底对该年"国防教育"的总结，教育厅预备遵循力求学习课程经济化的原则，具体是：

应改变旧有的学制，把各级学校修业期限缩短，同时应取消不适合战时需要的课程，使一切课程内容及其配备方法都以抗战建国为中心，以求学生能在最短期间内学得战时急需的知识技能，使他们一离开学校，就可以用他所学的东西来为抗战建国努力奋斗。❸

晋察冀边区于 1938 年 2 月颁布《晋察冀边区小学教学科目及每周教学时间表》❹，规定小学课程总共包括"国难讲话"在内的 6 门课程。在各科教学中强调与战争结合，规定国难讲话"除了讲授国难知识外，也指导学生做课外救亡的活动，以养成儿童爱国家、复兴民族的意志和信念"；"唱歌课以教唱救亡歌曲为主，以激发儿童的爱国情绪，培养儿童的民族意识"。根据鲁明 1939 年的文章记载，晋察冀边区的小学规定抗战教育课程，减少和取消不必要的课目。❺

第二，在干部教育方面的重点在于删除了被认为不需要的教育内容。

该时期根据地的干部教育形式逐步从训练班转为由中等教育承担。

❶　陕西师范大学教育研究所. 陕甘宁边区教育资料·小学教育部分（上）［M］. 北京：教育科学出版社，1981：1 – 3.

❷　陕甘宁边区小学法，边区教育厅公布，民国二十七年八月十五日公布、民国二十八年八月十五日修正公布；载于陕西师范大学教育研究所. 陕甘宁边区教育资料·小学教育部分（上）［M］. 北京：教育科学出版社，1981：55 – 57.

❸　陕西师范大学教育研究所. 陕甘宁边区教育资料·小学教育部分（上）［M］. 北京：教育科学出版社，1981：26.

❹　王谦. 晋察冀边区教育资料选编·初等教育分册（上）［M］. 石家庄：河北教育出版社，1990：1 – 2.

❺　鲁明. 晋察冀边区的战时教育［N］. 新华日报，1938 – 10 – 28.

因此，中等教育在创办时就明确公布了"以实施国防教育，培养有民族观念，有民主思想，有抗战建国知识的新青年为宗旨"的教育政策。学校着手提高青年民族意识，巩固中华民族的大团结，坚定青年"抗战必胜，建国必成"的信心，发扬青年为民族解放而斗争的英勇精神。根据曾担任陕甘宁边区教育部编辑股长的吕良 1939 年 5 月的文章记载，该校的教育内容有三个层面：

第一，以抗战的政治军事及基本科学知识，武装青年的头脑，给予青年以抗战建国必需的知识技能。

第二，战时军事教育、军事生活的锻炼也是不可少的武器。每个青年应掌握这武器，准备随时参加作战，捍卫国土，收复失地。

第三，基本科学知识是日常生活中必需的工具。

可见，该时期的中学课程是完全与战争相结合的。晋察冀边区的教育坚持在战时文化教育这个原则之下发展。学校采取完全军事化的形式，领导学生协助政府进行民运站岗、放哨等辅助性抗战工作。在具体的课程上也体现出了一切为了战争需要的方针。中学的课程以抗战教育为主，使学生对目前抗战问题有透彻的了解和认识。时任陕北公学教务主任的邵式平文章❶记载，作为以干部教育为目的的陕北公学，其教育内容的落脚点在于满足"一个抗战干部最低限度的迫切需要"，具体是：

1. 抗战的基本理论；2. 抗战的政策及方法；3. 指挥民众武装进行战斗的基本知识；4. 对于目前时局的认识。

陕北公学基于以上需求设置了社会学科学概论、抗日民族统一战线与民众工作、游击战争与军事常识、时事演讲四门课程。且规定在原则上是三分军事七分政治。这类课程都属于党的政治教育的范畴，通过学习使学生了解战争局势以及党的各种政策。根据战争的需要，以干部教育为目的的中等教育不开设一般的学科课程，比如培养各种专业技师人才的课程。对此，邵式平解释：

1. 我们并不是不要其他专门技术人才，恰恰相反，我们认为对抗

---

❶ 邵式平. 陕北公学实施国防教育的经验与教训［N］. 解放日报，1938 - 4 - 13.

战有益的各种专门人才，如飞机驾驶员、驾坦克的人等，都非常需要。但在目前陕北，我们受物质上的限制，没有设立这些专门技术的可能，并且陕公也非军事重地。

2. 各种专门人才，如医生、工程师……中国不是没有，首先的问题，是怎样把他们的天才、技术组织到抗日战线上去。

3. 目前抗战紧急，正迫切需要大批抗战干部补充到各个战线上去。

4. 干部有了抗战的坚定的基本立场，需要时还要增加起来的。

5. 最后，如果没有抗战的坚定立场，只顾各种专门技能，那是很危险的事。

根据以上这个道理，陕公暂时没有设立其他专门技能的课程，对不对呢？我想也完全是对的。❶

鲁迅师范学校将政治课程作为学校的中心，同时也有学科课程和技术类课程。学校将"争取国防教育之模范"视为一切行动之目标，认为抗战时需要教育，"教育无用"并非教育本身之罪，而是教育者不知道活办教育，而只知道死板地办教育。鲁迅师范学校将政治课程分为政治常识和社会科学两种。同时，开设有"教育部门的功课"，即师范类的课程，以及诸如国文、算术之类的学科课程。从三类课程的具体表述中可以看出政治课程占据了相当重要的地位：

政治课程，计分政治常识及社会科学两种，社会科学用唯物辩证法，浅明地分析一切社会现象。政治常识则为抗日民族统一战线，以巩固和扩大抗日民族统一战线为宗旨。

教育部门功课，如国防教育教学法，管理法等教学必备常识。

此外则为抗日的群众工作、史地、新文字、自然常识、国文、算术等，军事课尤为鲁师所注意。❷

他们以为如果把教育与国难配合起来，不但教育有用，而且会产生很大的力量。他们认为在抗战建国中小学教员不了解政治是不行的，必须对政治有非常清楚的认识，才能有正确的行动。作为以干部教育为主

---

❶　邵式平. 陕北公学实施国防教育的经验与教训［N］. 解放日报，1938 – 4 – 13.
❷　陕西师范大学教育研究所. 陕甘宁边区教育资料·小学教育部分（上）［M］. 北京：教育科学出版社，1981：434.

的中等教育，大幅度删除了与战争无关的内容。某些类型的学校里甚至没有开设传统学科课程和专门技能型的课程。可见在战时的环境之下，教育的意义和功能都发生了极大的转变。

第三，在社会教育方面，极力推行国防教育。

在这一方面，主要表现为极力将原本没有秩序的教育活动常规化，通过常规的课程开展国防教育。1937年10月，陕甘宁边区政府将冬学作为经常的学制之一，颁布《陕甘宁边区中央教育部关于冬学的通令》❶。该通令将冬学的课程分为军事、政治、文化三方面，规定每天上午为军事课和国语课，每天下午为政治课和唱歌、珠算、抗战常识等。冬学课程以政治课和国语课为主，另将星期日下午设定为军事演习或其他自由活动。根据时任陕甘宁边区教育部编辑股长的吕良记录，1938年前后，陕甘宁边区的冬学课程有汉字课、新文字课、政治课、防毒防空、珠算、自卫军训练、唱歌等。政治课的具体内容为抗日民族统一战线和《抗日救国十大纲领》。❷

1939年1月，林伯渠在陕甘宁边区政府第一届参议会工作报告中对国防教育的目的进行了描述：

> 边区实行国防教育的目的，在于提高人民文化政治水平，加强人民的民族自信心与自尊心，使人民自愿地积极地为抗战建国事业而奋斗，培养抗战干部，供给抗战各方面的需要，教育新后代使之成为将来新中国的优良建设者。❸

林伯渠的报告总结两年来边区政府在国防教育的实施中取得的很多宝贵成绩，教育成为抗战的有力武器，给予了抗战很大的鼓舞。并提出普及边区国防教育，培养抗战人才，教育民族新后代，提高边区人民文化政治水平，加强国防教育工作是当前迫切的任务。

---

❶ 中央教育科学研究所. 老解放区教育资料·抗日战争时期（下）[M]. 北京：教育科学出版社，1986：1-5.

❷ 中央教育科学研究所. 老解放区教育资料·抗日战争时期（下）[M]. 北京：教育科学出版社，1986：15.

❸ 陕西师范大学教育研究所. 陕甘宁边区教育资料·小学教育部分（上）[M]. 北京：教育科学出版社，1981：4-6.

二、迅速建立正规的教育制度

1938 年开始，根据地在前一阶段的基础上，展开了改善教育质量、建设正规化教育的工作。这么做最直接的原因是该时期的教育，无论是教育厅的行政工作还是学校的教育工作都还未走向常规化。此外，1934年因长征中断了中央苏区建立正规教育制度的工作。因此，尽管根据地教育资源过于贫乏，在开始建设教育制度的第二年，即 1938 年也提出了建设正规化的教育制度。

(一) 规范教育制度和管理 (从国防教育到国民教育)

1940 ~ 1942 年期间，党颁布的教育文件中"国防教育"的内容逐渐减少，频繁出现"国民教育"。这两个间隔不久先后提出的概念，虽在内涵上有重叠，但其中透露出了教育重心的转移。前者侧重教育服务于战争的需要，而后者注重建设正规化的教育制度。

1940 年，党提出"国民教育"，要在根据地建立收纳全民的教育体制。党规定"国民教育的范围应当包括小学教育、中学教育、师范教育及成年识字教育、补习教育在内"[1]。

"国民教育"不同于基础教育，"我们所说的国民教育，指的是国民的全体的教育，是对于一般国民施行的教育……国民教育的范围，不仅仅包括基础教育，而且包括中等、高等及各种职业技术类教育[2]"。

根据执行的政策，国民教育计分成定式教育与非定式教育。所谓定式教育，就是采取固定的方式进行教育，一般的是学校教育。非定式教育，就是不采取固定的方式进行教育，这个我们又把它叫做社会教育。在定式教育中，按其程度高低，又可分为基础教育、继续教育、高等或专门教育。在基础教育方面，由于年龄不同，我们还可以分为儿童的基础教育与成年的基础教育。教育对象这样划分，各级政府的教育行政系统也以此为根据进行分工。[3]

---

[1]　中央宣传部. 关于提高陕甘宁边区国民教育给边区党委及边区政府的信 [Z]. 1940 - 8 - 20.

[2]　迅速开展国民教育 [N]. 大众日报, 1940 - 10 - 22.

[3]　迅速开展国民教育 [N]. 大众日报, 1940 - 10 - 22.

"国民教育"具备强迫性和普及性。规定"力求实施强迫的普及教育，使每一个人都受到一定时间的教育"❶。

（二）规范课程设置和教学实践

根据地教育建设缺乏基础，无论是建立新式小学或是兴办各式社会教育组织。对许多地方而言，这都是前所未有的，在没有任何经验参照下，各地学校各行其是，课程漫无章法，陕甘宁边区政府政府的工作报告总结为"未脱出三十年前的私塾状态"❷。

根据 1938 年陕甘宁教育厅实地访查的报告记载，当时的各类教育情况混乱，基本教学秩序还未形成。在规定的开学日后一个半月仍有 1/3 的小学没有开学，为数众多的识字组、夜校、半日班则大都"徒有形式"。至于那些仍然在运作的学校，许多学校的学生也只有几个，且大多经常缺课；冬学的设计原本是以成人为对象，但有 2/3 的学生是以儿童来充数。

1. 规范学校教育课程设置和教学实践

1938 年 4 月，陕甘宁第一次三科长会议提出了"提高质量"的要求。在同年 8 月召开的第二次三科长会议中又提出"改进小学教育质量是下半年学校教育工作的中心工作"的任务。❸ 同时，教育厅颁布《陕甘宁边区小学法》和《陕甘宁边区建立模范小学暂行条例》规范小学教育的基本秩序。随后又在陆续颁布的教育法令中强调了小学教育必须按照当前的相关规定执行，要求学校按照课表上课的规定。对模范小学提出了更高的要求，要求学生人数要达到 20 人，要有黑板、桌椅、操场、学生武器等设备，要能正常进行各种课外活动，并且每 2 个月向县三科报告工作。达到模范小学标准的学校，教员可以得到奖励，办公费也会增加。❹ 从这些内容来看，"正规化"的目的是要各小学依照教育

❶ 中央宣传部. 关于提高陕甘宁边区国民教育给边区党委及边区政府的信 [Z]. 1940 – 8 – 20.

❷ 陕甘宁边区政府政府工作报告 [M]//陕西省档案馆，陕西省社会科学院. 陕甘宁边区政府文件选编·第三辑. 北京：北京档案出版社，1986 – 1988：206.

❸ 关于扩大与改进小学的决议 [M]//陕西师范大学教育研究所. 陕甘宁边区教育资料·小学教育部分（上）. 北京：教育科学出版社，1981：17 – 22.

❹ 陕甘宁边区教育厅奖励小学教员暂行办法 [M]//中央教育科学研究所. 老解放区教育资料·抗日战争时期（下）. 北京：教育科学出版社，1986：313 – 314.

厅所指定的标准来运作，维持一定的教育品质，达成教育厅所设想的效果。除了以最低标准要求一般小学，也以较高的标准，配合奖励的方式来引导各地小学提高质量。

陕甘宁边区首次颁布的小学课程设置，课目齐全，继承了中央苏区时期因长征而未能实施的课程制度。体现了党在该时期建立正规化教育的意图。陕甘宁边区规定小学课程开设国语、算术、常识、美术、劳作、体育课目，这是根据地小学教育开设课目最完备的时期。在随后开展的教育与实际结合的教育改革中，很多课目被合并或删掉。陕甘宁边区课程设置情况见表2-1。

表2-1　陕甘宁边区小学课程表❶

科目 \ 年级		初级小学			高级小学	
		一年级	二年级	三年级	四年级	五年级
国语		十二	十二	十二	十二	十二
算术		四	四	五	五	五
常识	政治 自然 历史 地理	六	六	六	四 二 二 二	四 二 二 二
美术		二	二	二	二	二
劳作		二	二	二	二	二
音乐		三	三	三	二	二
体育		三	三	三	六	六
总计		三十一	三十二	三十三	三十九	三十九

1938年以前，边区政府有关教育的文件多数是政策性的宣誓或指令，鲜有实际运作所需的具体办法，但从1938年以后，各项教育的相关办法和规章开始陆续颁布，尤其是在1939年8月的第三次三科长会议期间，教育厅公布了一系列包括社会教育、经费筹措、教员奖励在内的近10项法规和办法，凸显了该时期规范学校制度的工作重点。

---

❶　陕甘宁边区小学规程［M］//陕西师范大学教育研究所. 陕甘宁边区教育资料·小学教育部分（上）. 北京：教育科学出版社，1981：59.

1939 年 8 月关于建立正规化教育制度的《小学法》和《模范小学暂行条例》被重新修订，同一时期《小学规程》颁布，将过去小学运作的各项细节规定法规化，并在 1941 年 2 月重新修订。在修订之后的各种法规中，最重要的变化是将一般小学教育的最低人数标准稍作提高。例如，1938 年规定初级小学最低人数为 10 人，1939 年则提高到 20 人，如遇特殊情况，可以将标准降为 15 人。❶ 这些法令对改善教育质量产生了一些影响，体现了根据地正在进行正规教育建设的意图。

2. 规范社会教育课程设置和教学实践

在这一时期，社会教育也开始由短训班的形式转变为正规教育形式。以冬学为例，党每年对各区的学生人数、学校数量、课程科目、经费来源、班级编排、教师培训等都有具体指示。从这些指示内容来看，与学校教育一样，社会教育也极其重视教育质量的提升。在小学教学秩序的规范中，学校最低人数规定是质量要求的一项重要指标，这样的规定在历年的冬学通令中同样可见。每年的冬学通令在 9 月、10 月陆续发出，催促各地进行开学的各项准备和动员，并且指示各项工作办法；12 月或 1 月初，当冬学进行到一半时间，教育厅会根据各地的汇报进行初步总结，检讨动员和开学的情形。等到冬学结束后再作一次总报告，总结当年冬学的实施情况。通过充分计划和反复总结，教育厅有效地规范了冬学的实施，提升了冬学的教育质量。

作为社会教育的主要形式，冬学的教育实践形式与学校教育并无多大差别。表 2 - 2 是陕甘宁边区教育厅于 1937 年颁布的冬学课程表，从这份课表中可以看出冬学的特点。冬学的课程安排为一周七日，每天从早上 6 点到下午 4 点，晚上还安排了自习，连星期日都安排了各种课外活动。

---

❶ 陕甘宁边区小学规程［M］//陕西师范大学教育研究所. 陕甘宁边区教育资料·小学教育部分（上）. 北京：教育科学出版社，1981：59.

表 2 - 2　冬学课程表❶

	上午		下午		
一	军事	国语	政治	唱歌	
二	军事	国语	政治	抗战常识	
三	军事	国语	政治	珠算	
四	军事	国语	政治	唱歌	晚自习
五	军事	国语	政治	珠算	
六	军事	国语	政治	抗战常识	
七	开会（要有时事报告）		野外活动（演习，其他）		

　　冬学的这种课程安排意味着学生必须在 2 ~ 3 个月的冬学运动期间成为全职学生。并且冬学具有一定的强制性质，离学校远的学生需在开学之前带着粮食和被服到冬学学校里住宿。这种离开家庭、脱离生产工作和密集的课程学习的形式与当时正规的学校制度基本一样了。

　　1935 年 11 月，党在瓦窑堡宣布成立中华苏维埃共和国中央政府西北办事处，确立了以陕北作为领导中国革命的大本营。1936 年年底，党开始为根据地教育建设做准备。1937 年，根据地的时局处于暂时平稳状态，此时开始考虑改变教育的游击化，也就是从这时开始树立了实现教育正规化的目标。党的教育建设，也经历从教育全面为抗日战争服务到建立正规化教育制度的重心转移。党的教育建设工作作为教科书编撰的背景，对教科书的编撰和出版工作产生了极大的影响。

第二节　教科书的编撰概况

　　抗日战争初期的教育经历了从一切以战争为目的到建立正规化教育制度的过程。一方面，教育正规化导致了根据地"课本荒"问题，最后"课本荒"又反过来成为教育正规化的瓶颈。直到 1942 年以后才逐步得到缓解。另一方面，教育正规化带来的课本的规范化，为根据地课本编撰积累了重要经验。根据地在教育的正规化建设进程中编撰出版的

---

　　❶　边区教育厅. 冬学须知［M］//陕西师范大学教育研究所. 陕甘宁边区教育资料·社会教育部分（下）. 北京：教育科学出版社，1981：121.

教科书，虽为数不多，但这是中国革命根据地教科书第一次。

一、"课本荒"现象

教科书的严重缺乏是该时期教科书的突出问题。1938 年 2 月，陕甘宁边区政府教育厅编撰出版了一套小学课本，这是党抵达陕北后编撰出版的第一套课本。但这套课本并没有编撰完成，且随后的"课本荒"问题成为该时期根据地推行教育建设的瓶颈。

（一）"课本荒"的基本情况

党在该时期发布的教育文件常常提到课本缺乏的严重性。即便是考虑到某些地区的贫乏，采取学生两人共用一本或是以手抄形式代替课本印刷等变通措施，课本仍然严重供应不足。

第一，课本总量上的极度缺乏，这使得学校无法完成教育厅制定的教育计划。

虽然，陕甘宁边区政府在 1938 年年底总结当年的教育情况时，只提出完全小学所需要的高级教材❶未曾及早编印，在内容上还不充实。❷但在 1938 年 10 月国民党的一份关于中国共产党领导区域文化教育事业状况的调查报告中反映出课本极度缺乏的情况。报告称该年陕甘宁边区教育厅编印初级小学国语课本 6 本，识字小组用的识字课本 2 册，另还有新文字课本。大部分学校用的课本还很复杂，《千字文》《三字经》《百家姓》《七言杂字》等都在通行着。❸党对课本的使用有严格规定，在某些时期，《千字文》《三字经》《百家姓》《七言杂字》等都属于不能使用的"旧课本"，老师若使用"旧课本"也会受到严厉的惩罚。而这些"旧课本"的延续使用恰恰说明了教育厅目前编撰的课本根本无法满足学校的需求。

当 1939 年 7 月总结上半年小学教育的问题时，陕甘宁边区政府才反映出课本严重缺乏的情况。教育厅首先表扬了各小学为解决教材缺乏

---

❶ 其中所指完全小学高级教材即为高级小学用的课本。
❷ 陕甘宁边区教育厅. 一年来边区的国防教育［M］//陕西师范大学教育研究所. 陕甘宁边区教育资料·小学教育部分（上）. 北京：教育科学出版社，1981：33.
❸ 国民党关于边区文化教育事业状况的调查［Z］. 1938 － 10.

问题，采用灵活应对的措施缓解课本供应压力，保障学校教育运行的做法。例如，一些学校采用《新中华报》《边区教师》的文章中的一般的标语口号来作补充教材。而后对另一些小学采用《共和新国文》《新学制国语》《新学制常识》等课本，以及不教算术、常识等课的情况提出了批评。这些小学"借口教育厅的教材很少，群众的要求，自己又无能力编制选择，就放弃国防教育的原则，做群众的尾巴，采用不适合抗战内容的教材"。❶，要严格地纠正这些现象。

到 1940 年，课本缺乏的问题日益严重。1940 年第一学期，陕甘宁边区准备继续扩招学生至 16 000 名，这就意味着原本课本缺乏的情况变得更加严重。教育厅根据这一教育计划推算 1940 年第一学期课本需求总量为：若是两人共用一本课本，仅一年级第一学期国语、算术、常识就各 8 000 册，若再加上其他年级用课本，该学期总共需要课本100 000本左右。❷ 为了解决课本缺乏的问题，陕甘宁边区政府教育厅规定在 1940 年一年内应完成所需的各科课本的编撰工作，包括音乐、劳作、体育、高级国语等课本。此外，要求将印刷室员工扩展到 20 人以上，除石印外，还应配备铅印。❸ 教育厅虽然在该年加快了课本的编撰与供应，但仍未解决课本缺乏的现状。

课本编撰的滞后以及印刷条件和运输条件的限制直接导致课本的总量远远不能达到教育所需的实际数量。在已经编撰出版的课本中，除高级小学的国语、历史和初级小学的国语、常识之外，其他的都不是成套的完整教材，有的还在编撰中，有的却已经不再使用。❹ 到 1940 年下半年，山东地区的课本处在"青黄不接的状态"，即便是有人编纂，而在技术条件上又受到很大的限制，故各地有的沿用旧课本，甚至有的还读古文念四书……由山东文化出版社编印了几册《战时小学综合课

❶ 陕甘宁边区教育厅．一九三九年上半年小学教育总结［M］//陕西师范大学教育研究所编辑．陕甘宁边区教育资料·小学教育部分（上）．北京：教育科学出版社，1981：48.

❷ 陕甘宁边区教育厅．普及教育三年计划草案［M］//陕西师范大学教育研究所．陕甘宁边区教育资料·小学教育部分（上）．北京：教育科学出版社，1981：74.

❸ 陕甘宁边区教育厅．普及教育三年计划草案［M］//陕西师范大学教育研究所．陕甘宁边区教育资料·小学教育部分（上）．北京：教育科学出版社，1981：74.

❹ 三年来的小学教育［M］//陕西师范大学教育研究所．陕甘宁边区教育资料·小学教育部分（上）．北京：教育科学出版社，1981：123.

本》，因物质条件及交通的重重限制，尚不能大量供应，这便造成了当前教材严重缺乏的现象！❶

"课本荒"限制了党在该时期大力发展教育的步伐。安定县在1940年的报告中提到："书本太缺乏，有的学校六七个学生合读一本书，甚至有的连一本书也没有，全是教员抄的，重念或越册的现象有时也在发生……全县只有第三册常识，尤其是算术，69个学校里一本也没有。"❷为了解决"课本荒"，许多学校采取了抄课本的方法，由老师代替学生抄，高年级学生代替小学生抄。或者是自己编印文字材料用以教学。光中、延川等地区因此受到了教育厅的表扬。山东地区号召在职宣传干部协助小学教育，在有印刷条件的地区，协助找到课本样本或代为其编写课本用来翻印，供学校用；在不具备印刷条件的地区，则解决技术上的困难，如帮助设计、画图、写版、印刷等。❸

诸如此类的补救措施仍然解决不了课本缺乏的问题。1941年年底，陕甘宁边区政府第二次参议会上提出"课本异常缺乏"❹的状况。可以说，从1937年正式启动教育建设开始，课本缺乏问题就一直未能得到解决。这也反映出，党在该时期的教育发展愿望未能准确考虑根据地的实际情况。

（二）"课本荒"的根本原因

赤贫状态的社会环境固然是课本供应不足的重要原因，但建立囊括全民的教育体系和迅速普及教育的愿望直接导致了该时期"课本荒"的产生。在一系列快速普及教育的运动的推行之下，学校数量和学生人数逐年迅速上升，导致了课本供应的巨大负担。根据地在课本供应能力原本就不足的情况下，无力承担迅速增长的课本需求。

1. 课本的实际需求量迅速增大

从党发布的有关教育规模的统计数据推算，革命根据地课本的需求量是相当大的。当然，教育在战时环境中可采取众多变通措施以缓解压力。

---

❶ 在职宣传干部应协助发展小学教育 [Z]. 大众日报，1940－10－22.
❷ 在职宣传干部应协助发展小学教育 [Z]. 大众日报，1940－10－22.
❸ 在职宣传干部应协助发展小学教育 [Z]. 大众日报，1940－10－22.
❹ 陕甘宁边区政府. 陕甘宁边区政府对第二届参议会的工作报告 [R]. 1941－11.

1）全民教育体系产生的课本需求

党抵达陕北之初，在延续中央苏区时期的教育体系的基础上，更进一步扩大了教育体系所能囊括的对象。伴随着开始于1937年的以扩大教育规模和提高教育质量为目的的系列运动的兴起，党迅速形成了一个在教育对象上囊括全民，在教育时间上全年无缝隙的教育体系。这一教育体系的运转要产生多少课本需求？

1937年党首先颁布了两个重要文件，即《小学教育制度暂行条列草案》[1] 和《关于群众的文化教育建设草案》。《新中华报》于1937年4月29日刊登了这两个"草案"，标志着党抵达陕北后开始了全民教育制度体系建设。尽管"草案"均由中共西北办事处草拟，但未受中共西北办事处于当年改名为陕甘宁边区政府事件影响。"草案"分别为小学教育和群众教育在课程、学时、学制等方面作出了详尽的规定。

在陕甘宁边区教育厅编审科于1938年2月编撰出版第一套课本之前，党并没有颁布具体的规定课程设置的教育政策。1937年这一举措首先为党建立了庞大的全民教育体系。《小学教育制度暂行条例草案》规定小学教育的对象为7～12岁的儿童，《关于群众的文化教育建设草案》将"40岁以下的成年和青年男女，及14岁以下7岁以上的男女儿童"作为民众教育的对象。两个"草案"将7～40岁的所有民众囊括在党的教育体系之内。此外，再加上党内外的干部教育，党在此刻建立的教育体系已经囊括根据地区域内的所有人员。1937年后，教育的多次改革更加完善了这一全民教育体系。

尽管处于战时的教育形式灵活多样，课本常以其他文字材料代替。但这一庞大的教育体系的运转，仍然是该时期课本供应的沉重负担。

2）迅速扩张教育产生的课本需求

从1937年开始，根据地的学校和学生数量的扩大惊人。学生人数的增加直接导致课本需求量的增加。尽管教育厅鼓励各学校发扬艰苦奋斗的精神，各学校均想尽办法解决困难，但迅速增长的学生总量仍然是课本供应的最大负担。课本供应困难反过来也极大制约了该时期教育计划任务的完成。直到1940年前后，党才逐步减缓了扩大教育规模的速

---

[1]　小学教育制度暂行条例草案 [N]. 新中华报，1937，(325 - 410)：118 - 143.

度，转而强调教育质量的规整与提高。

根据陕甘宁边区政府教育厅的统计，1937 年春季有 320 所学校，学生 5 600 名。[1] 然而到 1937 年年底，根据各县教育科上报的数据统计，仅小学就增加至 500 所，学生 9 000 多名。[2] 若按照学生两人共用一本课本推算供应量，陕甘宁边区 1937 年仅小学教育就需要课本 4 500 本。1938 年教育规模继续扩大，仅上半年就增加 168 所学校，3 443 名学生。新建立 85 所模范小学与 11 所完全小学。[3] 1938 年年底，教育厅总结该年教育情况称小学校扩增到 775 所，学生达 15 575 名，学校数量和学生数量比去年年底增加 1/2 以上。[4] 也就是说，到 1938 年年底陕甘宁地区小学的课本需求量在 4 500 本的基础上，又增加近 3 000 本。

1939 年，扩大教育规模成为教育厅工作的重心，教育规模迅速扩大。陕甘宁政府教育厅制定了详细的计划，规定了每个县需要增加的学校数量和学生人数。并鼓励各地区赶超教育计划，对超过计划的地区提出表扬，批评未完成计划的地区。陕甘宁地区计划在 1939 年增加小学 230 所，学生 4 600 名。其中上半年完成 150 所，学生 3 000 名，下半年完成 80 所，学生 1600 名。[5] 在教育厅鼓舞之下，一些条件好的地区远远超过了该年教育计划规定的数据。根据 1939 年上半年统计数据，小学已经增至 883 所，学生增加至 20 401 人。[6] 按照两人共用一本课本的用量推算，课本的供应总量是 10 200 本左右。而此时，课本的实际供应量早已远远不足以支持教育的发展。

然而，教育的规模还远未能达到党的期望。1939 年陕甘宁边区还

[1] 陕甘宁边区教育厅. 普及教育三年计划草案 [M] //陕西师范大学教育研究所. 陕甘宁边区教育资料·小学教育部分（上）[M]. 北京：教育科学出版社，1981：71.
[2] 陕甘宁边区教育厅. 一年来边区的国防教育 [M] //陕西师范大学教育研究所. 陕甘宁边区教育资料·小学教育部分（上）. 北京：教育科学出版社，1981：32.
[3] 陕甘宁边区政府. 各县第三科半年工作总结与今后工作方针 [M] //陕西师范大学教育研究所. 陕甘宁边区教育资料·小学教育部分（上）. 北京：教育科学出版社，1981：4.
[4] 陕甘宁边区教育厅. 一年来边区的国防教育 [M] //陕西师范大学教育研究所. 陕甘宁边区教育资料·小学教育部分（上）. 北京：教育科学出版社，1981：32.
[5] 陕甘宁边区教育厅. 一九三九年边区教育的工作方针与计划 [M] //陕西师范大学教育研究所. 陕甘宁边区教育资料·小学教育部分（上）. 北京：教育科学出版社，1981.
[6] 陕甘宁边区教育厅. 普及教育三年计划草案 [M] //陕西师范大学教育研究所. 陕甘宁边区教育资料·小学教育部分（上）. 北京：教育科学出版社，1981：71.

有80%的失学儿童。根据1937年的统计，当年全边区的学龄儿童为1 001 895人，而到1939年上半年入学儿童为20 680人……入学儿童仅占学龄儿童的20%，尚有80%失学儿童。[1]尽管1937～1939年，教育扩大规模的速度很快，但仍然不能满足普及教育的要求。两年间，陕甘宁地区学生人数由5 000人左右扩大到20 000人左右，平均每年增加新生8 000名左右。照这个发展速度，解决剩余80%的失学儿童的上学问题仍需要10年的努力才能完成。这个数据提醒了中国共产党，教育规模还远未达到理想状况，需要加快步伐。边区共产党第二次代表大会上关于发展边区教育的决议案提出："实行普及教育，定出实施的计划与步骤，在以解释说服与行政命令相配合的方法之下，于一定年内分期动员现有将近80%的尚未入学的学龄儿童，全部入学。"[2]

党据此提出了"三年普及教育计划"[3]，计划于1940～1943年期间解决边区失学儿童的入学问题。计划规定分三年进行普及教育，第一年普及1/5，发展学生16 000人，学校300所，教员300人。第二年普及3/10，发展学生24 000人，学校600所，教员600人。第三年普及1/2，发展学生40 000人，学校10 000所，教员1 000人。为了执行这一决定，随后于1940年2月颁布《陕甘宁边区实施普及教育暂行条例》。然而，在该年12月修订该条例起草《陕甘宁边区实施义务教育暂行条例》[4]时，将原定的3年完成的任务改为6年。并提出为顾到目前教员、校舍、经费的情况，各县区普及教育工作时可以依据这一条例规定本县区推行义务教育的具体计划，实施期限和范围可以酌量伸缩。在条件较好区域可以提前实施；在落后的地区可以缩小实施的范围，延长时间。这说明，党在此时已经注意到普及教育在学校和学生数量上要求过高的问题，需要减缓扩大规模的速度。

---

[1]　陕甘宁边区教育厅. 普及教育三年计划草案［M］. 陕西师范大学教育研究所. 陕甘宁边区教育资料·小学教育部分（上）. 北京：教育科学出版社，1981：69.

[2]　三年来的小学教育［M］//陕西师范大学教育研究所. 陕甘宁边区教育资料·小学教育部分（上）. 北京：教育科学出版社，1981：123.

[3]　陕甘宁边区教育厅. 普及教育三年计划草案［M］//陕西师范大学教育研究所. 陕甘宁边区教育资料·小学教育部分（上）. 北京：教育科学出版社，1981：75.

[4]　三年来的小学教育［M］//陕西师范大学教育研究所. 陕甘宁边区教育资料·小学教育部分（上）. 北京：教育科学出版社，1981：123.

在 1939 年推行"普及教育计划"后,教育扩大的速度相当迅猛。据记载,1938~1940 年期间学校和学生数量迅猛发展。两年中,学校从 12 所增加至 53 所,数量增加了 4 倍多。学生从 300 名增加到 2 000 名,数量增加了 7 倍多。[1] 另根据陕甘宁地区 1940 年 8 月的统计数据,现在已有初小 1 300 余所,完全小学 40 所。此外,初级师范学校 3 所,正在筹备中的中学 1 所。[2] 然而,这组数据并未针对三年普及教育计划规定的数据作出回应。三年普及教育计划规定第一期(1940 年秋季开始)学校数量达到 300 所。陕甘宁边区小学为五年制,仅开设前三年教育的为初级小学,完全小学是指开设了五年小学教育的学校。三年普及教育的计划未明示学校是初级小学还是完全小学。但从仅 40 所小学能提供完整的五年小学教育的实际情况,也能看出推行三年普及教育计划是不可能的。陕甘宁边区政府教育厅对此总结道:"从数量上说,在这个地广人稀的区域中,已是难得的成绩。但从质的方面来说,无论小学和师范学校,都还不是满意。严重的问题,在于师资的数量和质量,教材的数量和质量,都很不够。此外教育制度和设施也还有待改进和待确定的地方。"[3] 此时,迅速扩大教育规模过程中存在的种种问题涌现出来。

党意识到了在各县教育部门上报的数据中存在不实的情况,快速扩大的学校和快速增长的学生数量使得教育质量的基本保障都无法实现。从 1941 年开始,逐步减缓了对数量的追求,转而强调教育质量的规整与提高。1941 年,在各县长、三科长会议上提出 1942 年小学教育工作的中心是健全正规制度,提高学校质量。并强调,三科长联系会的召开,主要也是更深入地了解各县情况,具体商讨裁并小学、加强完全小

---

[1] 陕甘宁边区教育厅. 初步总结两年来的完小工作和今后意见 [M]//中央教育科学研究所. 老解放区教育资料·抗日战争时期(下). 北京:教育科学出版社,1986:326.

[2] 中央宣传部. 关于提高陕甘宁边区国民教育给边区党委及边区政府的信 [M]//中央教育科学研究所. 老解放区教育资料·抗日战争时期(下). 北京:教育科学出版社,1986:318.

[3] 中央宣传部. 关于提高陕甘宁边区国民教育给边区党委及边区政府的信 [M]//中央教育科学研究所. 老解放区教育资料·抗日战争时期(下). 北京:教育科学出版社,1986:318.

学，组织教员学习和转变整个工作方向的办法。❶

课本是普及教育计划中的核心问题之一，实际上党在 1939 年制定三年普及教育计划时就已经注意到了课本供应的困难，提出课本供应困难曾使教学工作受到了相当大的影响，现在虽然有了一定基础，但此时需要更多的课本。在实施普及教育的计划中仅 1940 年第一期，学生准备扩增至 16 000 名，第一册《国语》《算数》《常识》各需要 8 000 本（两人共一本），外加其他年级用书，共需课本 10 万本左右。❷ 而为了保证普及教育的实施，计划从课本编撰和课本印刷两方面提出了要求。教员、学校设备等方面的欠缺也使得普及教育计划的实施困难重重。1939 年暑假，陕甘宁边区把一些质量太差的学校取消了，导致这年秋季学校数目减少。❸ 事实证明，这一计划未能正确地考虑到边区的实际情况。因此，到 1941 年，转而强调教育质量的规整与提高。要求各地区学校在学生人数、基本设施上要达到规定要求，且严格按照课程表上课。

庞大的全民教育体系与快速普及教育的进程产生了巨大的课本需求。这一需求超出了党现有的编撰和出版能力，课本的供应不足成为制约该时期教育政策实施的最严重的问题。

2. 课本供应能力的限制

达到该时期课本的实际需求量是无法完成的任务。因为，党在该时期无力为实现课本供应提供足够的资金，极少的课本编撰人员和极简陋的印刷条件充分表明了课本供应能力的有限性。

1）教育经费的限制

极少的教育经费，首先是由于革命根据地地处边远的农村，经济水平大大低于当时的全国平均水平。延安是陕北地区的经济中心和中共中央的所在地，全县在 1936 年年底仅有工商业和服务业 128 户，从业 456

---

❶　提高边区国民教育［N］. 解放日报，1941 – 10 – 4.

❷　陕甘宁边区教育厅. 普及教育三年计划草案［M］//陕西师范大学教育研究所. 陕甘宁边区教育资料·小学教育部分（上）. 北京：教育科学出版社，1981：74.

❸　三年来的小学教育［M］//陕西师范大学教育研究所. 陕甘宁边区教育资料·小学教育部分（上）. 北京：教育科学出版社，1981：119.

人；手工业年产值仅 2 万元左右，商业资金总额 13.6 万元上下。❶ 1941
年 4 月，林伯渠在《陕甘宁边区政府工作报告》中，描述了边区在社
会经济方面存在的问题："天然方面：'三年一旱，五年再旱'。有时又
患雨多；地高气寒，地冻时期有五六个月。人事方面：劳动力少（但如
绥、米等处又患人稠），生产技术异常落后。这地区的历史：革命以前，
军阀等封建势力和帝国主义勾结；土地、牲畜集中在地主手里；苛捐杂
税达八十多种；利息每月每元高到 1 角 5 分（还有什么'小黑驴打
滚'）。农民终岁所入，不够完纳租、捐、息。加上灾荒连年，农民只
有卖身卖子女或者冻饿死。革命以后，帝国主义和军阀等封建势力一串
儿被赶跑了，租、债、捐税一律取消。但农民并未得到喘息，连年的反
'围剿'，忙于打仗，不能生产；敌人侵入，又总是放火抢粮抢牲畜，
企图以饿冻扼死我们。那些流血奋斗高唱战歌的农民，冬天还穿着破单
裤，没有毯子。居民把所有供献给军队，也不过是几升小米、（苞）
谷，或者剩下的几头羊子。如果跑到农民家一看，一间破窑，两只破
缸，缸里什么也没有；炕就是一堆土，靠煤火过夜"。❷

在根据地的各项支出中，教育经费的比例其实很高。但由于边区整
体经济水平的落后，教育经费是相当低微的，远远不足以实践教育计
划。一般小学的设备非常简陋，有好多小学没有桌椅，有的甚至连黑板
也没有。❸ 以 1937 年以来陕甘宁边区的小学经费的逐年情况为例。1937
年，一般小学办公经费每月仅 6 角到 1 元 5 角，教员每月津贴只有 1 元
整。❹ 1938 年，每所小学的办公费每月增加至 5 元几角。其中，教师粮
食费 2 元，菜钱 1 元 2 角，津贴费 1 元 5 角，学校办公费 3 角到 9 角
（依人数多寡决定）。❺ 1939 年，小学经费用略有提高。包含办公费、津

---

❶ 李智勇. 陕甘宁边区政权形态与社会发展（1937~1945）[M]. 北京：中国社会科学
出版社，2001：17.

❷ 陕西省档案馆，陕西省社会科学院. 陕甘宁边区政府文件选编（内部发行）. 第三辑
[M]. 北京：档案出版社，1986：188.

❸ 陕甘宁边区教育厅. 一年来边区的国防教育 [M] // 陕西师范大学教育研究所. 陕甘
宁边区教育资料·小学教育部分（上）. 北京：教育科学出版社，1981：28.

❹ 陕甘宁边区教育厅. 一年来边区的国防教育 [M] // 陕西师范大学教育研究所. 陕甘
宁边区教育资料·小学教育部分（上）. 北京：教育科学出版社，1981：28.

❺ 边区的文化教育状况 [Z]. 1938-8；陕西省档案馆藏，全宗 10，案卷 183.

贴费、伙食费、制服费、书报费几类。

极少的教育经费使得教育的发展阻碍重重，各地区也多次报告教育经费的困难。1938 年 10 月《延长县九月份教育工作报告》指出，"设备上都差不多了，大部分都有黑板，有 10 余个学校未有黑板，大半都是拿石板来代替的，还有些学校黑板破烂，准备重新做。至于桌椅、教室、操场都有了。有部分校牌挂起来了，大约在 10 月份即可全部挂起"❶。1939 年上半年，定边县完全小学还靠多方募捐与帮助得到了一个篮球。1939 年 4 月《定边县三四月学校报告》指出：过去只有排球铁环绕（跷）板等，学生经常要求添篮球。所以我们在四月四日儿童节发动各机关慰劳儿童，共得大洋 20 余元。买花生糖果等食品费洋 10 余元，和去年冬烤火费剩洋（因教室太冻政府允许学生募捐的），做了一副篮球牌（架），买了些绳，打了一个铁环，又把政府一颗篮球暂借他们。过去只有二三十本，又向私人中捐到 10 余本，借了 10 余本，共有 60 余本。报纸有政府送新中华报 2 份，解放报有教员订 1 份，边区教师 2 份，现在成立了学生阅报室（图书馆）❷。1940 年下半学期，延长县多处学校的桌凳缺少，只有八九处学校的桌凳还够用。据 1941 年 2 月《延长县 1940 年下半学期教育工作总结》记载："二区安沟有学生三十多名，而只有桌八张，凳六条。"❸ 1941 年 8 月《延长县 1941 年上学期教育工作报告》指出 1941 年上学期延长县"桌凳、教室、黑板凳稍微够用的有十五处，但离完全的够用还远"。❹陕甘宁教育厅总结 1941 年教育情况时，提出当前教育的缺点和困难之一是设备太差，有许多完全小学还缺乏桌凳、运动器具、图书及其他校具。好的校舍也少。

经费问题导致中共中央教育部门的运转极其艰难，负担不了学校的正常运转，更无余力组织课本的出版。1938 年，党提出争取各县自行解决教育经费，鼓励县级政府积极利用民间资金办教育。1938 年 4 月，

---

❶　延长县 9 月份教育工作报告［Z］. 1938 - 10 - 6；陕西省档案馆藏，全宗 10，案卷 33.

❷　定边县三四月学校报告［Z］. 1939 - 4 - 30；陕西省档案馆藏，全宗 10，案卷 274.

❸　延长县 1940 年下半学期教育工作报告［Z］. 1941 - 2 - 8；陕西省档案馆藏，全宗 10，案卷 35.

❹　延长县 1941 年上学期教育工作报告［Z］. 1941 - 8 - 20；陕西省档案馆藏，全宗 10，案卷 36.

县长会议通过决定，为解决教育经费的困难，争取各县教育基金独立，经一年努力征集，已取得到成绩有：学田共 427 垧，学款 1 142 元，牲口 256 头，房屋 132 间，窑洞 12 座。通过这些基金的帮助，在一定程度上丰裕了各县教育费用，补充了好些学校的设备。另一个解决教育经费困难的办法，就是动员群众有钱出钱，自愿地帮助学校，负担教员的粮食，例如关中各学校，教员的生活多数由群众负担。❶ 然而在本地经济特别困难的地区，民间无力支持教育建设，必须由政府承担实践该时期教育计划的责任。例如神府 1940 年下学期和 1941 年上学期，县教育经费全部由县三科发给，而没有依靠地方自筹，一切办公用品、纸墨、笔全由三科酌量发来，另外，每月 4 元杂支费、教职员伙食粮费等统由三科发来。❷

此外，党要求各部门发扬艰苦卓绝的作风，采取灵活应变的形式缓解教育经费困难。号召之下，各部门发挥艰苦奋斗的精神，积极应对。据记载，边区学校校舍大部分都是土窑，设备非常简陋，没有黑板、粉笔，他们就用沙盘教学生；没有石板石笔，他们就教学生用土盘当石板。❸ 甘谷驿、甘泉、安定第二完全小学等学校抄写教材，添置桌椅，以白土造粉笔，以面板砌桌凳，沙盘演算术等，解决了一时的困难，❹ 得到了党的表扬。到 1941 年，党在强调教育正规化建设时要求学校要有必要的学习工具：练习簿、石笔、石板之类。❺ 由此可见，当时的教育经费极其缺乏。

直到 1942 年，教育经费才稍有宽绰余地。一方面由于物价上涨，教育经费的数字明显增加，另一方面教育经费的支出比例也提高了。1943 年全年的教育经费共 66 115 000 元。各地区、各县的教育经费支出不等。绥德分区教育经费共支出 6 952 382 元，占该分区各县全部经

❶ 陕甘宁边区教育厅. 一年来边区的国防教育 ［M］//陕西师范大学教育研究所. 陕甘宁边区教育资料·小学教育部分（上）. 北京：教育科学出版社，1981：31.
❷ 神府完小 1941 年上学期工作总结报告 ［Z］. 陕西省档案馆藏，全宗 10，案卷 246.
❸ 陕甘宁边区教育厅. 一年来边区的国防教育 ［M］//陕西师范大学教育研究所. 陕甘宁边区教育资料·小学教育部分（上）. 北京：教育科学出版社，1981：30.
❹ 陕甘宁边区教育厅. 初步总结两年来的完小工作和今后意见 ［M］//中央教育科学研究所. 老解放区教育资料·抗日战争时期（下）. 北京：教育科学出版社，1986：327.
❺ 抗日小学在革命五月中的工作 ［N］. 大众日报，1941 - 5 - 1.

费开支（61 739 143 元）的 11.3%。而清涧县，教育经费支出 663 156元，占该县全部经费开支（4 291 561 元）的 15.4%。这些费用，不包括政府支出的公务员、教职员、学生的粮食费。❶ 1943 年开始，各县教育经费归县政府统筹统办。1943 年下半年，各地区、各县小学教育经费支出情况略有不同，如吴堡，从 1937 陕甘宁边区编撰第一套课本开始，党的教育经费就一直处在十分受限的情况之下。除此之外，免费的教育政策也是教育经费的负担之一。党的免费教育具体指学膳和书籍费由政府承担。1937 年 4 月 29 日，《新中华报》公布的《关于群众的文化教育建设草案》最早提出小学一律免收学费："小学校免收学费书籍费，中等以上的学校免收学膳等费，使学生不致因生活问题妨碍学习，同时使已在社会服务的人员得以暂时抛弃谋生职业，学习更高的学问。"❷

1940 年 12 月，边区政府及教育厅联合颁布了《陕甘宁边区实施义务教育暂行办法》❸，明确规定要在陕甘宁边区逐步普及义务教育，并规定"义务教育年限暂定为初级小学三年。具备下面两个条件的县，实施义务教育：1. 三分之二以上学龄儿童的家庭经济能力能供给子女入学；2. 当地能筹措实施义务教育后所需之教育经费二分之一以上。并且规定六年内逐步推行义务教育"，1940 年 12 月 16 日，边区政府教育厅发布指令，在延安、延长、延川、固临 4 县首先试行义务教育。❹ 1941年教育厅颁布的《陕甘宁边区小学规程》❺ 又规定："小学一律不收学费和杂费，学习用课本由学校免费发给；小学生所用纸、笔、文具等学习用品及衣被、伙食概由学生自备。"

与此同时，根据地进行普及教育运动，教育规模迅速扩张。这使得教育经费更加紧张。普及教育需要大量的资金，按照 1939 年制定的三

---

❶　陕甘宁边区国民教育概况［M］//陕西省档案馆，陕西省社会科学院.陕甘宁边区政府文件选编·第八辑［M］.北京：档案出版社，1988：481－494.

❷　关于群众的文化教育建设草案［N］.新中华报，1937－4－29.

❸　陕甘宁边区实施义务教育暂行办法［M］//陕西师范大学教育研究所.陕甘宁边区教育资料·小学教育部分（上）.北京：教育科学出版社，1981：81.

❹　陕西省档案馆，陕西省社会科学院.陕甘宁边区政府文件选编（内部发行）·第二辑［M］.北京：档案出版社，1986：526.

❺　陕甘宁边区小学规程［Z］.1941－2－1.

年普及教育的计划推算，以平均每人每月 12 元（衣服、伙食、津贴、办公费等均在内）计算，第一年 300 人，约需 43 200 元，第二年 600 人，约需要 86 400 元，第三年 1 000 人，约需 144 000 元，三年共需 272 600 元，现有的 1 000 名教员还不在此计数内。❶ 边区政府教育厅形容这是"一个惊人的数字"。

2）课本编撰和印刷条件的限制

党在课本编撰上延续了苏维埃时期的风格，严格控制课本的编撰和审定环节，且设置了巡查制度，保证课本出版后的使用。陕甘宁边区政府教育厅于 1938 年规定小学教材一律采用教育厅编辑或审定的课本及补充读物。❷ 1939 年修订该文件，重申这一规定。1941 年山东地区规定课本一律由战工会文教委员会编撰或审定，由大众印书馆出版。在该馆尚未能大量供给教材之前，各区可根据战工会制定的课程标准，以行政区为单位，统一编撰教材。❸ 在学校教育之外，例如，民校和继续教育方面也规定要使用统一教材。陕甘宁边区规定 1938 年的冬学课本概由教育厅发给，但是纸张昂贵，为节省经费，办冬学的人要注意课本的效用，不宜浪费，并且要好好保存，放出之后须有登记。叮嘱学生爱惜。❹ 课本在编撰和内容上的统一，实际上加大了课本供应的难度。

统一课本内容要求除了边区政府编审审定的课本外，其他课本都不允许使用。1939 年陕甘宁边区规定要求统一教材，"彻底取消一切不适合抗战的课本"❺。由于课本供应的困难，一些地区的学校使用了其他课本。边区政府教育厅对此提出了批评。

课本统一编撰的具体工作由各地区的教育部门负责。教育部门的编撰任务较多，除了负责编撰课本外，也负责编各种刊物、儿童读物等。

---

❶ 陕甘宁边区教育厅. 普及教育三年计划草案 [M] //陕西师范大学教育研究所. 陕甘宁边区教育资料·小学教育部分（上）. 北京：教育科学出版社，1981：74.

❷ 陕甘宁边区教育厅公布. 陕甘宁边区小学法 [M] //陕西师范大学教育研究所. 陕甘宁边区教育资料·小学教育部分（上）. 北京：教育科学出版社，1981：12.

❸ 山东省战工会决定一九四一年度文教宣传工作计划大纲 [N]. 大众日报，1941–2–10.

❹ 楚云. 陕行纪实 [M]. 重庆：读书生活出版社，1938：58.

❺ 陕甘宁边区教育厅. 一九三九年边区教育的工作方针与计划. 1939；陕西师范大学教育研究所. 陕甘宁边区教育资料·小学教育部分（上）[M]. 北京：教育科学出版社，1981：44.

1938 年，陕甘宁地区"识字突击月"的工作结束之后，边区政府教育厅开始布置冬学的工作，召集各县的教育科长。在三天的大会中讨论了许多办冬学的方案，同时编印了十几种专作冬学之用的课本，如国语，政治常识，珠算，防空防毒，白卫军，唱歌等。❶ 1939 年山东地区教育部门完成高初两级全部课本，包括初小常识 5 册、高小国语重编 4 册、高小政治常识 4 册、高小历史 2 册、高小地理 3 册、高小自然常识 4 册、高小算术 3 册、体育游戏 3 册、高小自然常识 4 册、高小算术 3 册、体育游戏 1 册。❷ 山东地区教育部门除了编撰课本外，还需要负责编辑儿童文艺、儿童科学、儿童社会等读物。❸

1939 年，陕甘宁边区政府教育厅负责编撰了暑期国际教育研究班的课本，有政治常识、国防教育、民众运动、社会教育、教学法等。❹ 冬学期间，又因多数县份的冬学课本在不到 3 个月的时间基本已经授完，需要教育厅印发补充教材。❺ 可见，教育部门的编撰工作是非常重的。

此外，该时期课本的编撰常常赶不上课程计划修订的速度。一套课本还未编撰完就要重新修订。1939 年，陕甘宁边区的课本还未编撰完成，边区政府就提出小学课本须重新编订的要求，在编定课程标准后，初中和师范也需要编订课本。修订要求充实课本的地方性，且在编撰时注意内容上的有机联系和配合。由中宣部协同教育厅进行此次课本的编订，且限期完成。❻ 山东地区为解决课本编撰不及时的问题，规定在统一的教材未编出以前，小学教材应由各主任公署甚或专员公署，根据课程标准先编临时课本，一定要做到有书念。中学教材先由各中等学校组

---

❶ 楚云. 陕行纪实［M］. 重庆：读书生活出版社，1938：56.

❷ 陕甘宁边区教育厅. 一九三九年边区教育的工作方针与计划［M］//陕西师范大学教育研究所. 陕甘宁边区教育资料·小学教育部分（上）. 北京：教育科学出版社，1981：33.

❸ 陕甘宁边区教育厅. 一九三九年边区教育的工作方针与计划［M］//陕西师范大学教育研究所. 陕甘宁边区教育资料·小学教育部分（上）. 北京：教育科学出版社，1981：44.

❹ 陕甘宁教育厅. 一年来边区的国防教育［M］//陕西师范大学教育研究所. 陕甘宁边区教育资料·小学教育部分（上）. 北京：教育科学出版社，1981：36.

❺ 陕甘宁边区教育厅. 冬学初步总结［M］. //中央教育科学研究所. 老解放区教育资料·抗日战争时期（下）. 北京：教育科学出版社，1986：29.

❻ 中央宣传部. 关于提高陕甘宁边区国民教育给边区党委及边区政府的信［M］//中央教育科学研究所. 老解放区教育资料·抗日战争时期（下）. 北京：教育科学出版社，1986：320.

织教材编撰委员会自编自教。❶

二、几种主要的教科书

在"课本荒"的大背景下，根据地仍然编撰出版了几种教科书。这些教科书主要是前期为服务抗战而编撰的教科书和在教育正规化建设进程中编撰出版的教科书。1937 年，党开始大规模兴办教育。此时的时局已经产生变化。国共合作达成，抗日的任务日益成为党的中心工作。各方面情况的变化，使得党必须调整苏维埃时期的教育方针，将苏区时期的战争与教育对立、成人教育与儿童教育对立以及没有大胆吸收地主富农出身的知识分子做教育工作等视为原则上的错误。❷ 因而，党根据对时局变化的判断，突出了"教育为战争"的重要原则，并据此编撰了新的课本。

（一）教育全面服务抗战时期的教科书（1938 年）

1938 年年初，各区开始编撰新的教科书，条件稍好的区域还成立了专门的编撰机构。1938 年 2 月，陕甘宁边区政府教育厅编审科陆续出版发行了第一套小学课本，据记载有初小国语 6 册、初小算术 6 册、初小政治常识 1 册、高小历史 2 册、高小地理 1 册，另有图画 1 册、劳作 1 册、唱歌 1 册。❸ 1938 年 5 月，山东地区在中共胶东特委的领导下成立"国防教育委员会"，以李国屏、郑铭石、王甫等为负责人，主要任务是宣传党的抗日主张，实施国防教育方针，发动教员开展国防教育工作和编写国防教育课本。

晋察冀边区于 1938 年 1 月 1 日颁布《文化教育决议案》❹，提出"编订各种救亡读物与教材"，具体包括：（1）重新编订小学课本，主要的内容是适应抗战；（2）编订大众的初级读物；（3）编订各种革命

---

❶ 山东新教育运动的今后任务 [N]. 大众日报，纪念"七七"特刊，1941 – 7 – 7.

❷ 甘肃省社会科学院历史研究所. 陕甘宁革命根据地史料选辑・第四辑 [M]. 兰州：甘肃人民出版社，1985：14 – 18.

❸ 皇甫束玉，等. 中国革命根据地教育纪事 [M]. 北京：教育科学出版社，1989：135.

❹ 河北省社会科学院历史研究所，河北省档案馆，等. 晋察冀抗日根据地史料选编（上）[M]. 石家庄：河北人民出版社，1983：21.

丛书。根据晋察冀边区教科书编者刘松涛回忆，1938年春，晋察冀边区行政委员会，在河北省阜平成立，不久冀西、冀中各地小学就逐渐恢复和建立起来。编委会教育处为了迅速解决小学教材问题，临时组织了几位同志编印了临时小学《国语读本》，前后共分6册，每册30课。这一临时课本的取材，主要是由救亡歌曲以及一部分当时的抗战故事综合编成，初步代替了国民党不肯"侈言抗日"的旧小学国语课本。从1938年2月~1948年9月，11年来，晋察冀边区的初小国语课本（有的是国语常识合编）前后曾经重编与修订了六次❶。

由于该时期"课本荒"问题严重，课程体系规定科目的课本并未全部编撰完成。很多地区出现仍在使用私塾及国民党地区旧课本的情况。

（二）教育正规化建设过程中的教科书（1942年）

1938~1942年，正是根据地进行教育正规化建设时期，在此时期编撰出版的教科书中，尤以董纯才于1942年为陕甘宁出版的一套《初级新课本》影响力较大（见图2-1）。除了被其他地区翻印外，同时也是各区自编教科书的学习对象。他凭借自身丰富的教科书编撰经验，在教科书编撰中融入了"生活教育"的理念，所编出的教科书对社会产生了重要影响。与其他阶段的教科书相比，教育正规化建设过程中所编的教科书对儿童生活的关注、对教学的关注以及对去政治化的追求尤为明显。教科书从被战争统领过渡到对教育本身的关注。

图2-1　《初级新课本》（第四册），1942年

---

❶　刘松涛. 对七部小学国语课本的检讨［J］. 人民教育，1950（6）.

根据董纯才的回忆，他于 1938 年到达延安参加课本编写工作，1940 年对已有课本进行了一次改编，1941 年改编基本完成，1942 年出版。这是继 1938 年 2 月后陕甘宁边区第二次出版教科书。

1937～1942 年，根据地经历了从教育全面为抗战服务到教育正规化建设的过渡，其中伴随着"课本荒"的特殊情况。多方面的原因致使所编教科书相当少，且集中在小学阶段和初级的群众教育阶段用书。但这一过程带来了学制、课程的初步规范化，也提高了教科书编撰的水平。尤其是，该时期根据地教科书编撰者对规范教科书的探索为之后的教科书编撰积累了丰富经验。

第三节　教科书的文本特征

抗日战争初期的新编教科书与中央苏区时期的教科书在文本特征上有很大差异。该时期的根据地正处于严重的"课本荒"期，研究至今，笔者所掌握的 1938～1942 年期间出版的教科书仅有少数几种。因此，就现阶段所掌握的教科书编撰者的文章和几种教科书的文本展开文本特征的分析。

一、教科书内容主题突破单一化

抗日战争初期的教科书内容发生了很大转变，不同于国民党统治区的教科书，也不同于中央苏区时期的教科书。整体的政治环境和教育理念的变化，致使中央苏区教科书中的"苏区政治"被"抗日政治"替代，"苏区生活"被"学生生活"替换。同时，该时期对"学科知识"的关注在根据地教科书历史发展中有极其重要的地位，意味着教科书编撰规范化的开始。中央苏区时期教科书内容上的单一化被突破。

（一）"抗日政治"替代"苏区政治"

政治环境的不同促使党必须对教科书内容有所修改。中央苏区时期是"工农苏维埃政权"与"国民党地主资产阶级"尖锐对立的时期，教育内容强调土地革命和阶级斗争。抗日战争初期在"抗日民族统一战线"的前提下，昔日的敌人如今成了并肩作战的"友军"。体现在教科书中，中央苏区时期的"苏区政治"主题被"抗日政治"主题取代。

1. "抗日政治"主题的出现

在抗日战争初期的教科书中，"抗日政治"的比重有一个前后期的变化。前期（1938 年前）出版的教科书存在战争主题比重偏重。研究虽未搜集到 1938 年的教科书，但在该时期的教科书编撰者的系列批评文章中可清晰看出教科书"抗日政治"主题比重之大。

抗战以前的教科书的最大问题是与抗战没有联系，这不符合党在该时期所指定的教育为抗战服务的教育方针。出于这种认识，党强调教科书与抗日相联系，要求教科书内容反映抗战，以实现教育为抗战服务的目的。因此，在抗战初期的教科书中，几乎每课都讲抗战的情况。

陕甘宁边区教科书编撰者董纯才的文章介绍："1938 年 8 月，陕甘宁边区的初级小学《国语》第二册，共编有 34 课，其中有 20 课，约有六成是以抗日为主题，其余则是鼓励生产劳动和宣传政府工作各半。"● 董纯才介绍当时的初小《常识》课本，上部介绍边区环境、下部介绍防空、防毒、急救和卫生等战时知识，虽然也提到党的发展和所谓"人类社会进化"历程，但过于强调"阶级斗争"的主题已完全不见，取而代之的是抗日、战争的相关主题。● 之后，同作为教科书编者的刘御批评其内容"三句不离抗日""阶级观点模糊"●。

1938 年后出版的教科书的"抗日政治"主题有所减轻，尤其是直接描述战争主题的内容比重减少。例如，由董纯才于 1942 年出版的陕甘宁《初级新课本》，其第四册中直接描述战争主题的课文为 7 课，分别为第一课"放哨"、第二课"帮助抗属"、第三课"慰劳伤病"、第四课"捉舅舅"、第三十九课"子弟兵"、第四十课"游击队"、第四十一课"自卫军"，见表 2 - 3。

● 董纯才. 国语课本（第二册）[M]. 陕甘宁边区政府教育厅, 1939 年 11 月再版.

● 董纯才. 常识——政治社会战时科学 [M]. 陕甘宁边区教育厅, 1938.

● 刘御. 我对陕甘宁边区抗战期间三部初小国语课本的认识 [M]//人民教育社. 老解放区教育工作经验片段. 上海：上海教育出版社, 1959: 266.

表 2 - 3　1942 年陕甘宁《初级新课本》第四册目录

一、放哨	十二、来到光明的世界	二十四、种痘	三十四、工会的号召	四十八、骗人的放羊娃
二、帮助抗属	十三、蛙的变化	二十五、跳蚤	三十五、农会的工作	四十九、不畏惧
三、慰劳伤病	十四、好蜜蜂	二十六、消灭虱子	三十六、青年的先锋	五十、我有办法
四、捉舅舅	十五、蝴蝶的话	二十七、吃饭要细嚼	三十七、妇救会	五十一、让梨
五、拾粪竞赛	十六、地下农夫	二十八、卫生公约	三十八、妇救会	五十二、瞎子和跛子
六、儿童节	十七、猫头鹰	二十九、坐立要正直	三十九、子弟兵	五十三、爱护公务
	十八、鹰蛇的斗争		四十、游击队	五十四、偷懒的娃娃
			四十一、自卫军	
练习一	练习三	练习五	练习七	练习九
七、春耕	十九、	三十、参议会里的斗争	四十二、车的进化	五十五、傻子和石头
八、和水旱作斗争	二十、陕甘宁边区	三十一、边区的选择	四十三、从木筏到轮船	五十六、五个调查队
九、开水渠	二十一、晋察冀边区	三十二、人民自由	四十四、飞机的歌	五十七、石炭的故事
十、畜牧	二十二、到处建立根据地	三十三、抗日的民主政府	四十五、路的种种	五十八、盐县的石油
十一、商区合作社	二十三、"扫荡"和"反扫荡"		四十六、古今的桥	
			四十七、水陆空的征服	
练习二	练习四	练习六	练习八	练习十

如表 2 -3 所示，第四册教科书中的 10 个单元的 10 个主题关涉到了生活、政治、战争、科学等方面，各主题比例均衡，修正了 1938 年版教科书中战争主题统占全篇的问题。具体各单元的主题分布是：第一

单元为第一至第六课，6篇课文描述与儿童应担负的工作和责任相关的主题；第二单元为第七至第十一课，5篇课文描述与劳动生产相关的主题；第三单元为第十二至第十八课（第十九课原页已缺失），7篇课文描述动植物的相关主题；第四单元为第二十至第二十三课，4篇课文描述边区的政权建立过程及抗战的基本任务；第五单元为第二十四至第二十九课，6篇课文描述生活卫生相关的主题；第六单位为第三十至第三十三课，4篇课文描述政权制度的相关主题；第七单元为第三十四至第四十一课，8篇课文描述各种组织团体的相关主题；第八单元为第四十二至第四十七课，6篇课文描述现代科技的相关主题；第九单元为第四十八至第五十四课，7篇课文描述道德规范的相关主题；第十单元为第五十五至第五十八课，4篇课文描述自然资源的相关主题。

陕甘宁边区《初级新课本》第六册共编有54课。因研究所用的教科书内页有缺失，导致有5课的具体内容不明，故不便对该主题做比重的分析。但翻阅全书，仍能看出其中抗战主题占据极其重要的地位。在该册教科书可详细考察课文内容的50课中，与抗战主题相关的课文共有16课：第一课"戚继光抗日的故事"、第二课"一个抗日小英雄"、第五课"国共合作"、第九课"怎样防控"、第十课"怎样防毒"、第十一课"寄给前线爸爸的信"、第十四课"募捐的手续"、第十六课"送慰问品"、第十七课"一张通知"、第十八课"查路条"、第二十三课"胜利的把握"、第二十四课"新中国"、第四十三课"抗战胜利的条件（一）"、第四十四课"抗战胜利的条件（二）"、第四十五课"抗战胜利的条件（三）"、第四十六课"抗战三阶段"。虽然这类主题有16课之多，但与前一时期的教科书相比较却是大大减少了。"抗日政治"主题的比重大幅降低，体现出该时期教科书在编撰上逐渐去除了政治读本的文本特征。

尽管战争仍然是该时期中国共产党的中心工作，但在建设正规化教育的进程中，只关注战争的教科书已经不合适时代的发展。正规化的教育要求在实现政治宣传的同时，强调对教育规律的考虑。

2. "抗日政治"主题的内涵

由于"课本荒"期间的教科书很少见，本研究仅收集到少数几本教科书。但1942年及以后在根据地教科书编撰者关于教科书的批评中，也可窥见其特征。这些批评集中体现出该时期教科书文本偏重政治的特征，亦可看出"抗日政治"这一主题在教科书中的具体内涵。研究侧重从这些批评文章，并辅以课文的形式揭示教科书中"抗日政治"主题的内涵特征。

首先，教科书在"抗日政治"主题中尤为注重政治信念的呈现，向学生传达了抗日必胜的政治信念。陕甘宁教科书编撰者董纯才于1942年发表的文章中批评当时的儿童教育培养的学生是"小政治家"和"小教条主义者"。他对这种教育问题有如下描述：

> 记得前年延安举行儿童节纪念大会，有好些小学生登台演说，一个个都学延安的干部，满口时髦名词，慷慨激昂地讲出成篇的政治大道理。第二天，我们的报纸还大加表扬一番。称赞某些小朋友为小政治家。

> 小小的娃娃，居然也能像大人一样，大谈其政治。这在我们那些比较好的小学，已经是家常便饭了。上面所举登台演说的那些孩子，并不是什么特殊的例子，他们和一般孩子不同的，只是口才特别好些罢了，至于谈政治，那他们的同学，同样也会来一套的。❶

他认为教育产生不正确偏向、"小政治家"和"小教条主义者"的出现是由于教科书编撰和使用中存在的主观主义和教条主义，他对使教育产生不正确偏向的教科书描述到：

> 你只要去看看我们编的教材，那马上就可发现几乎没有一种教材不是连篇累牍地大谈政治，甚而至于国语常识等教科书，都编成了政治课本。至于儿童生活所需要的实用知识，在我们的教科书里，那是不占多大位置的。❷

董纯才进而分析，不仅在课本的编撰上，教师在使用教科书时也受到教条主义的影响。教师的教学是"照着教科书，成天教着娃娃们念着打日本救中国的口号"。对于没有教科书的科目，教师从《新中华报》《解放日报》以及中国现代革命运动史之类的解放社出版的书报里找材

---

❶ 董纯才. 儿童教育中的主观主义 [N]. 解放日报，1942 - 4 - 4.
❷ 董纯才. 儿童教育中的主观主义 [N]. 解放日报，1942 - 4 - 4.

料，或者就是把"他们在延安干部学校所学的一套搬出来"。所以，当时儿童教育的实际情况是"口口声声不离开政治了"。他对此总结出：

> 我们得老老实实地承认，我们在这里办儿童教育，是既不了解儿童，也不研究教育，只知道"教育服务于政治"这一原理，而不知道儿童学的原理，教育学的原理。结果是我们的儿童，患了消化不良的毛病——太政治化的病症。❶

从董纯才的这篇文章中可以看出，当时的教科书十分重视抗战必胜政治信念的宣传。陕甘宁1942年出版的《初级新课本》中也有很多课文传达着抗日必胜、党广泛建立根据地的政治信念。该教科书中直接关涉战争主题的有第一单元和第四单元，课文注意从边区所处的战争大后方的情况出发，同时也从儿童自身出发，仅描述儿童能为战争所做的工作。例如，第一单元的课文"放哨""帮助抗属""慰劳伤兵"分别描述儿童担负边区查路条的工作、帮助抗日家属的事件，以及募捐慰劳品给受伤战士的事件。课文"捉舅舅"描述儿童向村委会汇报舅舅是汉奸的事件。课文"拾粪竞赛"描述儿童团的活动，课文"儿童节"通过节日号召做新儿童。总体上看，第一单元向儿童详细且具体地传递了在根据地中该做什么和不该做什么的观念。再有第四单元课文"陕甘宁边区""晋察冀边区""到处建立根据地"描述边区建立的经过以及抗战的基本任务。课文"扫荡"和"反扫荡"描述军民联合抗日的胜利。这些课文向学生积极宣传了抗日必胜的政治信念，对党的工作形成了有效支持。

（二）"学生生活"替代"苏区生活"

该时期教科书中的"学生生活"不同于"苏区生活"，前者关注学生本身的生活，后者着重将政治浇灌于生活之中。这主要是由于"生活教育"的理念在该时期引入根据地，董纯才等生活教育的倡导者进入根据地进行教育工作。他们促进教育工作的正规化建设，根据地教科书此时也呈现出由政治向生活过渡的变化趋势。

---

❶ 董纯才. 儿童教育中的主观主义 [N]. 解放日报, 1942-4-4.

1. "学生生活"主题的出现

1939 年 8 月 29 日，毛泽东在陕甘宁边区小学教员暑期训练班毕业典礼上讲话。据记载，这是毛泽东第一次直接面对小学教师谈"抗战教育"，也是他第一次提到教育家陶行知及其生活教育，并由此将生活教育引进陕甘宁边区。❶ 这对当时的课程及教科书产生了至关重要的影响。毛泽东以具体的教科书内容为例谈生活教育理论如何应用于边区的"抗战教育"：

教科书这件事是值得研究的。我也是当过半年教员，在师范里教过书，那时候看见的教科书，实在有许多不高明，不适合实际。比方：里面讲的是大总统，又讲些轮船、火车、有线电、无线电之类，但是没有讲到大米、小米。住在乡下的老百姓就一辈子没有看见过大总统、火车、轮船、有线电、无线电，这些东西老百姓也是终生罕见的，而他们天天碰面的大米、小米却没有提到，这就不合实际。另外一种是讲了不做的。就是书本上讲的民主政治、三民主义、民生主义等，但是没有人做，而且做的是相反的事。❷

毛泽东将这种教科书不反映边区生活的现象称为"知行不合一"，进而提出在"抗战教育"中"知行合一"是一件大事。由此介绍陶行知的生活教育是将"教的学的做的都统一起来。这在马克思主义讲来，就是'理论与实践'的统一，理论就是'知'，实践就是'行'"。他批评边区现有的教科书缺少"生活教育"的内容，提出教科书要有"大米小米养牛喂猪"：

现在我们教科书上还缺少一部分，就是生活教育，就是讲怎样吃饭，怎样生活，讲大米、小米、养牛喂猪等。我们的教科书就是要讲这些东西，这一套就是马克思主义，按照马克思主义的讲法，天下经济第一，其他东西第二，而这些小米、大米、养牛、喂猪等却正是社会的经济基础。吃饱了饭还可以开会上课，不穿衣服冬天就要冻死，一切的东

❶ 毛泽东. 抗战教育与小学教员 [M] //陶行知著陶行知全集·第四卷. 成都：四川教育出版社，2005：605.

❷ 毛泽东. 抗战教育与小学教员 [M] //陶行知著陶行知全集·第四卷. 成都：四川教育出版社，2005：609.

西就是从经济上发生的。不管是资本主义、社会主义、三民主义，统统
要以大米、小米、养牛、喂猪作为基础，这就是说：有了这个基础，才
可以在上面造房子；有了经济基础，其他法律、政治、艺术教育等，才
能建筑起来。我们的教科书中就要把这一部分补进去，怎样补法，同志
们在工作中可以研究研究。

在谈及实施"抗战教育"的"知行合一"时，毛泽东提出教科书
要有抗战，还要将生活纳入进去，才是真正的理论联系实际。他对比农
民、大司务、马夫、教师、朱德以及他自己的"学问"，说明只是"学
问"性质不同，因此农民没有"学问"的观点是错误的。更为重要的
是，他由此肯定了"生产生活"在教育中的重要性：

从前一部分人说，农民是没有知识的，这个话等于放屁。农民也有
他们的学问，他们会种大米、小米，会喂羊、喂猪，我们就不会。大司
务能做饭煮菜，油盐酱醋放得却好，我们就不会搞。马夫同志也有他们
的学问，我有没有学问？也有。我虽然不会种小米、大米、烧饭、煮
菜，可是也会讲一些马克思牛克思的。你们教书也是学问，而这些东
西，农民老爷就讲不出来。朱总司令他有打仗的学问。所以各有所长，
各有各的学问，谁说农民是没有知识的？❶

毛泽东的分析体现出该时期根据地对教育正规化的需要。他建议将
生活教育引入根据地。与此同时，生活教育的倡导人之一——董纯才进
入根据地，有力促进了该时期教育的转向。作为教科书的编撰者，他对
这一时期教科书编撰水平的提高有突出贡献。

2. "学生生活"的内涵

教科书中的"学生生活"包括儿童生活和群众生活两个方面。前
者将儿童置于教科书之核心位置，后者在前者的基础上考虑到根据地政
治的需要。

其一，关于儿童生活的内容。董纯才在 1942 年 12 月的文章中批评
文化教科书编成了政治课本。课文讲述的政治问题太多，文化课本身不

---

❶　毛泽东. 抗战教育与小学教员［M］//陶行知著陶行知全集·第四卷. 成都：四川教
育出版社，2005：610.

被注意。他提出其中最典型的例子就是陕甘宁边区最初编撰的小学国语课本，几乎每课都讲抗战。此外，小学地理、常识课本，师范的国文、自然课本也或多或少都犯了这个毛病。董纯才认为不尊重儿童和教育的特点、一味追求为政治服务的教育，不仅达不到满足政治要求的目的，而且还会妨碍儿童的正常发展。培养出"病态"的学生——"小政治家"和"小教条主义者"。因此，他提出教育应将政治要求和儿童学原理很好地结合起来，尤其要注意课本与儿童生活的联系：

过去我们不懂得把政治要求和儿童学的原理很好地配合起来，只知道强调政治。我们编制课程和教材，在方法上，又是十足的主观主义。不做调查研究，不认清对象，不顾及儿童的兴趣、能力和需要，单就根据自己的主观愿望、政治要求，来制课程、编教材。结果是教材和儿童生活不发生关系，变成了党八股。❶

他批评现有的教育，提出一定要将儿童教育与儿童生活相结合，并且以儿童的生活为中心。要废除"背诵教条的教条主义教学"和毁掉"党八股的教材"，因为这种教育只知道拿着书本子去教儿童读死书、死读书，只知对儿童大讲政治道理，只知教儿童背诵教条。现在应以能指导儿童行动、启发儿童思想、丰富儿童知识的生动有趣的为儿童所欢迎的新教育和新课本来进行教育。❷

再如，课本中对政治的宣传存在着党八股和教条主义的毛病，也是违背教育学规律的体现：

我们得承认我们的宣传有党八股的毛病，有教条主义的毛病。那就是不看对象，夸夸其谈地搬弄政治名词，空谈抽象的政治原则，和群众实际生活不发生关系。对群众的宣传，不应该是抽象的，而应该是具体的，要和群众生活的实际问题联系起来。向群众宣传新民主主义，与其谈抽象的政治原则，倒不如多讲些做一个新民主主义社会公民所必需的具体知识。因此编文化课本，不谈政治并不碍事，要紧的是和新民主主义社会建设的实际问题有联系，给群众一些实用知识。比如自然教材，

---

❶ 董纯才. 怎样以反对党八股的精神编教材［N］. 解放日报, 1942 - 4 - 4.
❷ 董纯才. 儿童教育中的主观主义［N］. 解放日报, 1942 - 4 - 4.

就应该与经济建设有密切的关系，给群众一些实用的科学知识。❶

因此董纯才提出课本编撰要做调查研究，分析学生的现实生活，找出他们的需要，然后才能规定教材的内容。今天看来，董纯才的观点是切中了当时教科书问题的要害。教科书太过于政治化不仅体现在忽略了学生的实际需要，也体现在忽略了学生实际的理解能力。各科教学以政治教育为重而学生又难以理解政治教育的情况在各根据地及各类教育中都普遍存在。

这类观点将"教育脱离实际"的"实际"落在"儿童生活"之上，批判了教科书不关注儿童生活。可以看出，以董纯才文章为代表的此类观点充满了生活教育的气息。作为生活教育的倡导人——陶行知的学生，他熟知并高度认可生活教育理念。从强调教育要联系儿童生活的教育理念出发对教科书展开分析，其中有很多观点在今天看来仍不过时。然而，这种观点到1944年文教大会之后成为教科书批判的对象，党禁止使用根据这种观点编撰的教科书，要求重编修订已编出的教科书。

其二，关于群众生活的内容。不关注群众生活是教科书批判中获得最高认同的观点。这一观点的落脚点在教科书呈现的群众电话是否符合党的执政需要之上。如何通过教科书使教育契合群众的需要，从而获得群众对政党的认可和支持，是这一观点的核心精神。同样是"生活"，"群众生活"和"儿童生活"所要表达的意图却完全不同。董纯才在1942年9月的文章中将脱离"群众生活"作为教科书脱离实际的原因所在。故他在9月发表的这篇文章中对教科书如何不关注"群众生活"，以及教科书该如何做到关注"群众生活"展开了详尽入微地分析，成为同类观点中的代表。这篇文章仍然指出当前教育的主要问题是与实际相脱离，但批评指向的是与"群众生活"分离的"旧教育"。文章首先提出目前中国共产党的教育实践没有完全铲除"旧教育"的老毛病：

旧的传统教育的最大毛病，是它和群众不发生关系或很少关系，是书本与实际生活的分离，是学与用的脱节。几年来在陕甘宁边区及其他

---

❶ 董纯才．怎样以反对党八股的精神编教材［N］．解放日报，1942 - 12 - 5．

抗日根据地，虽然是把理论与实际相联系这一原则提出来，作为办理国民教育的一个重要方针，但在实践中，却仍然没有完全铲除传统教育中的这些毛病❶。

当前的教育脱离"群众生活"，体现在教育与"社会斗争""生产斗争"相脱离。在与"社会斗争"的关系上，教育表现为"太政治化"。他称之为一种教条主义的政治教育，是只教学生学习一大堆抽象的政治名词和空洞的政治口号，而不注意或几乎不注意群众生活所需要的社会知识，不注意或几乎不注意做一个现代公民应具备的常识。❷ 对此他详细描述：

关于陕甘宁边区的历史和边区的地理，就未能系统地进行教学，以致儿童关于这方面的知识非常缺乏。至于边区以外的世界，那对他们更是漆黑一团了。这说明了什么？说明了我们的国民教育与社会斗争是脱了节的。❸

在批评教育与"生产斗争"的关系方面，他引用自己的老师陶行知关于"旧教育"存在与劳动分离的观点，批评各抗日根据地的教育目前还没有纠正这一缺点。教育一味强调政治，而不注意自然科学知识、生产劳动知识的教学。"只要检查抗日根据地的国民教育教材，就可以看出最缺乏的是这方面的知识"：

群众对自然现象的变化，原来只知其然，而不知其所以然，对某些现象还是以迷信的眼光看的，但我们并没有向他们作科学的解释。老百姓在生产上还是墨守成规，而我们的教育也没有在这方面配合着经济建设教他们一些科学方法，使他们去改进生产。还有群众对于生产劳动，都有很多亲身体验，而我们也没有就这类问题，给以科学的说明，使他们的经验上升为理性知识。❹

目前的教育仍然是与"群众生活"脱离的"旧教育"，导致了群众

---

❶ 董纯才. 论国民再教育的改造 [N]. 解放日报, 1942 - 9 - 4.
❷ 董纯才. 论国民再教育的改造 [N]. 解放日报, 1942 - 9 - 4.
❸ 董纯才. 论国民再教育的改造 [N]. 解放日报, 1942 - 9 - 4.
❹ 董纯才. 论国民再教育的改造 [N]. 解放日报, 1942 - 9 - 4.

不愿意送子弟上学。边区的老百姓说"读了书，就不会种地，吃不上饭"。陕甘宁边区第三师范在 1943 年总结工作时提出，该校在 1941 年所用的教科书以及教师的教学都有浓厚的教条和党八股的味道，学生懂得很多"大道理"，而对日常所接触的实际知识知之甚少。❶ 这种批判教科书的观点在后来成为主流，指引了这之后的教育实践及教科书的编撰。在此后的教科书中出现大量的具有地域特色的生产劳动内容，成为与"旧教育"相区别的重要标志。

董纯才在文章中指出抗战后所编教科书在政治上联系方面比抗战以前的其他教科书较好，但在与生产劳动的联系上却是一样差的。师范学校的教科书不切合小学教育工作的需要，小学教科书不契合群众生活的需要，干部教育的教科书不切合干部教育的需要。他将这种只与政治联系，不与生产劳动联系的教育称作是"一种跛脚的教育"。提出教科书要"对症下药"，教科书的内容要切合学生的实际。学生需要什么就给什么：

> 群众缺乏卫生知识，就应该给他们卫生知识。群众缺乏改进生产的科学知识，就应该拿改进生产的科学知识给他们。群众对民主政治的认识差，就应该给他们民主政治的知识。做一个现代公民，必须具备现代生活的知识。国民教育的教材，必须要给群众许多现代生活的知识。❷

1943 年 1 月，山东地区总结 1942 年冬学情况时提出，"在课本方面，因政治课太深，不仅学员听不懂，连教员有的也不懂"。为了解决这一问题，山东地区要求迅速编撰"通俗的课本"，同时各地冬学采取《大众日报》或各战略地区的报纸作为政治课的主要内容，"决不能因无通俗课本而停上政治课"❸。陕甘宁第二师范在 1943 年总结该校发展历史时提出，学校曾使用的课本中"政治、历史教材过深，讲的革命原理多"，在国文教学上存在"教国文与政治课的目的不分"，教师将国文教学的时间放在文章的思想之上，不教学生练习查字典、认生字、造

---

❶ 董纯才. 论国民再教育的改造 [N]. 解放日报, 1942 - 9 - 4.
❷ 董纯才. 怎样以反对党八股的精神编教材 [N]. 解放日报, 1942 - 12 - 5.
❸ 如何巩固整理冬学 [N]. 大众日报, 1943 - 1 - 27.

句等，忽视国文教学的基本目的是"读和写"。❶ 同一时期，边区师范总结情况时也提出学校存在政治教学都是讲一般的抽象原则，没有与实际问题联系起来的情况：

> 讲民主集中制，只讲一般原则，不讲民主集中制在边区与学校生活的具体问题。教员对于阶级呀、国家呀、革命呀、社会发展史呀、辩证法呀……一般原则问题，是讲得很多，对于边区的一些实际问题，反而讲得很简略。❷

这一观点最终落脚在更有效实现政治教育上，由此提出尊重教育学的规律是实践政治教育的保证。尽管如此，关于课本"太政治化"的批评在此后很少出现，毕竟该时期的教育是为政治服务的。

该时期教科书编入了"学生生活"主题主要是由于董纯才等进入根据地后，将生活教育的理念代入，总结和批判了根据地教育缺乏对学生的关注，过于专注政治的现象。在此基础上新编的教科书中编入了"学生生活"主题。

（三）"学科知识"的编入

该时期的教科书在一定程度上修正了政治和生活作为教科书两大内容主题的问题，在教科书里编入了"学科知识"的内容。也就是从这时起，根据地开始出现学科教科书，这些教科书将学科体系编入，改变了中央苏区时期教科书其政治读本性质的明显问题。

在前一阶段，教科书的编者将与党的工作任务相关的内容选入教科书，而不与党的工作任务发生直接关联的"学科知识"则被忽略。进入根据地工作的董纯才据此提出教科书的编撰要依照学科本身的教学目标，与政治联系过多而忽略学科是形式主义的毛病。他对教科书存在的不选入"学科知识"、不遵循学科教学规律的现象有以下批判：

> 我们犯了形式主义的毛病，在这方面做得过火了，不问科学的性质，不分青红皂白，不管什么教材都要讲讲政治，反而忽视了各科教材

❶ 第二师范发展简史［M］//陕西师范大学教育研究所. 陕甘宁边区教育资料·中等教育部分（中）. 北京：教育科学出版社，1981：87 - 135.

❷ 陕西师范大学教育研究所. 陕甘宁边区教育资料·中等教育部分（中）［M］. 北京：教育科学出版社，1981：197.

本身的教学目标。这就变成"喧宾夺主"了，要知道各科教材都有它本身独有的教学目标。例如国文的教学目标，应该是使学生学会阅读与写作。自然的教学目标，应该是使学生获得自然科学的知识。各科教材应该依照本身的目标来决定它的内容。❶

　　他在提出教科书编撰要依照学科规律之后，进而提出政治教育的规律也要符合教育学的规律。他认为注重政治教育是对的，课本与政治的结合是正确的。例如在课本中宣传新民主主义、宣传抗战建国也是完全必要的。但是如果这种结合不符合教育学的规律，就达不到政治教育的目的。对此，他举例：

　　比如说，对小学低年级学生是不是可以讲政治呢？当时是可以的。但是你要对他们讲持久战的原则，那就不行了。如果不谈这样的大道理，而讲些儿童的抗战活动和本村的某些具体的政治活动，那完全是可以接受的。过去我们的毛病就在这里，只注意政治活动的要求，而忽略了教育学的规律，这是急需要我们纠正的。❷

　　在根据地教科书发展历程中，将编入教科书"学科知识"有着积极的意义。虽然这一做法不久即被批判为脱离根据地实际，但从这时期根据地教科书逐步完善了教科书的基本规范。

二、教科书编撰形式的规范化

　　抗日战争初期教科书于形式上逐渐规范化。教科书依据学科而编撰，具备单元、生字、练习等教科书的基本元素，编撰体例逐步完善。教科书叙述中也突出符合儿童心理特征的叙述形式。总体而言，中央苏区时期的教科书所体现出的文化宣传形式的特征得以逐步去除。这是根据地教育正规化建设所带来的有益结果。

（一）教科书体例结构引入规范

　　抗日战争初期教科书编撰体例逐渐规范化。在批判和总结教科书编

❶　董纯才. 怎样以反对党八股的精神编教材［N］. 解放日报, 1942 – 12 – 5.
❷　董纯才. 怎样以反对党八股的精神编教材［N］. 解放日报, 1942 – 12 – 5.

撰中所存在问题的基础上，改进了以往教科书编撰不依据学科体系的明显不足，在教科书中采用了单元、练习等形式，使教科书在形式上逐渐规范。

1. 教科书体例不规范的问题

该时期的教科书编撰者批评和总结了自中央苏区时期以来的教科书中存在的编撰问题。尤其是，董纯才从教科书编撰层面总结分析问题所在，并在其自编的教科书中加以修正和完善，为各地教科书编撰提供了依据，指引着教科书编撰逐渐走向规范。

董纯才批评该时期的教科书是"开中药铺"。具体指课本没有科学的系统，大多是一堆材料的堆积。各科课本间彼此没有很好的配合。这导致学生只见局部不见整体。他提倡各科教材间要彼此取得联系，做适当的配合，使得全部教材构成一个有机的体系，使学生对世界有一个整体的认识。

这种现象主要是由于教科书编撰"不看对象"，没有调查学生的特点和需要，而是根据自己的"想当然"来编撰。董纯才提出，这些课本太过于服务抗战，没有与儿童和群众生活联系起来。对于这种编撰课本的方式，他描述：

> 记得最初我们在边区教育厅编小学教育科，那完全是按照个人见解来写的，事先并没有做什么调查研究，对于边区儿童与群众生活是不大了解的。当时只知道战时教材必须与抗战联系起来，就一味对着小娃娃高谈抗战的大道理，至于这种大道理是否能为儿童所理解，那是不管的。这可以说明不看对象地"乱弹琴"了。●

"不看对象"导致的偏向是课本没有依据学生的年龄、成分、性别、地域、习俗等分类而编撰，课本内容不切合实际需要。董纯才提出课本的编撰一定要先把对象的心理和生活情况调查研究清楚，从对象的特点和需要出发决定课本的内容和课本的编撰方法。他以儿童与成人、乡村农民与城市工人的不同为例提出课本编撰要看对象。例如，编撰儿童用课本必须切合儿童的心理，以儿童的生活为中心；而编撰民众用课

● 董纯才. 怎样以反对党八股的精神编教材［N］. 解放日报, 1942－12－5.

本就必须切合群众心理,从群众的生活出发。山东省于 1943 年 3 月总结小学教育时也提出小学课本不适合儿童兴趣,有的课本编撰超出儿童所能理解的范围,有的课本编撰份量过重,不是儿童学习能力所及。并指出今后在课本编写上要避免这些缺点,对于已出版的要在再版时设法修正。❶

该时期对教科书编撰的批判全面总结了党自编教科书所存在的问题。从编撰课本的对象到课本内容体系结构均为根据地的教科书编撰提供了具体的指导。

2. 教科书基本结构的完善

该时期教科书呈现了单元、练习等教科书的基本元素,这是教科书编撰体例趋向规范化的一个重要标志。同时也体现出教科书编撰重视教学设计的特点。

董纯才于 1942 年出版的陕甘宁《初级新课本》中,以单元搭配练习的形式设置。虽然教科书中并未明确表示一个单元搭配一个练习,但从课文内容和练习呈示的高度相关中也能判断出课本编撰是将它们作为单元设置的。例如,《初级新课本》第四册❷共编有 58 课,其间穿插了 10 个练习,一个练习作为一个单元的结束部分,共计 10 个单元。练习题对该单元中的学习内容的复习、考察或补充。该册第一单元为 6 课,分别是"放哨""帮助抗属""慰劳伤兵""捉舅舅""拾粪竞赛""儿童节"。"练习一"分为两部分。习题部分如下:

> 我会拍球。
>
> 他会跳绳。
>
> ＿＿＿会＿＿＿。
>
> 小娃可以参加生产。
>
> 小娃可以参加抗战。
>
> ＿＿＿可以＿＿＿。

❶ 山东社会科学历史研究所编. 山东革命历史档案资料选编·第九辑 [M]. 济南:山东人民出版社,1983:285 –298.

❷ 董纯才. 初级新课本(第四册)[M]. 华北新华书店,中华民国三十二年八月二版.

　　　　　　　我们能够砍柴担水。

　　　　　　　我们能够放哨查路条。

　　　　　　　____能够____。

　　这三道习题是让学生用"会""可以""能够"三个词语造句。练习题所示范的句子则是与该单元课文相关的内容，有些句子直接从课文中摘取。练习的另一个部分是一段关于"儿童节"的注释文字：

　　四月四日是儿童节。这是小娃娃的节日。我们在边区可以快活地过节。但是敌占区的儿童，受敌人的压迫，就不能过节。在大后方，工厂的童工，街上的小叫花子和很多的穷苦儿童，都非常苦，不能过节。要这些地方的儿童也能够快活地过节，那才是快活的儿童节。

　　这段写在"练习一"中的文字是对第六课"儿童节"的补充。第六课原文以韵文的形式向学生介绍儿童节，贯穿其中的是对学生价值追求和行为规范的规定：

　　小娃娃来过节。来过什么节？四月四日儿童节。我们新儿童，纪念儿童节，一定要团结。大家一条心，合力来抗战，一定能把鬼子消灭。

　　小娃娃来过节。来过什么节？四月四日儿童节。我们新儿童，纪念儿童节，努力斗争不停歇。反对缠脚不卫生，反对迷信鬼神，反对打骂欺骗和威胁。

　　小娃娃来过节。来过什么节？四月四日儿童节。我们新儿童，纪念儿童节，立志不做少爷和小姐。努力学工农，努力求学问，学习创造新世界。

　　韵文形式的课文读起来朗朗上口，有益于学生理解和记忆，但这种形式在一定程度上限定了内容的表达，而练习中的文字以陈述的形式解释或补充该篇课文，同时也是对第一单元6篇课文的解释和补充。6篇课文集中呈示了作为一名根据地的学生应如何判断正确与错误以及需要完成怎样的任务。练习则告诉学生课文所呈示出的价值追求和行为规范其背后的意义所在，即"快活的儿童节"。

　　课本以这种设置练习的形式，将内容相近的课文作为一组，集中表达同一主题。第四册"练习四"前的4篇课文为："陕甘宁边区""晋察冀边区""到处建立根据地""扫荡和反扫荡"。这组课文向学生集中呈示了根据地政权的建立，"练习四"则针对这一主题设置，其中设计了七个问答题：

1. 什么叫作抗日根据地？
2. 八路军在华北建立了多少抗日根据地？
3. 陕甘宁边区在什么地方？这儿从前是什么地区？
4. 晋察冀边区在什么地方？
5. 晋冀鲁豫边区在什么地方？
6. 延安是个什么地方？
7. 敌人向我们"扫荡"，我们应该怎么办？

这七个问题对根据地政权建立这一主题做了丰富的补充，给出了这组课文未能呈现的内容。4篇课文仅对陕甘宁边区、晋察冀边区做了介绍，其他内容因课文篇幅限制未能呈示。这种单元式的设计体现了编者对教学的考虑。在该时期教科书中出现的单元、练习的形式，是教科书在编撰体例上趋向规范化的表现。

（二）教科书叙事风格突破成人化

教科书叙述突破成人化是该时期教科书的特征之一，体现出该时期教科书编撰对教育规律的日益重视。

1. 教科书叙述形式中的问题

强调战争的教科书，它们以根据地的政治任务为主要目的，以实现教育为政治服务。因此，它们缺少对学生需要以及教学原则的考虑。同时，也缺少对根据地实地情况的考察。正如董纯才在1942年分析该时期教科书时所提出的，教科书编撰存在"想当然"的问题。教科书在叙述方面存在"不够大众化"和"独断的叙述"的问题。教科书叙述"不够大众化"一方面是指语言文字不通俗，他对此描述如下：

有人说中国中小学的教科书都不是第一流的文字。的确，一般的教科书的文字，都是干燥无味，读起来是味同嚼蜡一样。而我们的中小学教材，还不如人家，文字要更拙劣，不通俗。我们高喊着"大众化"，实际上还不能去掉那种"学生腔"，还摆脱不了书本的公式，还带着洋八股的气息，还不会用"简单的语气，具体的口吻。用群众懂得的比

喻，来和群众说话"。❶

要解决这个问题，课本的编撰要学习民间语言，用老百姓的口吻来和老百姓讲话，使课本反映出他们的思想和情绪，能为他们所了解，所接受，为他们喜见乐闻。

课本"不够大众化"的另一方面是指课本中对事物的解释非常不具体，这被认为是学生最头疼的事。他以师范和小学课本为例，批评课本中抽象的说理、空洞的原则太多，并进而对解决这一问题提出了建议：

当然这首先要内容切合实际，可能空洞，在写法上要善于使用简单的语气，具体的口吻，恰当的比喻，生动的例子，巧妙的故事，浅近的解释，适当的形容，形象化的描写等手法来说明事物。对于问题不但要解释得简单、明确、浅近、明了，而且要生动有趣。

关于课本"独断的叙述"是指对事物的解释采用"记账似的独断叙述"，只叙述"当然"而不说明"所以然"。课本的这种叙述不能启发学生思想，教导学生思考问题，"只是灌输学生一些现成的死板公式和空洞的教条，使得学生只知道死读书，读死书，死记公式，死背教条"❷。他提出课本在对事物的解释上，不应当单是叙述"当然"，应该说明"所以然"，要从各种现象的关系上去研究事物。

2. 教科书叙述形式儿童化的转变

在总结当前教科书叙述形式问题的基础上，教科书的叙述形式作出了较大的转变。1942年版的《初级新课文》的叙述形式采用大量的拟人化形式。

该套教科书的编撰者之一董纯才在进入边区之前就已经编撰过多部科普作品，20世纪30年代有《麝牛抗敌记》《凤蝶外传》《狐狸的故事》等作品问世，40年代又创作《马兰纸》《一碗生水的故事》《人和鼠疫的战争》等。他深受伊林和法布尔的科普作品影响，擅长用文艺手法、故事体裁进行科普创作。他将熟练的童书编撰手法应用于课本的编

❶ 董纯才. 怎样以反对党八股的精神编教材［N］. 解放日报，1942－12－5.
❷ 董纯才. 怎样以反对党八股的精神编教材［N］. 解放日报，1942－12－5.

撰中，成为 1942 年版课本的突出特征。在他编撰的《初级新课本》第四册中，他以科普故事编撰了一个单元。该单元的课文"来到光明的世界""蛙的变化""好蜜蜂""地下农夫""猫头鹰""鹰蛇的斗争"均采用拟人的手法介绍了动植物。例如，第二十课"来到光明的世界"讲述了种子的发芽过程，课文旁配有刚发芽的种子的简笔画，全文这样写道：

一粒种子，在土里睡了一冬。春天到了。种子给太阳晒醒了。

种子醒来，很渴，就不断地喝水。它一喝水，就长大发芽了。一面生根，向下钻，一面长叶子，向上挺。

一天，叶子从土里出来了。砰，地面上是多么光明美丽的世界呀！太阳暖和地照着，春风轻轻地吹着，小鸟唱着歌儿，树都穿上了新衣裳。

再看周围有很多像它一样的幼芽。它很高兴，它还有这么多的同伴。

从这篇课文可以看出，编撰者熟练于故事体裁的文本创造，课文不仅故事性地介绍了种子的发芽过程，还呈现出了音律感来。

再如，第四十四课"飞机的歌"介绍飞机，课文这样写道：

嗡！嗡！嗡！我是飞机。我是飞行天空的铁鸟，一天能飞几千里。我的本领大，人不容易走过的高山，大海和沙漠，我都能够腾空飞过。

嗡！嗡！嗡！我是飞机，快给我喝饱汽油，让我去飞行吧。

嗡！嗡！嗡！我是飞机，我去了。我送旅客去了。

嗡！嗡！嗡！我是飞机，我去了。我替人运货送信到远方去了。

嗡！嗡！嗡！我是飞机，我去了。我去炸敌人的城市和阵地。

嗡！嗡！嗡！我是飞机。我来了。我来保卫我们的城市和阵地。

与此前各阶段的教科书相比较，儿童化的叙述是董纯才时期的明显特征。课本的叙述考虑学生的需要，采用学生喜爱的语言形式，改变了过去那种生硬的叙述形式。该时期的教科书尤以董纯才于 1942 年版《初级新课本》影响力最大。除了被其他地区翻印外，同时也是各区自编教科书的学习对象。他以自身丰富的教科书编撰经验，以及在教科书编撰中实践生活教育理念，对教科书编写产生了重要影响。与其他阶段的教科书比较，教育正规化进程中的教科书对儿童生活的关注、对教学的关注以及对去政治化的追求尤为明显。教科书从被战争统领过渡到对教育本身的关注。

董纯才是陶行知的学生，他熟知老师所倡导的生活教育，且在进入陕甘宁边区之前就编撰过大量科普读物。在根据地学习"生活教育"的倡导下，他将生活教育理论融入到了课本的编撰之中。与陕甘宁边区1938年版的课本相比较，1942年版的课本在内容选择和编撰上体现出了对学生"生活"的偏重。董纯才日后对该时期自己编撰的课本描述道：

在他的影响之下，这一阶段的课本在内容主题的选择、课文叙述形式以及课本编撰体例上呈现出规范化的倾向。

党在这一时期对教育的要求过高。要在贫瘠的农村迅速发展出有规模的义务教育系统，从追求数量到追求质量，再到巩固发展，教育工作的目标始终没有完成。党将这一探索的过程称为"教育正规化"，期间的种种做法在之后的教育与实际结合的运动中受到了批判。从为政治服务的效果看，教育正规化过程中一些不切合根据地实际情况的教育方式，使实现政治目的之效果大打折扣。然而，从教育建设自身角度看，虽然在教育正规化的进程中，忽视了根据地的实情导致了教学的有效性降低等问题。但是，教育正规化建设规范了教科书的编撰，使教科书逐渐脱离了中央苏区时期的文化宣传材料形式。尤其是董纯才等一批教育者在该时期将优秀的教科书编撰经验引入根据地，使得抗日初期的教科书在选材和编撰上都呈现出了规范化的趋向。这是该时期根据地教育的重要进步，为后来的教育及教科书编撰奠定了专业的基础。

第三章 抗日战争时期的革命
根据地教科书(下)

(1942 ~ 1946)

1942 年，中国革命根据地的教育经历了一场深刻的转变。中共中央号召在教育领域必须"打破旧的一套"❶，全面清理教条主义对党领导的教育工作的影响。伴随着当年春季开始的整风运动，教育界开始全力肃清教育领域的"教条主义"和"主观主义"的影响，批评根据地展开的教育正规化建设是未考虑根据地"实际"的做法。按照新的教育方针，革命根据地重新编撰了教科书。

第一节　教科书的编撰背景

从中央苏区时期起，党就致力于探索根据地教育的道路。党内对革命教育性质这个根本问题的认识一直不统一，教育道路的探索是曲折和反复的。直到 20 世纪 40 年代初，毛泽东提出了新民主主义教育理论，才统一了党内对教育性质和方针的认识。这是党探索教育道路过程中具有决定意义的一步。

一、教育与党的"实际"结合

1942 年的这场深刻的教育转变起于 1938 年的"学习运动"，继而蔓延至干部教育体系，而后移至社会教育和学校教育，最后乃至整个根据地。1942 年初《解放日报》发表社论将这场运动称为"中国教育上的一个新革命"。而后在颁布具体的教育执行方案之前，党倡导各地区根据教育方针自行创新摸索教育改革。

（一）由学习运动到干部教育改革

1938 年党号召教育要与"实际"联系最早始于干部教育当中，1942 年上半年针对学校教育提出需执行"学用一致"，下半年社会教育的部属开始强调执行这一方针。1943 年党展开大规模的教育总结工作，从"理论联系实际"出发分析过去教育中存在的问题，为彻底的教育改革铺垫道路。教育转向与"实际"结合。

1938 年 9 月，毛泽东在中共六届六中全会上批判了党内存在的教

---

❶　打破旧的一套［N］．解放日报，1941 - 9 - 11．

条主义倾向，向全党发出开展"学习运动"的号召。他在会上发言：

> 普遍地深入地研究马克思列宁主义的理论任务，对于我们，是一个亟待解决并须着重地致力才能解决的大问题。我希望从我们这次中央全会之后，来一个全党的学习竞赛，看谁真正地学到了一点东西，看谁学得更多一点，更好一点。❶

这次会议通过《中共中央扩大的六中全会政治决议案》提出全党必须自上而下地学习马克思列宁主义理论，强调将马克思列宁主义和国际经验应用到中国具体的环境中来。会后，党多次在各级会议、各类报刊等出版物中号召全党加紧学习，"学习运动"得以迅速展开。

1938年12月13日，毛泽东在中央组织部召开的延安党政军民团体检查工作的干部会议上要求将学习和干部的工作联系起来，提出要"加紧学习，学习马克思列宁主义、革命运动及中国历史，从中央委员会各级干部研究较高深的理论起，一直到各机关事务人员学习文化为止。"❷ 1938年12月25日《新中华报》发表社论《一刻也不要放松了学习》。社论写道：

> 今天我们处在一个伟大的时代，是中国历史的转变的关键。要在这个空前的历史战争中，求得自己的生存，我们必须努力学习。领导干部要学习高深的革命理论，以便指导革命运动。在各种的具体的环境下，能决定自己的工作方针，正确地观察问题，解决问题。一般的学习干部和群众必须要学习文化，提高了文化水准，为学习理论建立必要的基础。

1939年1月和5月，中共中央先后召开生产动员大会和干部学习动员大会。当年6月，毛泽东在延安高级干部会议上发表题为《反投降提纲》的报告，提出干部学习与生产结合的制度。此外，党政军民及各种机关的在职干部，均应一面工作，一面生产，一面学习，实行每日2小时的学习制度和学习管理制度，从而使干部队伍成为"长期大学校"。❸

---

❶ 毛泽东. 毛泽东选集·第二卷［M］. 北京：人民出版社，1991：533.
❷ 延安整风运动编写组. 延安整风运动纪事［M］. 北京：求实出版社，1982：10.
❸ 毛泽东. 反投降提纲［M］//六大以来（上）. 北京：人民出版社，1981：1040.

学习运动从 1939 年全面铺开到 1942 年形成高潮，它与生产运动相辅相成，汇成巨流，形成风气，异常热闹。它不仅促进普遍教育与普遍生产劳动的结合，而且成为根据地各级各类学校改革的动力。

1939 年 2 月，党成立干部教育部统领党内干部学习教育，3 月干部教育部发布《延安在职干部教育暂行计划》，规定了在职干部的教育内容与课程设置。1940 年 1 月 13 日，中共中央发布的《关于干部学习的指示》细化了干部教育的内容和课程设置。到 1941 年，中共中央及领导人的系列政策措施推促"学习运动"朝更深入的方向发展。1941 年 5 月 19 日，毛泽东发表《改造我们的学习》一文，批评干部教育中存在的注重研究现状、不注重研究历史、不注重马克思列宁注意的应用等脱离实际的缺点。文章写道：

> 在职干部的教育中，教哲学的不引导学生研究中国革命的逻辑，教经济学的不引导学生研究中国经济的特点，教政治学的不引导学生研究中国革命的策略，教军事学的不引导学生研究适合中国特点的战略战术，诸如此类。其结果，缪种流传，误人不浅。在延安学了，到富县就不能应用。经济学教授不能解释边币和法币，当然学生也不能解释。这样一来，就在许多学生中造成了一种反常的心理，对中国问题反而无兴趣，对党的知识反而不重视，他们一心向往的，就是从先生那里学来的据说是万古不变的教条。❶

毛泽东提出要改造干部的学习。继而在文章中提出以研究中国革命实际问题为中心，以马克思列宁主义基本原则为指导方针，停止使用静止地孤立研究马克思列宁主义的方法。并向全党建议系统地研究周围的环境，研究中国近百年的历史，改进在职干部教育和干部学校教育。毛泽东的报告批判党内由来已久的教条主义学风，重申研究现状、研究历史和注重马克思列宁主义的应用，确立了在职干部教育与干部学校教育"以研究中国革命实际问题为中心，以马克思列宁主义基本原则为指导的方针"❷ 的教育政策。从根本上改造学习与学习制度，这对于正在兴

---

❶ 毛泽东. 毛泽东选集·第三卷［M］. 北京：人民出版社，1991：798 – 799.
❷ 毛泽东. 改造我们的学习［M］//毛泽东. 毛泽东选集·第三卷. 北京：人民出版社，1991：802.

起的学习运动起了振聋发聩的作用。接着中共中央在 1941 年 12 月 17 日与 1942 年 2 月 28 日，先后发布《关于延安干部学校的决定》与《关于在职干部教育的决定》。

党在《关于延安干部学校的决定》中明确指出："目前延安干部学校的基本缺点，在于理论与实际、所学与所作的脱节，存在主观主义与教条主义的严重毛病"，"这种毛病，主要表现在使学生学习一大堆马列主义的抽象原则，而不注意或几乎不注意领会其实质及如何用于具体的中国环境"；该决定着重提出：为了纠正这种毛病，必须强调学习马列主义理论的目的是使学生能够正确应用这种理论去解决中国革命的实际问题，而不是书本上各项原则的死记与背诵。即，（1）使学生区别马列主义的实质；（2）使学生领会这种实质；（3）使学生善于将这种实质应用于中国的具体环境。为此，除正确教授马列主义理论之外，需增加中国历史与中国情况及党的历史、党的政策的教育内容。概言之，就是按照毛泽东在中共六届六中全会上提出的研究历史、研究现状和注重马克思列宁主义的应用的精神改革干部学校教育。

《关于在职干部教育的决定》提出一系列教育改革措施，在教育内容上提出根据"理论联系实际"的原则进行调整。关于文化教育，规定凡文化水平太低而又需要与可能学习的县级、营级以上工农出身的老干部，应先补习文化；文化补习除识字外，还包括阅读与写作能力，历史、地理常识，社会常识与自然常识等；关于业务教育，规定凡带专门性质的学校应以学习有关该项专门工作的理论与实际的课程为主，一般专门课（即业务课）占 50%，文化课占 30%（不需补习文化的学校，专门课占 80%），政治课占 20%。"坚决纠正过去以政治课压倒其他一切科目的不正常现象"。关于理论教育，规定注意使学生由领会马列主义的实质到把这种实质具体应用中国环境的学习；关于政治教育，规定充分利用《解放日报》、中央文件及中央各部门出版的材料。

（二）由干部教育到教育体系的整体改革

1942 年开始的整风运动，不仅直接促进干部教育的改革，而且推动了社会教育与学校教育的整体改革。在干部教育改革已有定局之后，学校教育和社会教育的改革势在必行。

陕甘宁边区在 1937～1942 年期间，一面大力促进小学教育和社会教育的普及，尽量增设中等学校；另一面试图将教育工作纳入"正规"，提升教育质量。根据地从早期急速扩大教育规模到后期强调提高教育质量开展了一系列实践活动，最后也因教育资源的贫乏不得不停止教育正规化的建设。因此，在整风运动的酝酿阶段，党重点通过颁布文件和在《解放日报》发表社论的渠道集中批评了教育与"实际"相脱离的情况。

1941年9月开始的系列社论就提出了教育工作中存在"理论与实际、所学与所用的脱节，存在主观主义与教条主义的毛病"，提倡教育与"实际"相结合。9月11日，《解放日报》社论"打碎旧的一套"批评了清朝末年以来新教育中存在的"循环教育的问题"，即"先生用什么东西去教学生，学生拿了这点东西又去做先生"，教育只能消极地被社会影响。这一问题至今仍未得到解决，而且还日益严重。边区的教育中出现"危害教育、危害师道、危害学风、危害青年"的情况。因此民主的教育固然需要民主的政治，民主的政治也同样需要民主的教育。也就是一种与人民相联系的教育。"所谓与人民相联系，不但是说人民可以普遍地享受教育，而且是说人民的实际生活应该成为教育的中心内容"。由这个观点去审视当时边区的教育，提出边区还远未达到"民主教育"的要求：

> 我们还没有战胜精神劳动和肉体劳动分离的传统影响，这就是说，还没有战胜形式主义和主观主义的影响。许多学校显然还没有成为今天中国战争与革命的堡垒，他们除了传授一些战争和革命的名词学和目录学以外，对于实际的战争与实际的革命。几乎麻木到还没有感觉应该负何种严重的责任。

社论原文大篇幅引用马克思和列宁关于教育的论述和事例，论述什么是"健全的民主教育"和"健全的马克思列宁主义教育"，批评了当前边区教育不与战争和革命实际相联系的问题，继而提出要"彻底地改进我们的全部教育"——打碎旧的一套！

1941年9月，党发布《关于调查研究的决定》，同年9月10日，毛泽东在党召开的政治局扩大会议上作了《反对主观主义和宗派主义》的报告，9月26日中共中央通过《关于高级学习组的决定》，12月17

日中共中央通过《关于延安干部学校的规定》。这一系列政策措施和社论文章不断强化"学习运动"所倡导的内容和理念，将"马列主义与中国实际相结合"更深入地融于干部教育之中。

在1941年12月17日中共中央通过的《关于延安干部学校的规定》中，党提出目前延安干部学校的基本特点是"理论与实际、所学与所用的脱节，存在主观主义与教条主义的严重毛病"。该规定的精神迅速传播并影响到社会教育和学校教育，乃至整个革命根据地。1942年1月23日，《解放日报》发表社论《教育上的革命》，提出该规定是反对主观主义的精神在学校教育上的具体运用，是培养干部工作的新纪元，是中国教育上的一个新革命。社论指出该规定的基本精神不仅是适用于延安，也适用于一切抗日根据地的各类教育。

1942年2月1日，毛泽东在中共中央党校开学典礼上作了动员全党整风的报告——《整顿党风、学风、文风》（收入《毛泽东选集》时更名为《整顿党的作风》）。2月8日和9日，毛泽东在中央宣传干部会议上两次发表《反对党八股》的演说。在此之后，毛泽东亲自主持制定了几个有关整风学习的中央决议，至4月3日，复以中宣部的名义，发出《关于在延安讨论中央决定及毛泽东同志整顿三风报告的决定》，向全党正式提出开展"思想革命"的号召。8月17日《解放日报》发表社论"学与用的统一"。与此同时，"马列主义与中国实际相结合"由干部教育迅速扩散到学校教育、社会教育。该年6月，陕甘宁边区政府制定《整顿边区各直属学校的决定》，❶ 提出课程要"学以致用"，教学要"理论与实际一致"。课程"学以致用"要求内容是"边区历史的、地理的具体环境"和"抗日根据地的实际需要"，学校需据此征询专家意见，拟定课本。教学"理论与实际一致"要求教师教学符合边区的实际需要，达到教学做合一，即"所教所学都应是要用要做的"。提出教师多采集实际的材料，丰富教学内容。

1943年年初，陕甘宁边区总结1942年的教育工作，提出该年"实事求是"的精神不够，体现为对"实事"不甚明白。虽然"求是"的

---

❶ 陕甘宁边区政府. 关于整顿边区各直属学校的决定［M］//陕西师范大学教育研究所. 陕甘宁边区教育资料·教育方针政策部分（下）. 北京：教育科学出版社，1981：319.

态度很好，但因为了解情况不深入，教育工作没有掌握中心工作。因此，1943 年的教育工作的中心任务是根据高干会所确定的边区教育实施方针及改造工作的精神，重新检查国民教育、中学、师范教育的方针、内容、原则、课程、教材、训导、行政诸问题。❶ 1943 年 2 月陕甘宁政府教育厅布置厅内和专署、县委做中等教育、国民教育的工作总结准备，筹备全边区教育会议，以"总结并解决教育上关于理论与实际的各种问题"。❷ 教育厅强调"这次总结工作的规模是相当大的，我们决定很郑重的来做它"。

根据教育需与"实际"联系的要求，党重点从三个方面调整现有各类教育的课程设置。第一，统一各类教育中政治教育的内容；第二，增加来自"实际"的教育内容；第三，删除现有课程体系中不符合"实际"的教育内容。经过三方面的调整，实际上各类教育的课程体系已是被重建。也就是从这时开始，形成了党教育的独特的价值观和实践形式，其自身教育的方向也逐渐明晰，即转向了"实际"。

1942~1944 年，党主要还是通过政策、社论等系列形式在教育系统内由上至下地执行"与实际结合"的教育方针。根据地并没有由上至下地改变改变原有的课程和课本，而仅是要求各地区学校自行实验，鼓励创新。为实现新的教育方针，各地区学校积极展开了教育的改革，在宣传媒体上发布一系列关于教育如何"打碎旧的一套"的文章。这些尝试主要集中在改善办学方式、教学手段上，关于教学内容，也仅仅是从教师教学的层面上，要求学校对教学内容进行增加或删减。这段时间各地区的改革经验成为 1944 年文教大会制定新的教育方案的基础。

从 1943 年开始，根据地展开了大规模的教育调查，总结经验，并在此基础上各地涌现出许多教育改革的先进典型。1944 年大规模的教育改革运动蓬勃展开。

1944 年 3 月 21 日，《解放日报》发表《延县柳林区锁家崖自办村小学》《甘泉学生踊跃入学，群众对教学方针甚为满意》《学校和实际密切结合——延市完小面貌一新》等报道。据报道，延安县柳林区政府

---

❶ 晋西北的文化教育建设［N］. 解放日报，1943 - 1 - 24.
❷ 晋西北的文化教育建设［N］. 解放日报，1943 - 1 - 24.

于 3 月 11 日召开区乡指导联席会议，决定该区在原有二所民办小学的基础上，在锁家崖（岩）自然村增设一所民办小学。教员请工人家属担任，实行三学期制，教员生活费、课本、用具由该村居民解决。学生回家吃饭，学校教育情况亦易被家长了解。毛泽东阅读《解放日报》的系列报告后，于 3 月 22 日主持召开群众教育（含小学）改革座谈会。出席这次座谈会的成员有中共中央宣传部、陕甘宁边区政府、中共中央西北局宣传部等部门的负责人及陕甘宁边区所属各分区的地委书记或专员、副专员。毛泽东在座谈会上发表了长篇讲话，他对过去的学校批评道：

"过去有的小学办得不好，群众不欢迎，我们硬要办，这是命令主义。从前我们杨家岭有一个教员，教了年把，我问他你讲的课人家懂不懂，他说听是听不大懂，但是还要讲。我说，我们共产党要学会一个办法，就是人家听不懂就不讲了❶

出席这次座谈会的还有董纯才，在他的记录中又提道："过去办学校是硬办，群众不欢迎。现在小学民办是一大解放。要办村学，由群众来办。计划五年到七年之内使边区 140 万人，都识二千字，能看《群众报》，还要使一班人口能看《解放日报》。今年要办三四个月冬学，打下基础。消灭文盲，要靠冬学和识字组。搞识字组，由老百姓教。可搞识字英雄。我们练兵是兵练兵。搞识字运动，也可以民教民，由识字的教不识字的。课本可以改编杂字之类，要教记账，开路条，要讲家庭关系，如父慈子孝之类的双方关系。……教学要三七分，教员要向学生学七小时，再教三小时。有的课本课对半分，教员向学生学五小时，教五小时。要先向学生调查研究，再教学生。要在五年到十年之内，使所有的人民识字，把边区办成一个学校。这当然要在无战争条件下才行。"❷

1944 年 3 月 19 日，徐特立和柳湜联名发起召集国民教育座谈会。边区与直属市、各分区主要负责人和延安文化教育界著名人士聚集一堂，交流各地教育改革经验，探讨教育改革的方向与道路，会议在学校

❶ 毛泽东. 毛泽东新闻工作文选 [M]. 北京：新华出版社，1983：115 - 116.
❷ 陕甘宁边区教育史料·增刊二，1985 - 4.

与劳动、社会、家庭、结合以及民办学校问题上统一了思想。❶

　　1944 年 4～5 月，胡乔木根据毛泽东的提议撰写了《根据地普通教育的改革问题》❷ 和《论普通教育中学制与课程》❸，并发表于《解放日报》。此前，毛泽东阅读了 1944 年 3 月 11 日绥德分区副专员杨和亭介绍的绥德分区教育与政府当前工作结合、教育与社会结合、教育与劳动生产结合、教育与家庭结合的经验的文章，很感兴趣，遂致电陕甘宁边区政府教育厅长柳湜，请他同杨和亭一道到中央办公厅（杨家岭）来汇报。参加这次谈话的，还有徐特立、邓洁和胡乔木。在这次谈话中，毛泽东提议请胡乔木撰写关于教育改革的文章。❹ 随后，胡乔木完成了上述两篇文章，毛泽东对《根据地普通教育的改革问题》作了补充意见：

　　1942 年在干部学校教育及在职干部教育中"开了改革的端绪"，现在要在普通教育中进行"带根本性质的改革"。

　　1944 年 4 月 7 日社论发表后，中共中央西北局于 4 月 15 日召开地委书记会议，决定各地均须试办民办小学，并研究民办小学经验；4 月 18 日，陕甘宁边区政府发布《关于提倡研究范例、试办民办小学的指示》。5 月 17 日，中共中央西北局、陕甘宁边区政府教育厅、边区文化届抗敌救亡协会联合发出《关于召开文化教育会议的决定》；6 月 17 日成立陕甘宁边区文化教育大会筹备委员会，由陕甘宁边区政府秘书长兼政策研究室主任罗迈（李维汉）任筹备委员会主任，中共中央宣传部副部长徐特立以及胡乔木、周扬等为筹备委员，胡乔木主持大会决议起草工作。

　　1944 年 10 月，陕甘宁边区文化教育大会召开。会议回顾了边区教育的历史，研究了边区教育现状。检阅了边区教育改革的成就，并在一系列决议中确立了根据地教育的格局。当月 30 日，罗迈在会上发表《七八年来边区教育工作的总结发言》，全面批判了教育正规化建设的

---

❶　纪念生活教育运动第十七周年［N］. 解放日报，1944 – 3 – 24.
❷　根据地普通教育的改革问题［N］. 解放日报，1944 – 4 – 7.
❸　论普通教育中学制与课程［N］. 解放日报，1944 – 5 – 27.
❹　杨和亭. 徐老是我们学习的光辉榜样［M］//徐特立在延安. 西安：陕西人民教育出版社，1991：125 – 126.

一套。11 月 5 日《解放日报》发表《今年是发展改造的一年》，文章批评了在抗战初期，片面强调团结、忽视必要的斗争的倾向在根据地教育工作中的体现。当时教育内容着重在抗日，这是好的，但对于人民的民主要求和边区的经济实际很少注意，就是很大的缺点。文章举例，当时陕甘宁边区教育厅曾面试鲁迅师范学校的毕业生："顽固分子来了怎么办？"答："退让。"又问："他们再进攻又怎么办？"答："还是退让。"这样问到第三次时，他们无法回答，只有一个长征归来的毕业生挥拳答道："打！"

　　至此，从根据地建立以来，教育建设过程中对存在的一系列理论问题与实际问题的分歧，基本上都有了明确的方向。

（三）以"实际"需要为教育评价的标准

　　如果将教育规律和政治需要置于这次教育改革的场景中，忽略其他因素，假设二者是天平的两极，那么此时的天平迅速倾斜，根据地教育迅速走向了政治需要这一极。在"教育正规化"进程中，对教育、教学本身规律的探讨很快停止，并且被"如何使教育被群众喜爱"这一主题代替。这一主题再往上推便是"如何使党被群众喜爱"。换言之，就是明确了将政治需要置于教育发展首要位置的原则。

　　改变教育，使之为群众所喜爱是这一转变的逻辑起点。根据延市完小的 1944 年教育工作总结记载，该校在上半年"面貌一新"，在春季招生中，学生数量增加了一倍，而且开学一月后，市民仍携带他们的子女前来报名，极为踊跃。学校突然受到群众的欢迎，是因为 1943 年下半年教学方针的转变。该校教育工作将旧的教学方针总结为是脱离群众的，教的是天下国家大事，很少谈边区的事情，这致使娃娃们都学说一套空话，学校所学的不能为群众服务。这也就使市民们感到娃娃念书既不会算，又不能写，甚至有时连爸爸妈妈的名字也不会写。特别是小孩念书后，回到家里啥也不干，加上家长对学校认识不正确，因此许多市民不愿送子弟入学。❶ 同一年，《解放日报》发表《关于小学教育问题》一文，总结分析根据地小学教育的发展历程。文章关于"过去小学办不

---

❶　陕西师范大学教育研究所.陕甘宁边区教育资料·小学教育部分（上）［M］.北京：教育科学出版社，1981：141.

好"的描述，从另一层面表达了对根据地教育不受群众欢迎现象的担忧：

> 从这次调查材料中了解到，过去小学办不好不在于因数量多而影响了质量的不能提高，而是对边区地广人稀，农村分散的特点，估计不够。所以在办小学的问题上，就发生了许多不应有的现象。如：有些农民，怕念书把娃娃送到友区去；有些农民，把念书当成了当兵，花钱雇佣别人的娃娃去顶替。还有的怕念书把家庭分居，有的让大人来顶。新城区派游击队去动员学生，徐老汉把娃娃寄出去，自己到学校来顶。念了几天受不住，又要求回去寻娃娃来。❶

根据地小学教育经历了从追求数量的扩张到追求质量的提升，无论是迅速建立辐射全区的教育体系的愿望，还是后期转而求稳，提出稳定教育质量的教育政策，都是各区无法完成的任务。各区为了完成规定的学校数量以及在校学生数量等，在执行教育政策时曾一度采取强硬手段，强迫群众入学，从而导致学校教育不受欢迎。到 1942 年，根据地教育政策逐渐不再提及提升教育质量的口号，停止了追求大规模和高质量的教育，转而强调要办群众喜欢的教育、受群众欢迎的教育。

转而考虑如何使教育受群众的喜欢是该时期根据地教育的重要转变，这一转变的落脚点是根据地的政治需要。在"教育结合实际"的进程中，根据地确立了将政治需要置于教育发展首位的原则。也由此，重置了根据地教育体系。1943 年 2 月，陕甘宁边区教育厅提出今后边区教育总的实施方针，第一在职干部教育，第二学校干部教育，第三社会教育，第四国民教育。陕甘宁边区教育厅对此解释道：

> 这一方针是根据边区今天实际情况和我们建设边区总的任务来规定的。在目前这一战时环境，老百姓的生活还不很宽裕，我们教育干部，人数又少，质量不高，我们一般的干部文化水平还低，我们政府财力又不充实时，我们不能采取平均主义的方针来发展边区教育，我们不能不分出轻重缓急，定出谁是第一位，谁是第二位，将力量适当有效地分

---

❶ 陕西师范大学教育研究所. 陕甘宁边区教育资料·小学教育（下）［M］. 北京：教育科学出版社，1981：311 –312.

配，这是十分正确的。但要注意，这不是说，我们以后不重视国民教育，目前的国民教育可以放松，随便不管，任他自流下去，恰恰相反，我们仍要巩固过去国民教育的成绩，提高一般的质量，并须牢记，教育是我们今日二大任务之一，这些道理一定要和干部讲清楚，不要生出误解曲解来。❶

虽然被置于第四位的"国民教育"仍然被强调，但实际上此时的根据地教育放弃了"教育正规化"时期的做法。战时的情况复杂，根据地的教育经历了好几年实践探索，形成了自己区别于现有教育形式的一种独特教育。这是根据地教育的一次重要转折。回溯根据地教育发展进程，这次转折有政治事件的影响，主要还是出于长期的教育实践的经验。早在苏维埃时期，就能看到根据地有两种观点各自时强时弱地博弈。一种观点认为教育应完全为政党利益服务，另一种观点认为教育应为儿童服务。当然，两种观点有互相协调的部分，从苏维斯时期到延安时期，教育都在协调两种教育的价值追求。但源于战争时期各方面条件的严重限制和阻碍，使得这两股观点在战争的现实中形成必然对立的局面。若教育追求政党利益，就必须放弃儿童自身利益。反之，教育则成为政党发展的障碍。

二、教育与群众的"生产劳动"结合

1938 年党发起"学习运动"，1941 年 2 月发布《各抗日根据地文化教育政策讨论提纲（草案）》，1941 年 12 月 17 日通过《关于延安干部教育的决定》，1942 年 1 月 23 日《解放日报》发表《教育上的革命》社论等，党通过各种渠道将"理论联系实际"的思潮贯彻于教育系统之内，将其作为今后教育实践的主轴所在。在这一过程中，一种新教育形式诞生，原有的课程被重置，课本被重编。教育转向了"实际"，课本也要转向"实际"。

然而，教育转向与"实际"结合，也经历一个曲折过程。前期课

---

❶　陕西师范大学教育研究所．陕甘宁边区教育资料·教育方针政策（下）[M]．北京：教育科学出版社，1981：356．

本批判中将脱离实际的批判指向课本脱离儿童生活、学习兴趣等体现教育规律的方面。到 1944 年，对课本的批判统一到与边区"实际"结合这一主题之上。从当时各种教育政策看，这一转变的逻辑起点是该时期教育极其不受欢迎。为了改变这种状态，批判教育的观点集中在如何最大程度地让群众喜欢。不脱离"实际"的教育就是让群众喜欢的教育。实用是此次教育改革的方向，被规定为"实际"所需要的教育，尤其体现在对该时期课程设置之上，是此次教育改革的重要环节。

首先，实用的课程要求精简教育，消减了该时期学习正规教育的做法，删除"多余"的课程。1943 年各区开始执行精简教育，以设置为"实际"所需的实用课程。陕甘宁边区政府于该年 2 月就提出各小学课程要精简，在精简的具体措施还未出台前，就要求各地根据具体情况自行删减次要的科目，并说明课程的删减是为了加强识字、算术、习字等课，如能增加农业常识更好。❶ 这一工作被作为陕甘宁边区政府精简国民教育的重要内容，在政府批答❷中要求教育厅重加研究规定。盐阜区在 2 月规定中等教育"减少不必要的教材"，将代数、几何、化学、物理及其他旧的教科书中重复及繁杂无用之处删掉。将英文改为选修科，课不教，规定高中入学考试不得考试英文。应用文改在国文课内教，不另设一科。❸ 11 月 30 日，盐阜区继续提出中等教育要改善教育内容，加强政治教育及时事研究，功课不能太多，课外练习不能繁重。彻底纠正有些学校着重数理化，致使学生无法研究政治时事及从事课外抗建活动的偏向。将历史、地理、公民、时事、国文列为中学教育的主要科目。❹ 延川县府于 5 月提出改进小学教育，为教学达到"学后会用"，要减少不必要的课外活动及次要课目，增加国文、习字等课。❺ 该年 10

---

❶ 陕甘宁边区教育厅指示信. 1943 年教育工作中的几个问题［M］//陕西师范大学教育研究所. 陕宁边区教育资料·教育方针政策（下）北京：教育科学出版社，1981：359.

❷ 盐阜区为改进地区中等教育给各校指示信（发至区县立中学）［M］//中央教育科学研究所. 老解放区教育资料·抗日战争时期（下）. 北京：教育科学出版社，1986：455.

❸ 盐阜区为改进地区中等教育给各校指示信（发至区县立中学）［M］//中央教育科学研究所. 老解放区教育资料·抗日战争时期（下）. 北京：教育科学出版社，1986：455.

❹ 盐阜行政公署第二次文教扩大会议［M］//中央教育科学研究所. 老解放区教育资料·抗日战争时期（下）. 北京：教育科学出版社，1986：121.

❺ 延川县府改进小学，教员质量提高，注意"学后会用"［N］. 解放日报，1943－5－17.

月，延属专署在政务工作会上提出，延安师范今后在功课上要更切合边区，要从边区实际出发，使学的东西都能用。国语课应该多学应用文，算术课要加上珠算，历史、地理应先讲边区的历史、地理。❶

其次，增加实用的课程。具体体现在各类教育都在这一时期强调增加来自边区实际生活的教育内容。此外，还强调教员在教学中应与实际相联系。

在学校教育方面，或增加了实用的课程，或更进一步提高实用课程所占比例。尤其集中了课程与生产劳动的联系。陕甘宁地区的陇东分区在1943年的教育工作计划中提出国民教育、社会教育以及干部教育内容需加强国语、算术课，注意读写，会写、会算，初三年级可增加珠算，完小里增加农业常识和边区生产建设的知识。❷ 晋察冀边区行政委员会则于1943年4月10日提出再次整理小学的任务。❸ 这次任务被作为教育行政部门的中心工作，要求是根据整风与简政的精神。本着实事求是的态度，解决实际问题。此次整理小学突出了"加强儿童生产教育"，强调要配合当前生产救灾的政治任务。首先在教育内容上增加生产教育，提出通过"各科教学或精神讲话"，启发儿童重视生产劳动，领导儿童参加生产活动，养成劳动的习惯与兴趣；其次，将高小和全日小学的星期六下午定为劳动日，不上课，教师领导学生参加生产。并允许贫苦学生在课外活动时间帮助家长工作。半日二部制、半日巡回制，隔日巡回制小学，学生在不上课的半日或一日，一律参加生产劳动。

在干部教育方面，新设置的课程则体现出强调与当前党的政治任务相联系。1943年2月，盐阜区规定将"抗建活动"作为中学课程的一部分，并要求各校将其算作学生成绩的一部分。"抗建活动"具体包括：

（一）各种学术研究会。可依照学生自愿为原则，自由组织各种学

❶　延属专署讨论延师工作确定方针为工农大众服务培养师资与区乡级干部［N］. 解放日报，1943 – 11 – 6.
❷　延川县府改进小学，教员质量提高，注意"学后会用"［N］. 解放日报，1943 – 5 – 17.
❸　晋察冀边区行政委员会. 关于整理小学加强儿童生产教育的指示（教胜字第四号）［M］//中央教育科学研究所. 老解放区教育资料·抗日战争时期（下）. 北京：教育科学出版社，1986：390 – 395.

术性的研究会，如社会科学研究会，新民民主义研究会、时事研究会、文学研究会、美术研究会、自然科学研究会等，以补助正课之不足。

（二）配合各个时期的政治任务，进行社会活动。例如春季中心工作中有参军、复查田亩等。各校应有计划地发动师生参加这一活动，除组织宣传队、演讲、演剧、写标语、出墙报以外，还要实际去动员，拥军参军……

（三）举行各种竞赛会。如演说、体育、唱歌、演习、墙报……

（四）组织各种文化娱乐活动。如学生剧团、唱歌队、诗歌朗诵队、美术工作队……

（五）组织各种辩论会……

（六）举行各种展览会。学校里的各种成绩表册活动等，固可展览。校外的许多社会现况及各种活动也可以在校内举行展览……

（七）进行生产劳动。各校虽有一小时劳作课，但只是供实际去做劳动之外的课堂，研究理论之用。应运用一部分时间从事种菜、饲养或化学课练习，制造肥皂、牙粉，造糖或制造粉笔、炼碱及其他实际生产劳动。

（八）各校互派代表参观或参观工厂、军队等。

（九）请校外或校内人士作专题报告。

（十）建立各种生活会议及互助小组等，如问答晚会、回忆晚会，检讨会。以及工作学习等互助小组。❶

盐阜区同时还提出将中等学校的教育重心放在政治教育上，将民族民主革命的教育作为全部教育的基础，增加公民、历史、地理的钟点，并增加其他抗建教材。每周增加"时事研究"2小时。❷盐阜区中学课程的设置体现出作为干部教育的中学教育为政治需要服务的目的。

在社会教育方面，继续加强了"学以致用"的原则。1942年下半

---

❶ 盐阜区为改进地区中等教育给各校指示信（发至区县立中学）[M] //中央教育科学研究所.老解放区教育资料·抗日战争时期（下）.北京：教育科学出版社，1986：455 - 456.

❷ 盐阜区为改进地区中等教育给各校指示信（发至区县立中学）[M] //中央教育科学研究所.老解放区教育资料·抗日战争时期（下）.北京：教育科学出版社，1986：455.

年，根据地各区部署当年的冬学教育将"学以致用"贯彻其中，特别增加了"实际"的教育内容。晋冀鲁豫边区于4月颁布《民众学校暂行规程》❶，要求民众学校之学生，一律不脱离生产。民众学校的课程有政治、常识、识字、算术四种。课程内容以边区颁布之民众学校课程纲要为标准，各科目的比例为：政治与识字配合上课，共占55%；常识15%；算术30%。晋绥行署指示当年办冬学的办法规定，当年冬学开公民课和文化课两种，公民课教人"解下政治上的道理"，文化课是教实用的知识。具体是：

> 从根据地对敌斗争、减租生产、防奸自卫的三大任务，毛主席号召组织起来的道理，直到识字、记账、写信、开路条、写约据和订生产计划等，都是边区老百姓必须知道的。❷

陕甘宁边区政府指示❸1942年冬学时，总结过去冬学在课程上没有抓紧中心一环（识字），并与实际脱节。主要是因为冬学教育内容中政治分量太重，边区实际最需要的识字教育没有得到强化。其次缺少实用的东西，比如清洁卫生、珠算、写字等，将"老百姓所喜欢的需要的"忽略掉了。同时学校太军事化，与民众生活相脱离，引起某些群众的怀疑。《大众日报》于1942年12月发表社论《纠正冬学中的偏向》❹ 分析山东区该年冬学中存在的问题，批评正在进行的冬学教育除了动员不够深入外，在教育内容上是机械地了解"以政治教育为主"，以致形成了空洞、呆板、党八股的教育内容，而忽视了识字文化教育与政治教育的联系，以及与群众的实际运用的联系。该社论对冬学的批判如下：

> 这具体表现在只知空洞地讲"今年打败希特勒，明年打败日本"，而不能联系到解决群众眼前的实际问题。因此群众感到干燥无味，把上政治课当作上"睡觉课"。而在识字文化教育方面，因为与政治教育和

---

❶ 晋冀鲁豫边区民众学校暂行规程［M］//中央教育科学研究所. 老解放区教育资料·抗日战争时期（下）. 北京：教育科学出版社，1986：190－192.

❷ 晋绥行署指示. 今年办冬学的办法［M］//中央教育科学研究所. 老解放区教育资料·抗日战争时期（下）. 北京：教育科学出版社，1986：156.

❸ 陕甘宁边区政府教育厅. 关于一九四二年冬学的指示［M］//中央教育科学研究所. 老解放区教育资料·抗日战争时期（下）. 北京：教育科学出版社，1986：43－46.

❹ 纠正冬学运动中的偏向［N］. 大众日报，1942－12－23.

实际运用脱节，只是单纯地识几个字，群众亦感不到兴趣，结果教员讲得嘴干舌焦，而对群众仍不能起应有的教育作用。

社论进而提出，冬学教育确定"以政治教育为主"是完全正确的，但是必须有具体的内容，要让群众知道"今天怎么办呢?"提出"由近及远、由具体到原则地联系到群众的切身问题"。例如，要"多讲报纸上的新闻"和"当地斗争故事"，教群众认识一些常用的字，学习记账写信，最低限度也要使群众认识钞票的字样和真假，赶集上店不至于吃亏。

在统一了"实际"即为群众的需要后，学校教育、社会教育以及干部教育都迅速重新设置了课程，使教育内容符合教育方针的需要。形成了根据地教育独特的内容体系。

第二节　教科书的编撰概况

教育转向"实际"，当时已编出的课本被批判脱离"实际"，紧接而来的必然是彻底改变课程的设置和编撰课本。根据地的教育革命开始了。1942～1944年，各地区根据与"实际"结合的教育方针，从办学形式，到课程设置和课本编撰都积极进行了教育创新。1943年各区总结本区一年来的教育改革经验，1944年年底中共中央召开了文教大会，会上总结各区的教育改革经验，据此制定了新的课程设置。1944～1947年，根据地以地区为单位开始统一编撰课本。总之，1942～1947年，各地区在课程设置上的创新以及统编课本的经验是这之后课本编撰的尝试。党的课本也是在这一时期形成了自己的独特特征，与私塾教育、国统区教育明显区别开来。

1942～1947年期间出版的课本，准确来说是在1942～1946年党的教育政策下编撰的。该时期党放弃教育正规化建设，转而进入"教育结合实际"的教育改革进程当中。根据课本批判中形成和逐步凸显的原则，该阶段新编课本的种类以多学科合编课本为主，比如国语常识合编、历史地理合编。一些单独的学科课本中也编入了相邻学科的内容，比如自然课本编入卫生课程内容，算术课本编入了珠算课本的内容等。此外，小学课本以及各类教育的初级阶段用课本是这一时期课本编撰的重要方面。中等教育用课本种类较少，1947 年以后才成为根据地课本编撰的重要方面。

一、初级小学国语和常识教科书

国语和常识学科是根据地初级小学的核心课程。该时期初级小学一般设置国语和常识、算术课程。陕甘宁、晋冀鲁豫等大部分地区规定国语和常识合并教学。有些地区要求初小一、二年级国语常识合编教学，三、四年级分开教学。因此，就出现了三种课本：国语常识合编课本、初级小学国语课本、初级小学常识课本。它们都是供初级小学使用。其中初级小学国语课本与国语常识合编课本内部编撰形式是一致的，例如晋绥边区初小国语课本就是借鉴陕甘宁和晋察冀的国语常识合编课本编撰而来。因此，三种课本又可归为两大类型：国语常识合编课本、国语常识分编课本。

根据地初级小学的国语和常识课本的编撰早于其他学科课本。从 1937 年开始编撰第一套根据地初级小学国语课本，到此时已经是第三次编撰国语课本。从 1938 年开始编撰第一套国语常识合编课本出版开始，此时算是第二次编撰国语常识合编课本。初级小学常识课本的编撰情况不明，但从根据地课程设置推算此次应属第一次编撰。

（一）国语常识合编教科书

国语常识合编课本是针对根据地四年制初级小学编撰的课本，也被供应于社会教育和干部教育的初级教育阶段。一般被命名为《初级新课本》。课本为国语和常识混合编撰，"国语性质的课文与常识性质的课文各占一半"❶。该时期有陕甘宁边区、晋冀鲁豫边区、晋察冀边区等出版了《初级新课本》。以陕甘宁和晋冀鲁豫的课本影响最大（见图 3 - 1 ~ 图 3 - 4）。

---

❶ 曾颖编著，郝定绘图. 初级新课本·国语常识合编（第三册）［N］. 太行新华日报，中华民国三十四年十二月初版：编辑大意.

图 3 - 1　陕甘宁边区教育厅国民教育
科,《初级新课本》(第四册),
新华书店,1945 年 7 月

图 3 - 2　陕甘宁边区教育厅国民教育
科,《初级新课本》(第六册),
新华书店,1946 年

图 3 - 3　曾颋编著、郝定绘图.《初
级新课本》国语常识合编(第四册),
太行新华日报,1945 年

图 3 - 4　曾颋编著、郝定绘图.《初
小国语课本》(第六册),太行新华
日报,1946 年

　　1944 年 9 月,陕甘宁教育厅国民教育科重新编撰《初级新课本》。
该课本注明是供给陕甘宁边区初级小学临时用,并说明是因为 1942 年
版《初级新课本》没有从边区实际出发,不符合边区群众的需要。例
如,1942 年版教材的排序依照秋季始业,而边区儿童多在春季入学,

教学时感到很困难。陕甘宁边区教育厅决定停止使用，重新编撰这部临时课本。

　　晋冀鲁豫边区政府组织编撰、出版，并审定的《初级新课本》，由曾頮编著，郝定、寒声绘图，多家出版机构承担课本的出版任务。第一册（初版）于1945年12月由裕民印刷厂承担，长治解放印刷厂、太行新华日报也承担了这套课本的初次出版任务。课本再次出版时由韬奋书店承担出版任务。由于边区政府鼓励翻印课本，另有晋城南门内鲁迅书店、文化印刷厂、太岳石印厂、洪洞县工读学校、太行群众书店翻印了这套课本。同一时期，晋冀鲁豫边区还出版了另一套《初级新课本》。两套课本的内容几乎一致，均为晋冀鲁豫边区政府教育厅审定，只是后者的编著者是皇甫束玉，绘图者仍然是郝定。

　　由皇甫束玉《初级新课本》的使用年限较长，约从1945年12月～1949年年底。晋冀鲁豫边区政府教育厅分别在1945年和1948年前后对课本进行了修订改编，以临时课本的形式出版供学校使用。

　　《初级新课本》共8册，这是一套非常重要的课本。在晋冀鲁豫边区四年制初级小学就读的学生，每学期用2/3的时间学习《初级新课本》，1/3的时间学习"乡土教材""补充教材"以及教师组织的"其他教学活动"。有的学期，学生也有会上授课时间很少的"算术课"。学校每年教授2册课本，到四年初级小学毕业，学生刚好完成8册的学习任务。时间上的恰合，是因为在这套课本的编撰过程中就已经对四年制初级小学的学习内容和学习时间作出了以上安排。

　　这套课本在编撰时根据每学期的学时总量，将学生在校时间划分为两大块。在置于目录前的"编辑大意"中对每册课本和"其他内容"的授课时间有如此安排：学时总量的2/3用于教学该套课本，1/3用于教学"其他内容"。例如，第三册和第四册（初版）的编辑大意中分别提示道：

　　本册从旧年以后授课起，到阳历八月止，共占四十六个课日，其余约三分之一时间补充教材与乡土教材使用，不使课文挤得太满，没有

空暇。❶

本册以中秋后授课起到旧历年关止，共占四十六个课目，此外尚留有三分之一的时间，进行补充教材及其他教学活动。❷

各册依照以上模式对课本及"其他内容"两部分的授课时数进行具体安排，这两部分内容的授课占据整个学期。因此，根据"编辑大意"中的安排，《初级新课本》是晋冀鲁豫边区四年制初级小学中最主要的学习内容，占据每学期学时总量的2/3。占据另1/3的"其他内容"一般是"补充教材""乡土教材"和"其他教学活动"，由各学校或教师根据该时期教育方针选择、组织内容进行教学。此外，有册数中也将"算术课"的授课时间预留出来：

本册自秋季开学授课起，到冬假毕业为止，根据课数与全学期授课日数计算，除进行算术课外，尚留有三分之一的课程时间，为进行补充教材及其他教学活动之用。（第八册）❸

国语常识合编课本为小学的核心课本，实际上它也是低年级使用的国语课本。若根据地某学校初小采用国语常识合编课本，就不会再开设国语课。有的区采用"国语课本"的形式编撰，但课本内部仍然是国语和常识合编。如图3-5所示。

晋绥边区于1946年6月出版一套《小学国语课本》，由东方明、刘正方、辛景月编撰。这套课本的编撰参照了陕甘宁边区的国语课本，即1944年版《初级新课本》：共编8册，前4册为国语常识合编，后4册为国语常识分编。前4册供初级小学一、二年级使用，后4册供初级小学三、四年级使用。规定每一学年教授2册，各地可按具体情况，适当调剂。该课本在选材、体例以及叙述上沿用1944年版陕甘宁《初级新课本》的形式。

---

❶ 曾颟编著，郝定绘图. 国语常识合编（第三册）［N］. 太行新华日报，中华民国三十四年十二月初版：编辑大意.

❷ 曾颟编著，郝定绘图. 国语常识合编（第四册）［N］. 太行新华日报，中华民国三十四年十二月初版：编辑大意.

❸ 曾颟编著，郝定绘图. 国语常识合编（第八册）［M］. 韬奋书店，中华民国三十六年九月：编辑大意.

图 3 –5　东方明、刘正方、辛景月,《国语课本》
(第四册),新华书店晋绥分店,1946 年

(二) 国语常识分编教科书

在有的地区是采用国语常识分编的形式。这些区域规定初小一、二年级为国语常识合编,初小三、四年级为国语常识分编。虽为分编课本,但编者在课本编撰上会考虑两学科是否重复和如何联系,同时也提出教师教学时要注意国语和常识之间的互相联系 (见图 3 –6、图 3 –7)。

图 3 –6　编者不详,《国语课本》(第六册),
新华书店晋察冀分店,出版日期不详

图3-7　张腾霄、高珍,《常识课本》(第二册),
新华书店晋察冀分店,1946年

　　《国语课本》是民国三十四年（1945年）十二月教育处审定的,
《常识课本》是民国三十四年（1944年）五月初版。两套书的结构是
《国语课本》共8册,第一到第四册为国语常识合编,第五至第八册为
国语课本。8册课本供四年制初级小学使用。《常识课本》共4册,供
四年制初级小学三、四年级使用。在"编撰大意"中也看出《常识课
本》的编撰是配合《国语课本》内容的。《常识课本》在"编辑大意"
中提出"内容方面,在国语课本（晋察冀边区行政委员会教育处三十
四年十二月审定的）已经编入,而且又不止一次出现的,常识就不再重
复,因此有些内容单从常识方面看,不免阙如,教学时,务须和国语科
取得很好联系才行"。

　　国语常识合编或分编课本在选材、编制以及叙述上都具有极大的灵
活性,为教育实现宣传政治文化的功能创造了有利条件。它也是根据地
各类教育中使用最普遍的课本。

二、高级小学历史和地理教科书

　　历史和地理课本是高级小学使用课本。根据地的高级小学历史和地

理课本的编撰滞后于国语和常识课本，各区一般都是在 1944 ~ 1946 年初次出版。其中，历史课本较早于地理课本。该时期根据地有两种历史地理课本，一种是将历史地理合编的史地课本，另一种是历史地理分别按学科编撰的课本。史地课本虽为合编课本，但与国常（国语常识）合编课本不同的是，课本中历史和地理仍然以分编的形式组织内容，而不是像国语常识的编撰一样将两个学科融合起来。

（一）历史地理合编教科书

陕甘宁边区的《高小史地》由张思俊编撰，1946 年初版。课本共编有 4 册，供二年制高级小学使用，每学期 1 册。这套书在编制上，计划将历史和地理混合编制，每册书中都有历史和地理的内容。但该课本编撰者考虑如此编制容易使学生对时间、空间的观念混乱不清，因此仍然采取历史和地理分编的形式。第一册内容为中国地理，第二册为中国历史，第三册为中国近代史，第四册为外国史地。

图 3 - 8　张思俊，《史地课本》
（高级第一册），新华书店，
出版时间不详

图 3 - 9　张思俊，《高小
史地》（第四册），新华
书店，1946 年 7 月

（二）历史地理分编教科书

根据地高级小学历史课本一般编为 4 册，供二年制高级小学使用。第一套高小《历史课本》于 1944 年出版。

图3-10　编者不详，高级小学
适用《历史课本》（第一册），
出版者不详，出版日期不详

图3-11　辛安亭，《历史课本》
（高级第一册），太岳
新华书店，1944年

　　晋冀鲁豫边区高小《历史课本》共编有4册，供二年制高级小学使用。晋冀鲁豫边区先后审定并出版了两个版本的高小历史课本，分别由辛安亭、彭文编编著。辛安亭版《历史课本》第一册于1944年5月初版，彭文版《历史课本》第二册于1946年12月初版。晋察冀边区的高级小学《历史课本》于1946年初版，由张胜宵、高珍编撰。根据地高级小学《地理课本》一般均编有4册，供二年制高级小学使用。

图3-12　1942~1946年期间的地理课本

山东省的高级小学《地理课本》于 1946 年前后出版。晋冀鲁豫边区的高小地理课本共编有 4 册，供二年制高级小学使用，由王同民编撰，第一册于 1946 年 8 月再版。

三、其他学科教科书

除了初级小学的国语和常识课本，高级小学的历史和地理课本外，其他学科课本大多为分学科编撰。比如高级小学的国语、小学的算术和珠算、高级小学自然课本，以及中等学校用的课本。不过在这些学科课本中，仍然有一些是学科合编的特征。这也是该时期课本种类的特征。

（一）高级小学国语教科书

根据地的《高小国语》，一般编有 4 册。供二年制高级小学使用，如图 3 - 13 所示。

图 3 -13　曾颎，《高小国语》　　　　图 3 -14　编撰者不详，《国语课本》
（第一册），稻奋书店，1946 年　　（高级第一册），大众书店，1946 年

晋冀鲁豫边区《高小国语》课本共编有 4 册，供二年制高级小学使用。几乎在同一时期，晋冀鲁豫边区审定并出版两个版本的高小国语课本，分别由曾颎、魏惠明编著。曾颎版《高小国语》课本第一册于 1946 年 8 月三版。陕甘宁边区的高级小学《国语课本》于 1946 年出版。

（二）算术和珠算教科书

根据地的算术课本一般是初级小学 8 册，高级小学 4 册。山东地区小学学制设置为初级小学、中级小学和高级小学，该地区算术课本各级小学分别编有 4 册。小学开设珠算是该时期算术课本的一个改革，有的地区是将珠算内容编入算术课本，有的地区是单独编撰。珠算一般编有 1 册。

图 3 - 15　编撰者不详，《算术课本》　　图 3 - 16　编撰者不详，《算术课本》
（初级第六册），新华书店，1944 年　　（高级第一册），新华书店，1946 年 12 月

陕甘宁边区初级小学《算术课本》于 1944 年前后出版，1946 年先后出版两套高级小学《算术课本》。初级小学课本编有 8 册，高级小学算术编有 4 册。

图 3 - 17　编撰者不详，《算术课本》（中级　　图 3 - 18　云非，《珠算教本》，
第一册），胶东教育印刷社，出版时间不详　　　山东新华书店，1945 年

山东于 1946 年前后出版一套小学《算术课本》，编有初级小学 2 册，中级小学 2 册和高级小学 2 册。山东的《珠算教本》于 1945 年 8 月出版，由云非编撰。编者在课本内说明该课本可供村学儿童班、高年级成人班与成区村干部学习珠算之用。

(三) 高级小学自然教科书

根据地高级小学自然课本一般编有 4 册，供二年制高级小学使用。该时期的自然课本一般是自然和卫生的混合编撰。内容与常识课本类似。

图 3 - 19　晋冀鲁豫边区争取
教育厅审定，《自然课本》
(第二册)，韬奋书店，1946 年

图 3 - 20　田雨编、辛安亭校，
《高小自然》(第一册)，
新华书店，1946 年

陕甘宁边区的高级小学《自然课本》于 1945 年前后出版。该套课本是自然与卫生合编，共有 4 册，供二年制高级小学使用，由田雨编撰，辛安亭校。晋冀鲁豫边区的《自然课本》于 1946 年出版，共编有 4 册，供二年制高级小学使用，由彭庆昭编撰。

(四) 中等教育用教科书

该时期，中等教育用课本主要编撰了国文课本。1946 年提出中等教育以国语教育为中心，国文课本是中等教育的主要课本。1942 年后除了修改陕甘宁于上一阶段编出的《中级国文》外，陕甘宁新编了

《中等国文》，晋察冀新编了《中等国语》，山东新编《国语读本》等。

图 3 – 21　陕甘宁边区教育厅，
《中等国文》（第二册），
新华书店晋察冀分店，1946 年

图 3 – 22　编者不详，《中等
国文》（第一册），晋察冀
新华书店，1948 年

图 3 – 23　山东省第十四行政督察区、中等学校教材编审
委员会，《国语读本》（第二册），1943 年

总的来说，在 1942～1947 年期间，根据地小学课本的编撰逐步完善。这一时期，根据地教育资源贫乏的问题得到缓解。据一些地区记录，1942 年已经完全解决了小学课本的供应问题。这一时期书本纸张、印刷等方面也较前一时期有所改善。同时，在教育正规化进程中形成的一些规范的课本编撰方法，在这一时期也发挥了积极影响。

第三节　教科书的文本特征

该时期新编课本从课本选材、课本编撰体例、课本叙述上都体现出根据地的"实际"对课本及教育的规定性。从教科书的内容和形式两方面可以看出，与以"学科知识体系"为核心的教科书不同，该时期根据地教科书的核心是"实际"。

一、教科书内容主题本土化

延安整风运动对教育产生了极大的影响。教育实践在这一运动中转而与根据地当地的实践相结合，教科书选材遵循符合"实际"的原则。首先删除原教科书中与城市相关联的主题；其次，教科书的内容彻底与本地经验结合。两方面修订后，抗日战争后期的教科书呈现出本土化的特征。

（一）删除城市元素

1942 年版陕甘宁《初级新课本》在选材上被批判为"城市化"的，在这之后的课本完全删除了与城市相关的内容。认为教科书选材上有"城市化"倾向是脱离"实际"的主要表现。这主要是针对 1942 年版《初级新课本》的批判。该课本为了改变 1938 年课本在内容选材上存在的通篇战争的缺点，增加了很多新的内容。教科书编者刘御评价增加的内容涉及"党政军民、动植矿物、古今中外、天上地下，什么都有一点，样数的确不少，称之为多样性也是很合适，可惜的是不完全切合实际的需要"。1944 年版陕甘宁《初级新课本》作了很大改变，基本抛弃了 1942 年版的内容。对此次重编课本有如此说明：

这部临时课本，在内容方面，基本上颇符合于抗战生产的要求，比原来的课本适用，但是由于编写时间仓促，取材仍未尽周密，编写技术方面更有不少缺点。好在这只是临时性质，不久当另编写正式课本。❶

该课本于 1944 年 7 月出版，其时正是进入此次课本批判的后半段。根据地对什么才是符合"实际"的课本有了明确且统一的看法，即课本批判的重心转移到课本要符合边区"实际"之上。1942 年版课本中存在的"城市化""儿童化"等问题被认定为不符合"实际"。在重新编撰的 1944 年版《初级新课本》中，这些受到批判的内容完全不存在了。课本内容大幅精简。如表 3 - 1 所示，与 1942 年版相比较，1944 年版《初级新课本》第四册课文少 16 课，第六册少 14 课。两版本课本所采用排版和字体类似，第四册全书总页数少 25 页，第六册少 16 页。

表 3 - 1　两版《初级新课本》内容量对比（陕甘宁）

版　　本	册　　数	课文数	总页数
1942 年版	四	58 课	77 页
	六	54 课	96 页
1944 年版	四	42 课	52 页
	六	40 课	80 页

关于教科书中的城市元素，教科书编撰者刘御以第一册的第十二课为例分析道：

课文：

太阳出来了。妈妈起来了，爸爸起来了。小娃娃起来了。大家都起来了。

评价：

如果说农村里也有这样的家庭。那就是二流子家庭而无疑了。❷

他对此解释道，课文反映的完全是都市生活，一般农民的习惯是早

❶ 陕甘宁边区教育厅国民教育科. 初级新课本. 第四册［M］. 新华书店，1945 年 7 月：几点说明.

❷ 陕西师范大学教育研究所. 陕甘宁边区教育资料·小学教育部分（下）［M］. 北京：教育科学出版社，1981：48 - 49.

睡早起。

该课中配有一幅插图，描绘了一个高高的太阳和一个刚从睡梦中醒来准备起床的娃娃。刘御评价道，当农民在山沟沟里看见太阳时，已老早吃过早饭，并且在地里操作着了。该套教科书中另一课文讲述夏天勤洗澡的道理，也被定为"城市化"。

课文：

爱干净的娃娃，天天都洗澡。

评价：

这些卫生，今天的工农群众能讲得起吗？

他批评这篇课文脱离边区的实际情况，教育工农群众以这种形式讲卫生，实际上等于讽刺。1942 年版的《初级新课本》删除了谈论战争的内容，却新增了大量城市化倾向的内容。这仍然是与"实际"不符合的，没有准确把握"实际"的含义。编撰 1942 年版教科书时侧重考虑的是教育的"实际"，如何从遵循教育规律的层面打破教科书中的"教条主义"以及"主观主义"的问题。实际上，这套教科书的编撰也不是完全不考虑根据地的事情，教科书中同时也增加了大量与根据地生产劳动相关的内容。但这套教科书仍存在与根据地生活相距甚远的这一问题，一方面是编撰者对根据地的生活情况还不够了解；另一方面也是教科书批判重心的转变。1944 年根据地展开文教大会后，明确了教育与根据地生产生活密切结合的总方向。因此，在 1945 年的教科书批判中出现了对这一问题的强调。教科书中是否有反映本地生活的具体内容成为教科书是否结合"实际"的评价标准。

1944 年版《初级新课本》没有选入与城市相关的内容，包括以城市为主的战争形式、以城市为背景的卫生习惯和礼仪，以及城市社会的描述等方面。例如，将前后两版本第四册相比较。1942 年版编有这组描述城市社会的课文："车的进化""从木筏到轮船""飞机的歌""路的种种""古今的桥""水陆空的征服"。1944 版的选材中没有出现车、船、飞机、路、桥等反映城市社会的主题，取而代之的是根据地生活常识和各类人物故事的主题，这类课文有："小吴萍""杨拴拴""吴满有的故事""工人英雄赵占魁""部队英雄胡青山""革命领袖的父亲"

"民兵英雄李勇"。这类主题是 1942 年版教科书未选入的。反映根据地生产劳动的主题，在 1944 年版中进一步增加了。教科书应关注"群众生活"是 1942 年版教科书所强调的原则之一，该版本教科书有大量反映根据地生产劳动、日常生活卫生等类似的主题。但是到 1944 年版中，这一主题获得了进一步强调，教科书选材上加大了生活常识类主题的比重。

表 3 - 2   1942 年陕甘宁《初级新课本》第四册目录

一、放哨	十二、来到光明的世界	二十四、种痘	三十四、工会的号召	四十八、骗人的放羊娃
二、帮助抗属	十三、蛙的变化	二十五、跳蚤	三十五、农会的工作	四十九、不畏惧
三、慰劳伤病	十四、好蜜蜂	二十六、消灭虱子	三十六、青年的先锋	五十、我有办法
四、捉舅舅	十五、蝴蝶的话	二十七、吃饭要细嚼	三十七、妇救会	五十一、让梨
五、拾粪竞赛	十六、地下农夫	二十八、卫生公约	三十八、妇救会	五十二、瞎子和跛子
六、儿童节	十七、猫头鹰	二十九、坐立要正直	三十九、子弟兵	五十三、爱护公务
	十八、鹰蛇的斗争		四十、游击队	五十四、偷懒的娃娃
			四十一、自卫军	
练习一	练习三	练习五	练习七	练习九
七、春耕	十九、	三十、参议会里的斗争	四十二、车的进化	五十五、傻子和石头
八、和水旱作斗争	二十、陕甘宁边区	三十一、边区的选择	四十三、从木筏到轮船	五十六、五个调查队
九、开水渠	二十一、晋察冀边区	三十二、人民自由	四十四、飞机的歌	五十七、石炭的故事

续表

十、畜牧	二十二、到处建立根据地	三十三、抗日的民主政府	四十五、路的种种	五十八、盐县的石油
十一、商区合作社	二十三、"扫荡"和"反扫荡"		四十六、古今的桥	
			四十七、水陆空的征服	
练习二	练习四	练习六	练习八	练习十

表 3 - 3　1944 年版《初级新课本》第四册目录❶（陕甘宁）

一、大扫除	十二、铁锈和铜锈	二十三、冰和雹	三十四、风和火
二、消灭害虫	十三、沤粪	二十四、各地的气候	三十五、火灶和风箱
三、跳蚤	十四、吴满有的故事	二十五、气候和庄稼	三十六、燃火
四、左右璋的家庭	十五、工人英雄赵占魁	二十六、优待抗属歌	三十七、火柴
五、乡上的卫生运动	十六、工人和农民	二十七、领条和收据	三十八、边区的盐
六、杨拴拴	十七、部队英雄胡青山	二十八、革命领袖的父亲	三十九、石油和煤炭
七、小吴萍	十八、槐树庄的故事	二十九、八路军	四十、阴阳请医生
八、爱护公物	十九、落叶	三十、军民合作打敌人	四十一、组织起来
九、帮助放牛娃学习	二十、车房小学的儿童园	三十一、民兵英雄李勇	四十二、一个娃娃拾粪组
十、星期六	二十一、高友德的日记	三十二、石头游击队	
十一、请劳动英雄讲话	二十二、给爸爸的信	三十三、大家动手	

❶ 陕甘宁边区教育厅国民教育科. 初级新课本（第四册）[M]. 北京：新华书店，1945年7月.

从表 3 - 3 可以看出，1944 年版《初级新课本》除了编有几篇人物主题、战争主题、政治主题的课文外，几乎通篇都是与根据地生活主题相关的课文。而人物主题、战争主题、政治主题的描述也是与根据地生活密切相关的。因此，1944 年版《初级新课本》可以说是不仅完全去除了"城市化"，而且彻底的"农村化"。

冀鲁豫边区 1945 年版《初级新课本》的编撰目的明确。教科书的教育目标是"培育新民主主义的新国民，使他们具有一般生产常识和文化科学的知识"，教科书教育对象是"以广大农村儿童为主要对象，适当照顾到中小城市的儿童"。从各册教科书具体内容来看，教科书更倾向于将这一时期规定的教育内容混合编制在一本之内，并非按照国文性质和常识性质各占一半的原则编撰。考虑教科书以农村儿童为主要对象，在教科书的内容体系中农村特征明显。

冀鲁豫边区 1945 年版《初级新课本》从第三册起在"编辑大意"中对每册教科书的内容类别及所占课数作了介绍。例如，第三册教科书的选材如下：

> 本册四十课，共分六个单元，以内容来分：生产课十课、公民史地课十课、卫生课六课、自然课六课、学校生活四课、应用文四课。❶

根据各册编辑大意，总结出冀鲁豫边区 1945 年版《初级新课本》第三册至第八册的内容结构表（见表 3 - 4）。"生产""公民""史地""卫生""自然""应用文""学校生活"是这套教科书的全部内容。除第三册独有"学校生活"外，其他各册课文所涉及的主题完全相同。总体观之，"生产"是该套教科书突出强调的内容，"公民""史地"在高年级教科书中的分量较重，"自然""卫生"在低年级教科书中的分量较重。

---

❶ 曾颎编著，郝定绘图. 国语常识合编（第三册）［N］. 太行新华日报，中华民国三十四年十二月初版：编辑大意.

表 3-4　晋冀鲁豫《初级新课本》内容结构表

册数	课文及课数、比例						课数合计
第三册❶	生产 10课 25%	公民史地 10课 25%	卫生 6课 15%	自然 6课 15%	学校生活 4课 10%	应用文 4课 10%	40课
第四册❷	生产 11课 27%	公民 9课 22%	史地 6课 15%	自然 5课 12.5%	卫生 5课 12.5%	应用文 4课 10%	40课
第五册❸	生产 12课 30%	史地 6课 15%	公民 4课 10%	自然 7课 17.5%	卫生 5课 12.5%	应用文 6课 15%	40课
第六册❹	生产 10课 25%	公民 10课 25%	史地 8课 20%	自然卫生 7课 17.5%		应用文 5课 13%	40课
第七册❺	生产 8课 20%	史地 11课 27%	公民 10课 25%	自然卫生 6课 15%	应用文	5课 13%	40课
第八册❻	生产 8课 20%	史地 10课 25%	公民 9课 22%	自然 5课 13%	卫生 5课 13%	应用文 4课 10%	40课

　　从表 3-4 中可以看出,"生产""公民"和"史地"是该套教科书中分量最重的主题。第三册中"生产"和"公民史地"各 10 课,合占课文总课数的 50%。第四册中这类课文超过半数,11 课"生产"、9 课"公民"、6 课"史地",合占课文总课数的 64%。这类课文在第五册中占 49%,第六册中占 70%,第七册中占 72%,第八册中占 67%,随年级上升,比例逐渐变大。"生产"是教科书中分量最重的内容,从低年级到高年级教科书无明显变化。

---

　　❶　曾頫编著,郝定绘图. 初级新课本·国语常识合编(第三册)[N]. 太行新华日报,中华民国三十四年十二月初版:编辑大意.

　　❷　曾頫编著,郝定绘图. 初级新课本·国语常识合编(第四册)[N]. 太行新华日报,中华民国三十四年十二月初版.

　　❸　皇甫束玉编著,郝定绘图. 初级新课本·国语常识合编(第五册)[M]. 文化书店,中华民国三十五年九月初版.

　　❹　曾頫编著,郝定绘图. 初级新课本·国语常识合编(第六册)[M]. 韬奋书店,中华民国三十五年八月三.

　　❺　曾頫编著,郝定绘图. 初级新课本·国语常识合编(第七册)[M]. 太岳石印厂翻印.

　　❻　曾頫编著,郝定绘图. 初级新课本·国语常识合编(第八册)[M]. 韬奋书店,中华民国三十六年九月六.

"公民"和"史地"内容在高年级教科书中分量高于低年级教科书。第三册中两大主题合并为"公民史地",占该册课文总量的25%,第四册到第八册分开为"公民""史地",各自占据教科书中较大分量内容。如表3-4所示,第四册两大主题分别占22%和15%,第五册为10%和15%,第六册为25%和20%,第七册为27%和25%,第八册为22%和25%。

与之相反,"自然""卫生"内容在低年级教科书中分量高于高年级教科书。第三册中两大主题分别有6课,合占30%。第四册分别有5课,合占25%。第五册占30%,第六册和第七册合并为"自然卫生",两册分别占17.5%和15%。第八册又分为"自然""卫生",各有5课,合占23%。教科书内容体系反映出教科书对农村题材的关注。

正如以上两套教科书所呈现的,这一时期的教科书完全去除了与城市相关的内容。教科书完全与根据地的"实际"相结合。

教科书中对"正规战"的描述也是与根据地的"实际"相距甚远的。刘御批评尤其是战争方面的课文,能反映实际的太少了。他以1942年版《初级新课本》为例,批评教科书中有的关于战争的课文充满了正规战思想。例如"出兵了""大哥当步兵""二哥当炮兵""三哥当骑兵""我是小八路""梦坐飞机""去打日本","将军的军用犬"和"将军的军用鸽"等。除了"平型关大战"一课外,"再也找不到一个反映游击战争的故事"。而反映根据地"实际"的课文,因为题目太大,短短一二百字难免抽象和空洞。例如,"工会的号召""农会的工作""青救会""妇联会""晋察冀边区""扫荡与反扫荡"等课文。

然而,刘御又批评1944年版的《初级新课本》,将联系实际变成了教条。具体表现为所有边区以外的事物都完全没有,一般的文化知识也太少。一些课文还脱离了学生的接受能力。教科书编者辛安亭也提出该教科书选材取材太狭隘,生产材料太多,其他必要的社会和自然知识太少,目前边区的材料太多,外边带有长期性的知识太少。❶

(二)结合本地经验

对教科书"本土化"的修订体现在教科书的选材和对非本土的学

---

❶ 陕西师范大学教育研究所. 陕甘宁边区教育资料·小学教育部分(下)[M]. 北京:教育科学出版社,1981:55.

科知识的本土化处理之上。

1. 选材来自本土经验

在教科书的选材上,将非本土的内容改为本土的内容。晋绥边区于1946年6月出版了一套小学《国语课本》,由东方明、刘正方、辛景月编撰。这套课本的编撰参照了陕甘宁边区的1944年版《初级新课本》,在选材、体例以及叙述上沿用陕甘宁1944年版《初级新课本》的形式。但是陕甘宁边区的"实际"与晋绥边区的"实际"不同。

首先,教科书选材"根据晋绥边区实际情况","尽量求季节适应,并照顾边区情况"。与陕甘宁1944年版《初级新课本》一样,课本通篇都是与根据地主题相关的内容,通篇都是"农村化"的题材。第四册课本共编有40课,"边区生活"是该册课本的强调的主题,课文中大部分是反映根据地生产劳动、日常生活卫生等类似的主题。虽然,"人物""政治"也密切与根据地的"实际"相关。但必须改编课本中的具体事件,将包括设计具体人物、时间、地点的信息改编成晋绥边区的。由陕甘宁的"实际"改编为晋绥的"实际"。表3-5是两版本课文中具体人物的变化。

表3-5　1944年版陕甘宁《初级新课本》与1946年版晋绥
《国语课本》部分改编课文对比

1944年版陕甘宁《初级新课本》第四册	1946年版晋绥《国语课本》第四册
四、左右璋的家庭	三、赵云山的家庭
五、乡上的卫生运动	四、马家会的卫生运动
十一、请劳动英雄讲话	六、劳动英雄讲锄草
十五、工人英雄赵占魁	十七、工人英雄张秋凤

表3-5呈现的是晋绥边区将陕甘宁课本中的人物事件作出改编的课文。将"左右璋的家庭"改编为"赵云山的家庭",将"乡上的卫生运动"改编为"马家会的卫生运动",将"请劳动英雄讲话"改编为"劳动英雄讲锄草",将"工人英雄赵占魁"改编为"工人英雄张秋凤"。又如何作改编的呢?通过以下两篇课文的对比,可以看出根据地教科书改编的方法和原则。课文一为"左右璋的家庭",出自1944年版陕甘宁《初级新课本》第四册。课文二为"赵云山的家庭",出自1946年版晋绥《国语课本》第四册。两篇课文描述的是一个讲究卫生的模

范家庭。

课文一：

左右璋，人们称他左老大，住在延安市尹家沟。他全家讲究卫生，是一个模范卫生家庭。左家的院里常是清洁整齐的。窑内缸、盆、锅、碗等用具，都安置得很有条理，上面没有一点灰尘。炕上铺着新席子，八九床被褥整齐地放在一个本架上。左家通年四季每早扫地，两三天洗一次脚，五六天洗一次衣服。左老大的婆姨生过三个娃娃，都很健康。全家人多年都不生病。❶

课文二：

赵云山是赵家沟小学校的学生，他家是一个卫生模范家庭。他家一年四季，都是每天早起扫地，屋内锅、盆、碗、筷等用具，用完就洗，上面没有一点灰尘。炕上的席子和被褥，也都很干净整齐。他家的人，天天洗脸，两三天洗一次脚，十来天洗一次衣服。按时吃饭，不喝冷水，饭菜不让苍蝇爬。随早晚气候的变化，添减衣服。❷

两篇课文的主题相同，即通过描述一个讲究卫生的模范家庭，来呈现日常家庭生活中的卫生习惯。例如都提到了家里缸、盆、锅、碗用具要保持干净，要常常扫地，家里的东西要放整齐，以及要注意个人卫生等。只是一个在陕甘宁，一个在晋绥，具体的内容不同。陕甘宁编撰的课文一，背景是在延安。"左右璋"是住在窑洞里的。晋绥编撰的课文二，背景在兴县❸，"赵云山"没有住在窑洞里。有意思的是陕甘宁的"左右璋"家是五六天洗一次衣服，晋绥的"赵云山"家是十来天洗一次衣服。"赵云山"家更是增加了注意饮食卫生这一项，提出按时吃饭，不喝冷水，饭菜不让苍蝇爬，以及随气候变化添加衣服。这一项是"左右璋"家没有的。

从晋绥边区对陕甘宁边区课本的改编可以看出，根据地课本对"教育结合实际"这一大原则的坚持。课本的具体内容取自当地也是根据地

❶ 陕甘宁边区教育厅国民教育科. 初级新课本（第四册）[M]. 新华书店，1945年7月：4-5.
❷ 东方明，刘正方，辛景月. 国语课本.（第四册）[M]. 晋绥边区新华书店，中华民国三十五年六月初版：4-5.
❸ 1946年为该课本编撰时，兴县为该时晋绥行政公署所在地。

课本的特点之一。

　　生产劳动是从 1942 年教育与"实际"结合以来教科书中增加最多的内容。教科书把劳动观点、劳动教育彻底贯彻到内容去，特别是毛泽东提出开展大生产运动后，有关生产劳动的内容就有了更明显的增加。在 1945 年晋察冀边区政府所编写的小学《国语课本》中，有关劳动的观点、生产知识的内容就占到全部内容的 37%，这些课文首先强调了劳动观点的教育。农村中的儿童，到 10 岁左右，便可以参加一些家庭或田间的适当劳动。因此，从小学一年级起，便对儿童进行劳动观点的教育，鼓励他们跟随父母，多帮助家里大人做一些自己力所能及的事情。如在《国语课本》第一册就写道："太阳出来了，我起来了，娘去做饭，我帮娘去做饭。"❶ 同时更反复强调劳动是光荣的，如"爱劳动的孩子才是好孩子。""几个能干的孩子""选英雄""小劳动英雄的条件"等课文，都是关于这方面的内容，同时又在"一个懒孩子""懒汉懒婆"等课文中说明不爱劳动的人是最可耻的。为了使儿童知道劳动人民是光荣的，应该尊敬他们并向他们学习，还搜集大量关于劳动英雄的故事，讲给学生们听，如"胡顺义""周二的生活""韩凤岭"等，都对学生的思想认识有着特别深刻的教育意义。

　　另外，边区小学课本都是从劳动人民的生产需要出发而编订的。在边区学生中，有 95% 以上的入学儿童都是劳动人民的子弟，而大部分农民送子弟入学的目的，大多数是为了使他们成为一个具有一般生产知识和写算能力的健全的劳动者，因此，课本还要求加强儿童的劳动观点，增加生产常识，如在 1945 年编写的小学《国语课本》中就有"压绿肥""抗蝗卵""选种歌""浸种""什么庄稼上什么粪""秋耕""锄地"等课文，反映的都是在农村的生产生活中特别需要的知识。同时为了发展生产互助，教材又用一定篇幅来介绍进行集体生产的好处，如"互助""订生产计划""安家计划"等。尤其是边区进行了土地改革运动以后，更加注重对儿童进行劳动教育，并通过土改过程的实际事件来进行教育，如反映改造懒汉、查懒汉的"一个懒孩子""娘亲不再懒了"等课文。

---

❶　晋察冀边区行政委员会教育处审定. 国语课本（第一册）[M]. 1945：12.

2. "学科知识"结合本地经验

教科书学科知识的"本土化"。根据与边区实际结合的原则，抽象的学科知识是不符合实际内容的。该时期的教育否定学科知识体系的学习，强调生活经验的学习。但是，有的学科课本必须以学科知识体系为基础，也就是说必须选择远离实际的、抽象的知识体系。对于这一矛盾，该时期课本首先是尽可能地删除了知识体系，对于那些不能删除的内容则采取了使其"边区化"的方式纳入课本。

晋冀鲁豫的1946年版《初级算术课本》内容以适合广大农村儿童实际需要为原则。从该算术课本的练习题可看出其"农村化"的特点。例如，第四册课本在呈现"8的除法"这一学习内容时，编撰的练习题将算术知识的学习贯穿于根据地的生产劳动当中：

24个馍，8个人吃，一个人吃几个？

56块砖，分8次拿，每次拿几块？

8小时缝一件衣服，32小时，缝几件衣服？

一个人挑8斤菜，现有48斤菜，要用几个人挑？

8个同志去背72斤粮，每人背几斤？

一天往地里送8筐粪，40筐粪，要几天送完？❶

另一个例子，第四册课本在呈现"8的乘法和求8的1~9的倍数"这一学习内容时，编撰的练习题将算术知识学习贯穿于根据地特有的事物之中：

人民日报5块钱一份，买8份要多少钱？

一个学习小组订了一份报，8个小组订几份？❷

课本中的这种完全倾向于取材农村背景根据地生活的编撰形式，是该时期课本与根据地"实际"结合的表现。由于，当时根据地各地区的情况不统一，且多变。为了更好地与"实际"结合，课本要求教师根据当地的实际情况对课本中度、量、衡、物价等方面的内容酌量增减或修改。若在城市学校教学，则更要求教师灵活采用，自编补充课本，

❶ 张逸园. 算术课本（第四册）[M]. 裕民印刷厂，1947：11.

❷ 张逸园. 算术课本（第四册）[M]. 裕民印刷厂，1947：8.

使内容适合儿童生活，以获得适当的知识和经验。

二、教科书编撰形式强调本土特征

该时期课本编撰体例规范，延续了教育正规化进程中课本的规范。一般而言，小学课本均为成套编撰。各册课本及课本内部的层次清晰，课文、练习、单元等课本基本元素也逐渐丰富。与中央苏区时期的课本相比较，可以说，进步是相当大的。虽然，1942 年之前根据地展开的教育正规化建设，因未考虑教育资源贫瘠而产生了诸多问题，但从根据地教科书的发展历程来看，在教科书编撰体例上的规范正是从那时开始的。

（一）教科书体例结构趋向完善

1. 教科书基本元素的增加

课文中出现生字、单元、练习题等多种基本元素。从课本编撰中元素的多少看，陕甘宁边区于 1946 年出版的《自然课本》是较为丰富的。课本中除了分主题编撰内容外，也编有诸如课文、问题、作业、补充、注释等元素。例如第一册第十三课"维他命"，课文内容编有"维他命的重要""维他命的种类"以及"维他命的保存"。根据该课内容设置问题和作业两个环节：

问题：

一、为什么吃动物的肝可以治眼病？

二、为什么常吃白米和白面容易得脚气病？

三、多吃新鲜蔬菜有什么好处？

四、多晒太阳有什么好处？

作业：

研究本校的灶房对蔬菜的做法，怎样使维他命少受损失。❶

除上述课文外该书第一册第三课"玉米与高粱"课文后有注释环节：

---

❶ 田雨编，辛安亭校. 自然课本（第一册）[M]. 新华书店，中华民国三十五年：37.

学名就是科学上常用的名称。❶

第一册第十七课"水的清洁法"课文后有补充环节：

梢林多的地方，水中含有很多的杂质，人们喝了以易生关节肿大，行动不便的病，土话叫做瘤拐子。❷

课本元素的丰富体现出该时期编者对教育规律的关注。在考虑课本生字方面，晋冀鲁豫1945年版《初级新课本》编撰得较为详细。该套课本编撰时考虑到课文的字数和生字量的安排，各册"编辑大意"对每篇课文的生字、字数、全册生字总量以及平均每课生字作出说明，方便教师教学时掌握教学进度。例如，《初级新课本》第三册对此描述为：

本册进度，每课以两个生字到最多七个生字为度，课文字数，从三十一个字，最多到一百零二个字，全册生字共二百四十一个，每课平均六个生字。❸

根据各册编辑大意的描述，将该套课本第三册到第七册的课文字数及生字量总结为表3–6。

表3–6 晋冀鲁豫1945年版《初级新课本》各册生字

	每课生字	课文字数	全册生字	平均每课生字
第三册	2~7个	31~102个	241个	6个
第四册	2~9个	60~120个	286个	7个
第五册	10个以内	60~180个	290个	7个
第六册	10个以内	250个以内	260个	6.5个
第七册	7个		289个	7个

与同一时期陕甘宁边区的《初级新课本》比较，这套课本的编撰在教学设计上胜过它。课本对每册的生字量以及课文字数进行了统筹安

❶ 田雨编，辛安亭校.自然课本（第一册）[M].新华书店，中华民国三十五年：8.
❷ 田雨编，辛安亭校.自然课本（第一册）[M].新华书店，中华民国三十五年：49.
❸ 曾频编著，郝定绘图.初级新课本·国语常识合编（第三册）[N].太行新华日报，中华民国三十四年十二月初版：编辑大意.

排，低年级略低于高年级。同时，每册课本采用单元的编撰体例，以让教师更加明白教学任务。此种做法，体现出课本对教学效果的关注，这些是在 1944 年版陕甘宁《初级新课本》中是没有采用的。

在练习题的设置方面，尤其以晋绥边区 1946 年版的小学《国语课本》为经典代表。其每课除了课文内容外，课文下还有生字提示，且在每册最后附有全册生字表。虽然该课本没有在每课均设置练习题，但全书编撰的六个练习包含多种形式，如"问答""作句子""改错字""写作""谁会讲？想一想""多的字去掉，少的字填上""做"等。多种习题的设置体现出该时期课本编撰对国语教学的关注。

问答❶

（一）怎样消灭虱子？怎样消灭臭虫？

（二）钱和铜为什么生锈？怎样才能不生锈？

（三）多锄草有什么好处？

（四）怎样把蒿草沤成粪？

作句子❷

（一）……看见……便……

（二）因为……所以……

（三）后来……才……

（四）……一……就害怕……又急忙

做❸

（一）利用星期日帮助军属秋收。

（二）试记一记账。

改错字❹

（一）马家会群众的锄草给束了，变工队结合各家沤粪。

---

❶　东方明，刘正方，辛景月．国语课本（第四册）［M］．晋绥边区新华书店，中华民国三十五年六月初版：10.

❷　东方明，刘正方，辛景月．国语课本（第四册）［M］．晋绥边区新华书店，中华民国三十五年六月初版：34.

❸　东方明，刘正方，辛景月．国语课本（第四册）［M］．晋绥边区新华书店，中华民国三十五年六月初版：35.

❹　东方明，刘正方，辛景月．国语课本（第四册）［M］．晋绥边区新华书店，中华民国三十五年六月初版：22.

（二）他们把学校周闱的放牛娃都组织起来，成立了牧童识字组。

（三）小学校里游戏、唱歌，十分热闹。

谁会讲？讲一讲❶

（一）军属（二）创造（三）努力（四）自给自足（五）压迫（六）积极（七）二流子（八）预支

多的字去掉，少的字添上❷

（一）孩子们不用路，就都会能上学了。

（二）孩子们每天天到炭上要等的很长间。

（三）另外的每人还要会挖一个粪的窨。

（四）将他们还要请村长的当的评判人。

用下面的字各作一句❸

（一）故意（二）准备（三）剥夺（四）能够（五）讨论（六）超过（七）互相

该课本习题种类多样，为该时期课本的经典之作。陕甘宁边区1946年版《史地课本》编撰体例规范，每课后面都有练习题、注释和补充材料。课本第一册第一课为"我们的国家"，课文后列有四个练习题：

1. 中国面积、人口有多少？她和世界各国比较怎样？

2. 中国的物产怎样？

3. 中国有那几个民族？

4. 中国有多少省、区？她现在的情形怎样？❹

练习是针对课文内容提出的，其之后的注释作出进一步解释。比如关于中国面积的提问，在课文中可找到"中国是世界著名的大国，面积九百五十七万多平方公里，就本土面积说，居世界第二位，仅次于苏联"

---

❶ 东方明，刘正方，辛景月. 国语课本（第四册）[M]. 晋绥边区新华书店，中华民国三十五年六月初版：34.

❷ 东方明，刘正方，辛景月. 国语课本（第四册）[M]. 晋绥边区新华书店，中华民国三十五年六月初版：66.

❸ 东方明，刘正方，辛景月. 国语课本（第四册）[M]. 晋绥边区新华书店，中华民国三十五年六月初版：66.

❹ 陕甘宁边区政府教育厅审定. 史地课本（高级第一册）[M]. 新华书店，1946：3.

的描述。课文后的注解对中国面积问题作了进一步解释:"中国面积,原来包括蒙古人民共和国面积一百六十万平方公里在内,一共是一千一百一十七万平方公里。现在蒙古人民共和国独立,中国面积,只有九百五十七万多平方公里了。"编撰者在课本中说明,由于该套课本没有编撰教授书、参考书和补充读物,因此每课后的注释和补充材料专门供应给教师教学以及程度较高学生参考用。此外,该课后附有中国地图。在第一册中国地理课本中,课文、练习、注释、参考材料、地图等地理课本常见的课本元素都没有缺少,遵循了当时地理课本的编撰体例规范编写。

2. 教科书叙事结构增强教学设计

较前一时期课本,该时期突出了对教学的关注。除了一些地区编撰配套的教学法外,基本上每套课本都写有说明,交代课本的教学目的、体例、内容结构等引导教师教学。晋冀鲁豫 1946 年版《算术课本》尤其注重教学,编撰了配套的教学法。其中对每课教学都有详细的描述。如第二册课本对"复习 19 以内的加法"和"复习 19 以内的减法"两块内容进行了如下的教学设计:

甲、心算练习:

教师可根据地当时儿童的需要来发问,但需要着重复习加法九九表,问答越快越好。

乙、演算:

1. 教师将预备好的教材(第一部分)揭示在黑板上,指图讲解明白,然后让学生在石板上演算,同时让二三个学生到黑板上算,教师在桌间巡视,帮助成绩差的生,并发现共同疑问,演算完,大家讨论订正,解决问题。

2. 竞算:教材的第二部分,可让学生竞算,按学习组分组竞算,看那一组算得快,并且算得对,或错少,则那一组算优胜!

先让儿童质疑,如果是个别儿童的疑问,则让别的儿童给他解答、说明,直至他完全了解为止,假若是许多儿童的共同疑问,则大家研究、讨论,得出最后结论,释去疑问为止。

假若儿童没有疑问时,教师亦可举行临时测验,测验题由教师自出,以复习第一册为测验内容,题目要简明,有兴趣,不要太难使儿童害怕,并要注意,测验不是一般的考试,使他们有个正确的认识,不养

成争分数而学习的错误认识。❶

课本的这种设计对师资力量相对薄弱的根据地来说是相当有益的。教师只需要按照以上的步骤完成教学，即可精准地把握这门课程的教学目的。以上教学过程强调心算和速算的训练，这是这套算术课本十分强调数学的应用能力的体现。课本提出的心算是算数的基础，是农民之必需。因此要求教师在每次教学之前，有几分钟的心算练习。速算方面则建议教师采用竞算或测验的方式训练学生。

（二）教科书叙事风格形成本土化

教科书叙述的"儿童化"是抗日战争前期教科书叙述形式上的特征，此时这种叙述形式不符合新的编撰背景。教科书编撰者刘御针对"儿童化"问题，对陕甘宁1942年版《初级新课本》进行了批判。他提出在形式上，该套课本的编著者发现了1938年初小《国语课本》存在太抽象化和成人化的问题，因此实行了故事化和儿童化的编撰。他肯定这种努力，但是认为课本过于强化，因此有些课文十分牵强和简陋。他对此举了几篇课文进行分析。首先以第五册第一课、第五课和第六课为例，这三篇课文都是关于"新安儿童旅行团"的。课文虚设了一个旅游的事件，以学生旅行路线呈现各个地方的情况。

课文：

新安儿童旅行团，游历了西北各省，看到西北……新安儿童旅行团，走遍了华北各城市，他们觉得华北……新安儿童旅行团，走遍了华南各地，认为广东……他们还游历华东各地，认为上海……❷

评价：

在我看来，与其"看到""认为""觉得"这样的"化"法，倒不如平铺直叙还来得少啰唆些。❸

他再举例关于"盐"的课文。课文虚拟了两兄弟给妈妈买盐的故事，老大买了海盐，老二买了池盐。通过这种形式向儿童介绍两种不同的盐。

---

❶ 张逸图. 初小教材教法·第二册［M］. 裕民印刷厂，中华民国三十五年初版：4 - 5.
❷ 三篇课文，中有省略。
❸ 陕西师范大学教育研究所. 陕甘宁边区教育资料·小学教育部分（下）［M］. 北京：教育科学出版社，1981：49 - 50.

课文梗概：

有一家人家，妈妈炒好了菜，两个儿子觉得不大好吃，妈妈才叫他们去找盐，于是"老大向东走，走到海边，买了些盐回来""老二……向西走，找到一个大盐池，也买了很多盐回来"。

评价：

仅仅是炒好菜没盐下锅的可怜人家……何必一定跑到海边和盐地去呢？既然等着吃盐，为什么不到邻家借一点或到合作社里买一点呢？

这两组课文采用虚设的编撰手法，课文叙述跳出时间和空间的规定，跳跃式地呈现课文的主题内容。编撰者将童话故事、科普作品之类体裁中经常采用的手法借鉴到课本编撰中，是对前一时期批判课本脱离儿童的回应。而在此次课本批判的后期，这一编撰手法被批判为是"化的荒唐"。刘御批评编撰者捏造了一个荒唐的故事，又没有将问题讲述清楚，是多此一举的。他评价课本这种超时空、超阶级、超社会的"化"是对读者起着麻痹作用的。

因此到了1944年版的《初级新课本》，这种编撰手法则不被采用，但是刘御还是对此评价道：

代替那种简陋而牵强的"故事化"的，并不是新的故事化，相反地，是条文化。代替那种少爷小姐的"儿童化"的，并不是新的儿童化，相反地，是成人化。即从这个极端走到了那个极端。❶

同时根据地课本编撰者辛安亭也评价该课本写法太生硬，儿童化、文艺化太差，课文多属平铺直叙，不够生动活泼，儿童不感兴趣。❷

在1942年版《初级新课本》中，可以看到编撰者对儿童的关注。大量的课文采取以儿童视角的叙述形式，被称以"儿童化"和"故事化"。该课本的编撰者董纯才尤其强调课本叙述要具有趣味性，所编撰的课本也体现了这个特点。例如，第四册编有"骗人的放羊娃""不畏惧""我有办法""让梨""瞎子和跛子""爱护公物""偷懒的娃娃"

❶ 陕西师范大学教育研究所. 陕甘宁边区教育资料·小学教育部分（下）[M]. 北京：教育科学出版社，1981：54.

❷ 陕西师范大学教育研究所. 陕甘宁边区教育资料·小学教育部分（下）[M]. 北京：教育科学出版社，1981：56.

等课文，这组课文均改编自中国的传统故事，具有极强的故事性，体现了编者对儿童心理的考虑。另一组来到光明的世界、蛙的变化、好蜜蜂、蝴蝶的话、地下农夫、猫头鹰、鹰蛇的斗争"课文，改编自寓言的课文也体现了编撰者对儿童的关注。1944 年版《初级新课本》不再选用改编的传统故事和寓言，取而代之的是平铺直叙的课文，这种形式被批评为编撰"化"的荒唐。两版本中分别编有一篇关于盐的课文解释了 1944 年版课本中去除"儿童化"的转变。

1942 版课文梗概：

有一家人家，妈妈炒好了菜，两个儿子觉得不大好吃，妈妈才叫他们去找盐，于是"老大向东走，走到海边，买了些盐回来""老二向西走，找到一个大盐池，也买了很多盐回来"。❶

1944 版课文梗概：

侯生云的爸爸是驼盐队的，侯云生问："三边有多少盐呢？为什么年年月月去驼，还没有驼完？"爸爸说："在定边县城有几个大盐池，一年能出几十万驼盐，全边区一百五十万人吃不完。"侯生云又问："为什么盐能算作三边的宝贝呢？"爸爸说："盐是谁也不能不吃的东西……能说它不是宝贝吗？我们边区驼出盐去，解决了公家和群众不少困难。可见盐不单是三边的宝贝，还是全边区的宝贝哩！"❷

1942 年版课本对盐的描述采用故事的手法，超越了常规的限制，呈现了两种不同的盐：一种是海里的盐，一种是盐池的盐。1944 年版课文则是采用事件描述的手法，采用对话的形式呈现盐。两种不同的编撰手法背后反映出的是教育理念的不同。采用故事手法的编撰者更侧重考虑儿童心理的需要，采用事件手法的编撰者则侧重考虑课文内容叙述的需要。也不能说后者是不关注儿童心理的，只是相比较而言，前者更倾向于此。1942 年版课本中的这类课文被后来批判为"化的荒唐"，以致于 1944 年版的课本中不再采用这种形式。用今天的教育理念来看，

---

❶ 陕西师范大学教育研究所. 陕甘宁边区教育资料·小学教育部分（下）［M］. 北京：教育科学出版社，1981：49 - 50.

❷ 陕甘宁边区教育厅国民教育科. 初级新课本（第四册）［M］. 新华书店，1945 年 7 月：47 - 48.

真是遗憾。1942 版"盐"所呈现的想象力、美感，以及诵读时的音乐感，在根据地课本历史中犹如昙花一现。

抗日战争后期基本完成了小学教科书的编撰。各区小学课本供应问题已基本解决。但中等教育的课本还未及时编撰，处于各校自编教学材料的阶段。总的来说，该时期的根据地教科书有两方面的影响。

第一，根据地课本延续了上一时期所形成规范做法。不仅各科课本逐渐编撰齐全，从课本选材、编撰体例、课本叙述上都提高了规范性。根据地课本也就是从这一时期开始稳定地、规范地发展的。中央苏区时期所出现的缺乏编撰规范的课本，从 1942 年后就很少看到了。

第二，教科书的"本土化"是该时期课本最明显的特征。不同于中央苏区时期的"苏维埃化"，此次采用规范的课本编撰形式，巧妙地将不符合"实际"的内容或排除在课本外，或改编进入课本。因此，在课本规范形成和课本"本土化"合力之下，独特的根据地课本模式在这一阶段形成。成为之后课本编撰的蓝本，且影响了 1949 年以后的课本编撰。

第四章　解放战争时期的革命根据地教科书

（1946～1949）

第一节 教科书的编撰背景

中国革命根据地经过 1942～1943 年的整风运动，1943～1944 年各区教育改革实践以及总结经验的文教大会，再到 1945 年中国共产党第七次代表大会召开，党内在教育方针和教育政策上达成统一认识。除了秉承教育与政治、生产生活结合的传统共识之外，根据对社会矛盾、斗争对象等政治环境的新认识，根据地在教育的内容和方法上也与上一时期不尽相同。教育与战争结合、建立正规的教育制度，这些曾经受到批判的教育工作方法在新的历史阶段中重新获得价值，被再次提出。

一、教育与战争结合

1946 年 1 月 10 日，中国共产党和国民党公布了《关于停止国内军事冲突办法的协议》，并在停战协议生效之日召开政治协商会议。根据地教育与政治环境的变化密切相连，中共中央对内外环境的认识是制定教育方针的依据。1946 年 12 月 10 日，陕甘宁边区对根据地内外环境作出新的描述：

> 国民党反动派依靠美帝国主义的支援和援助，发动全面内战，企图以其封建买办性的法西斯黑暗统治，加在我解放区人民的头上，我们解放区军民奋起自卫，已给予反动派无数次的严重打击，现在蒋介石又调兵遣将，准备大规模进攻延安，这是他在政治上和军事上没有出路的冒险行为，是孤注一掷自取灭亡的表现。为着保卫边区，保卫延安，彻底粉碎蒋介石的军事进攻，我们必须普遍发动群众，动员一切力量，为人民自卫战争的胜利而奋斗！❶

根据这个新的认识，陕甘宁边区颁布《战时教育方案》，规定各级学校及一切社会教育的组织应立即行动起来，直接或间接地为自卫战争服务。目前教育工作的中心任务是配合军事、政治、经济、群众运动等

---

❶ 陕西师范大学教育研究所. 陕甘宁边区教育资料·教育方针政策部分（下）[M]. 北京：教育科学出版社，1981：530.

根据地政府的所有工作，目的是争取自卫战争胜利。随后，根据地各区或提出新的教育方针，或发布新的教育工作指示和计划。1947年2月，晋冀鲁豫发布《实施新教育方针的初步意见》。同年4月发布《关于文教教育工作的决定》，该决定指出："今年教育工作的任务，就必须更加注意服务于战争、服务于生产、服务于'耕者有其田'的彻底实现。"

1947年6月，晋察冀边区的冀晋行署发布《关于后半年教育工作重点的指示》，指示指出，目前教育工作要继续为支前、土改、生产三大中心任务服务。在目前自卫战争紧急情况下，应更进一步使教育为生产服务，以保证军需民食，支持长期自卫战争。[1]

1947年7月，陕甘宁边区政府发布《根据具体条件恢复国民教育工作的指示》。1947年8月，东北召开第一次教育会议，同年9月发布《关于教育工作的指示》等。太岳区也于该年发布文教工作计划，1947年4月26日发布《关于战时各中等学校工作的指示》。在该时期根据地颁布的这些教育政策中，教育与战争结合被再次提出。这一次的教育与战争结合主要体现在进行"翻身教育"和去除"正统观念"上。

"翻身教育"包括两个方面：一是对外的与国民党的战争，二是对内的土地改革的实施。教育群众"一手拿枪，一手分田"是中心环节。

首先，此时的根据地教育尤为强调为此次战争服务。陕甘宁边区于1946年12月颁布的《战时教育方案》[2]规定教育工作必须根据四条方针进行，四条方针均是为此次战争服务的。

第一条要求教育工作向群众解释战争的形式和目的，使"每个人都懂得蒋介石所发动的进攻解放区的内战，是想维持个人独裁，继续出卖祖国，进一步压榨人民的非正义的反动战争；而我们所进行的武装抵抗，则是为了保卫独立、和平、民主与维护全中国人民利益的正义的自卫战争"。第二条规定教育工作要揭露国统区"贪污腐化、特务横行、横征暴敛、民不聊生的惨状"，同时宣传根据地"丰衣足食、民主自

---

[1]　晋察冀边区教育资料选编·教育方针政策分册（下）[M].石家庄：河北教育出版社，1990：300.

[2]　陕西师范大学教育研究所.陕甘宁边区教育资料·教育方针政策部分（下）[M].北京：教育科学出版社，1981：531－532.

由、工人有工作、耕者有其田、商人有钱赚、学生有书读的幸福生活",以此对比激发群众热爱根据地,"同仇敌忾,为争取中国独立民主奋斗到底的决心";第三条和第四条规定教育工作要对比国民党和根据地军队,揭露国统区"军民对立、官兵对立、军心厌战、民心反战"和"蒋军奸淫抢掠无恶不作的残暴行为",同时呈现根据地"居民一家、官兵一致、士气旺盛、愈战愈强的实况"和"八路军为民除害,奋不顾身的英勇牺牲精神"等内容。以此激发群众坚定战争必胜、支持军队、积极参军等信念,最终使教育工作实现"用一切力量与一切方式来支援前线"。

教育工作需要贯彻的以上四条原则无不涉及战争。教育被要求向群众解释战争的目的、形式、内容,以获得群众的拥护,最终使党在此次战争中获得最大支持。随着陕甘宁边区政府《战时教育方案》的颁布,根据地教育迅速转向了与战争结合的方向。1947 年 2 月,晋冀鲁豫提出教育与战争结合,不仅仅是动员参战,还要在教育组织、教育内容方面适应战争的需要,并要求将教育影响扩大到国统区。4 月,陕甘宁提出战时中等学校的教育内容要精简和修改,要求各中学酌量增加政治教育,同时稍予减轻文化教育课,增设群众工作及军事常识等课程。其中政治教育的中心任务是增强学生胜利信心与提高服务战争的热情。要求中学在教学中用分析与比较具体事实的方法,要具有这种坚定不移的概念:"人民解放军与解放区人民所进行的爱国自卫战争,其形式是正义的,前途是胜利的,责任是大家的。"● 使学生确切了解,为战争服务就是为人民服务。1947 年 4 月 26 日,陕甘宁边区发布《关于战时各中等学校工作的指示》,提出教育内容要进行必要的精简与修改。一般的除酌量增加政治教育外,文化教育可稍予减轻,增设群众工作及军事常识等课程。❷ 1947 年,陕甘宁提出精简中等教育课程,其认为中等教育不适当地强调了文化而忽视了其他。例如,希望升学,不愿意去农村工作,害怕做军事工作,重视书本知识等思想,在大部分学校中依然存

● 陕甘宁边区政府. 关于战时各中等学校工作的指示 [M] //中央教育科学研究所. 老解放区教育资料·解放战争. 北京:教育科学出版社,1991:340.
❷ 陕甘宁边区政府. 关于战时各中等学校工作的指示 [M] //中央教育科学研究所. 老解放区教育资料·解放战争. 北京:教育科学出版社,1991:340.

在。陕甘宁边区的指示中提出，虽然 1946 年以来某些学校部分改造了教育内容与方法，但教育工作仍必须加以改造。在课程上，应根据学以致用的原则，精简学习内容，按各种学生的不同情况确定最必要的课程，一般不超过这七门课程：政治、国文、算术、史地、自然、军事、劳动。同时，精简了各科课程的具体内容：

政治教育的重点是确立明确而坚定的阶级立场，使学生从思想上认识地主阶级、蒋介石与美帝国主义。国文课的重点是培养一般工作中实用的读写能力。算术课的重点是使学生获得实际计算能力。历史课的内容以百年来中国人民与反动势力斗争的事实与问题为主。地理课的内容以中国及世界的简单地理常识为主。劳动教育须从经常的生产劳动中进行。军事教育的目的是使学生了解中国革命中武装斗争的重要性，并且有勇气执武器与敌人进行斗争。此外，锻炼坚强的体格，获得实用的军事常识，也应同时作为军事教育的目的。[1]

1946 年 7 月，陕甘宁规定国民教育方面的教学内容根据战时需要加以压缩，政治课以报纸及战时各种生动的实例为课本来进行时事教育。文化以国语为主，配合教一些战时常识，如防空、看护、站岗、放哨等。[2]

另外是教育为推动土地改革服务。1947 年，晋冀鲁豫边区将内战和土地改革视为该年解放区争取战争胜利的关键，要求该年教育工作的任务必须更加注意于服务战争，服务生产，服务于“耕者有其田”的彻底实现。[3] 太岳区要求 1947 年在社会教育方面将土地改革作为中心环节，使“农民了解谁是土地的主人，怎样挖掉穷根，怎样才能安上富根，提高人民觉悟，认识毛主席是人民的救星”。学校教育方面要求凡是进行土地改革的地区，各个学校应主动参加，且要求根据土地改革农

---

[1]　陕甘宁边区政府关于改进中等教育工作的意见 [M] /陕西师范大学教育研究所. 陕甘宁边区教育资料·中等教育（上）. 北京：教育科学出版社，1981：244 - 245.

[2]　陕甘宁边区政府教育厅指示信·根据具体条件恢复国民教育工作 [M] //中央教育科学研究所编. 老解放区教育资料·解放战争时期. 北京：教育科学出版社，1991：552.

[3]　中央教育科学研究所. 老解放区教育资料·解放战争时期 [M]. 北京：教育科学出版社，1991：57.

民翻身的实施变成教材，进行教育。❶

    1946 年 9 月，东北区在第一次教育会议之后提出"爱国自卫战争是今天国内政治斗争的集中表现，而土地改革则为其基本实质"。要求根据地不能停留在"反蒋反美的爱国自卫战争教育上，必须进而进行和加强土地改革教育"。提出以"土地改革教育"作为思想教育的中心内容，并且提出应将"土地改革教育的贯彻"作为检查和衡量教育工作的尺度。❷

    最后，削除"正统观念"是新区教育的工作重点。在新解放的区域中，国民对共产党政权的认同度不高，以国民党为正统。1947 年 8 月，东北区召开第一次教育会议，会后董纯才总结东北青年的特征是存在"盲目正统观念"，东北区的教育就要消除"盲目正统观念"。他提出东北沦陷后，东北长期受殖民地奴化教育，东北人民一直处在日本法西斯主义思想和中国封建主义思想的统治之下。受这种教育的影响，东北人民认为统治者为正统，不认为人民为正统，这是"盲目正统观念"的根源。此外，在这一时期敌伪的报纸和广播中均以国民党为对手，不提共产党，包括国民党的宣传，也未提及共产党。因此，东北人民认为国民党为正统，而误认为共产党为"匪"。那么，这一时期教育的主要任务就包括消除"正统观念"。

    总的来说，根据地教育向来注重对战争的支持，但在这一时期是尤其强调的。1947 年基本上各区都发布了根据战争精简课程的指示。与1937 年教育结合抗日战争的教育政策相比较，这一次教育结合战争的努力也相当短暂。随着 1948 年根据地在国内战争中的胜利，全国范围内逐步停止了教育结合战争的做法，并且提出了建立常规化的教育制度。

---

❶ 中央教育科学研究所. 老解放区教育资料·解放战争时期 [M]. 北京：教育科学出版社，1991：61.

❷ 东北行政委员会关于教育工作的指示 [M] //中央教育科学研究所. 老解放区教育资料·解放战争时期. 北京：教育科学出版社，1991：154.

二、再次建立正规的教育制度

党从 1927 年大革命失败以后，在八七会议上正式提出逐步把工作重心从城市转移到农村，但在 1946～1949 年期间，尤其是在中共七届二中全会上又提出了将工作重心从农村转向城市。截止到 1948 年 10 月，共产党领导下的县城以上大中小城市共计 586 座，占全国城市（2009 座）的 29%。❶ 由于长期处于农村环境中，缺乏管理城市的经验，面对新形式，党不能不探讨接受与管理城市的经验，探讨对待原有学校和原有教育工作者的政策。根据地各区先后召开教育会议，发布教育工作要走向正规化的指示。1948 年 7 月 3 日，中共中央发布《关于争取和改造知识分子及对新区学校教育的指示》，提出："对原有学校，要维持其存在，逐步地进行必要与可能的改良。"所谓"维持"，就是保护学校及各种文化设备，不加损坏，并同原有学校工作人员商定具体办法，防止学校关门，防止知识分子被敌人争取去；所谓"逐步改良"，是指开始时只做可以做到的事。例如取消反动的政治课程、公民读本及国民党的训导制度、其余仍照旧章。❷

（一）恢复普通教育性质

建立正规教育的一个重要方面是恢复学校教育的普通教育性质。根据地教育以干部教育为第一，其中又以在职干部教育为先。高级小学及以上的教育基本均为培养干部所用。学校秉承毕业即可工作的原则，不鼓励学生升学，各地区因此还取消了各级考试制度。因此，恢复普通教育的性质成为此次建立正规教育制度的关键。这一转变尤其体现在根据地中等教育之上。

1946 年 6 月，太岳区也提出了中等教育要建立正常的教学制度的做法，改变中学过去那种无计划、无制度的现象，逐渐走上正规化。在中学教育培养目标上，提出了中等教育应培养"革命知识分子"和提

---

❶　陈桂生．中国干部教育 1927～1949 ［M］．上海：华东师范大学出版社，2007：150.
❷　中共中央关于争取和改造知识分子及对新区学校教育的指示 ［M］//中共党史参考资料（内部发行）（第十一册）：215.

高"现任干部"素养的双重任务。这种做法改变了根据地中等教育仅为干部教育的性质。中等教育也扩展成中学、师范、职业、干部四种性质。❶ 1948 年 8 月 20 日~9 月 5 日，根据地召开华北中等教育会议，各行署、各市教育行政负责人及中学、师范学校代表等 40 余人参会。会议明确提出"中学教育是普通教育性质"。中学教育的培养目标是培养具有"中等文化水平及基本科学知识的人才"，在原有规定学生毕业即能参加工作的基础上，增加了"或继续升学深造"的选择。1948 年 10 月，华中区召开中等教育会议。历时两周，到会的有各专署教育处中等教育科负责人，各中学、师范校长及教师代表等 40 余人，总结了该区当前的中等教育存在学校性质和领导不明确、无一定的计划和制度、学生随意调进调出、强调政治教育轻视文化学习的问题。个别地区甚至将学校改为短期训练班，取消正规教学，造成学生文化知识水平低落。会议规定华中中等教育要"培养与改造青年，使他们成为新民主主义建设事业和当前中国人民解放斗争所需要的各种干部和人才"。❷ 各区先后提出培养普通人才，而非仅仅是培养干部。

　　1949 年，华北区提出该年华北文化教育建设的任务，首先是培养与提高服务人民的各种干部和技术人才，其次是切实有效地提高广大人民的文化水平和政治觉悟。为了实现这一任务，必须建立各种正规的教育制度，同时进行广泛的社会教育。❸ 1949 年 7 月颁布的《华北区普通中学暂行实施办法》十分明确地提出"中学教育是普通教育性质"，任务是培养"具有中等文化水平及基本科学知识的青年，打下各种发展可能的基础"。学生毕业后可以"经过一定的专业训练参加工作"或"直接参加工作"或"继续升学深造"。此处已不再提及中等教育培养干部的职能。❹

（二）加强文化课教育

　　恢复教育的普通教育性质，学校除了培养毕业即能工作的干部之

---

❶　行署主任牛佩琮在太岳区中学教育会议上的总结报告［M］//中央教育科学研究所. 老解放区教育资料·解放战争时期. 北京：教育科学出版社，1991：381.

❷　华中中等教育会议确定今后办理方针［N］. 新华日报华中版，1948 – 11 – 30.

❸　华北人民政府第二次政府委员会通过. 1949 年华北区文化教育建设计划，1949 – 2 – 24.

❹　华北区普通中学暂行实施办法（草案）［M］//中央教育科学研究所. 老解放区教育资料·解放战争时期. 北京：教育科学出版社，1991：408.

外，还增加了培养普通人才的要求。有些地区进一步提出教育也为学生的升学做准备。这些做法都曾经在根据地受到广泛且深刻的批判，曾经是被禁止的。要改变它，意味着全盘改变教育，而其中课程又是改革的核心。从 1948 年开始，各区先后提出文化课重于政治课的教育政策。文化课的比重迅速增加，课程设置也逐渐完备。根据地教育在前一阶段广泛执行的精简课程的做法，在这一时期几乎不再被提起。

新解放区出台了加强文化课教育的详细政策。由于新解放区大多是城市，学校教育体系本身就较为完善，且学生的文化水平较高。因此，与老解放区相比较，他们的文化课建设更规范。作为新解放区代表的东北区在 1948 年中共计 3 次提出建立正规的教育制度，详细规定了学校文化教育课程。1948 年 2 月东北区规定中等教育方面文化课应重于政治课，提出目前已经初步改变了盲目正统观念的旧生，除继续提高政治认识外，还需要注意提高文化水平。不要将其对立起来，使得两者取得适当的配合。此次规定中学应教六门功课：政治常识、国文、数学、历史、地理、自然。❶ 8 月，东北区第三次教育会议召开，董纯才在会议总结时提出中小学课程都应加重文化课。会议规定中等教育的文化课课程为：国文、算学、代数、几何、三角、植物、动物、矿物、化学、物理、生理卫生、历史、地理、音乐、美术、俄文等科，应占整个中学课程的 90%。政治课包括政治与时事政策，占中学课程的 10%；小学课程的文化课是：高小有政治课，约占全部课程 10%，其余 90% 为文化课。初小课程 100% 为文化课，没有单独的政治课，把政治常识包括在国语与常识课中；学习俄文，目的是学习先进的科学与文化。这是适合东北经济建设的需要。目前可以有重点地教学，即首先在大城市的中学里教起。小城市中学里，可以暂缓执行；师范课程，文化课占 70% ~ 75%，业务课占 15% ~ 20%，政治课占 10%；农民班里，文化课占 70%（即国文 40%，算术 20%，自然 10%），政治课占 30%。❷ 10 月，东北区又发布关于教育工作的指示，规定建立正规教育制度和教育办法。根据正规学制办学的要求，该指示规定学制上仍采用小学四二制，

---

❶ 东北行政委员会关于中等教育的指示［M］//中央教育科学研究所. 老解放区教育资料·解放战争时期. 北京：教育科学出版社，1991：461.

❷ 董纯才. 前进一步——东北解放区第三次教育会议的总结［Z］. 1948 - 8 - 30.

中学三三制，高中按照地方建设需要分科。培养高小教师的师范学校四年，初小教师的简易师范两年，必要时还可开设半年到一年的短期教员训练班。❶在课程设置上，明显提高了文化课的地位，明确提出"加重文化课的分量"。中学课程的比重，文化课占90%，政治课占10%；师范课程，文化课占70%～75%，业务课占15%～20%，政治课占10%；其他职业学校，原则上规定文化与业务课共占90%，政治课占10%。文化课包括国文、历史、地理、数学（算学、代数、几何、三角）、自然科学（植物、动物、矿物、化学、物理）、生理卫生、音乐、美术、体育等课。俄文为大城市中学的必修课。政治课包括政治常识和时事政策。师范业务课包括新民主主义教育建设、小学行政与生活指导、小学教材研究与各科教学法、社会教育以及参观实习等项；农民班课程，文化课包括国文、算术、自然等课，占70%，政治课占30%；小学课程，高小文化课占90%，政治课占10%。文化课包括国语、算术、历史、地理、自然、音乐、美术、体育等课。初小课程，包括国语、算术、常识、唱游、体育等，课程内容全部为文化课，只在常识和国语课里包括一些政治常识。❷东北区的文化教育课程增加了文化课的比重，也可以说学校文化课又逐步恢复了之前被精简的内容。

虽然从颁布的改革政策上看，老解放区不如新解放区所制定的政策规范和具体。但老解放区本身教育中存在的缺陷，使得其更为提倡加强文化教育。例如老解放区以初级小学等层次较低的教育为主，学生本身文化水平很低，不强调系统文化知识的教育等，这些问题使得老解放区不得不强调文化教育。作为老解放区代表的陕甘宁边区也放弃了之前精简课程的习惯做法，提出增加文化课。1948年7月，陕甘宁边区规定老区中等教育"在学以致用，以文化教育为主，与政治教育密切配合"的原则下作出改进。要求各学校国文学习的时间相当于全部学习时间的1/3。❸8月，晋绥区规定"中学文化课业务应占80%，政治课占20%"

❶　东北行政委员会教育委员会．东北行政委员会关于教育工作的指示［Z］．东北行政委员会教育委员会，1947．

❷　东北行政委员会教育委员会．东北行政委员会关于教育工作的指示［Z］．东北行政委员会教育委员会，1947．

❸　陕甘宁边区政府指示．关于老区中等教育［M］//中央教育科学研究所．老解放区教育资料·解放战争时期．北京：教育科学出版社，1991：343．

和"小学文化业务课应占100%"。❶ 初级小学开设国语（包括写作练习）、珠算、算术、常识（后两年学）、写作等。高级小学开设国语（包括作文练习）、公民、算术、珠算、历史、地理、自然、卫生、写作等。完小干部班开设国语、珠算、公民、常识等。❷ 晋察冀边区也在该年提出中学开设13门课程：政治常识、操行、国语、数学、自然、历史、地理、生理卫生、体育、音乐、习字、美术工艺、理化。在各门课程的比重分数上，国语和数学分别占比重分数为5，政治常识仅为2。操行、自然、历史、地理、理化为3，体育为2，生理卫生、音乐、美术工艺为1。师范学校开设15门课程：政治常识、操行、国文、应用文、数学、史地、生理卫生、自然生产、理化、教材研究、小学教育理论与实际、体育、文娱、美术工艺、习字。国语、数学各占比重分数为5，操行、史地、自然生产、理化、教材研究、小学教育理论与实际各占比重分数为3，政治常识、体育、文娱各占比重分数为2，生理卫生占比重分数为1。❸ 计算学期等考试分数，按各科分数乘各科比重分数，再以比重总和除之，即得平均分数。这是为了计分公平合理，避免比重较轻的科目影响其他科目平均分数。

无论是新解放区还是老解放区，都放弃精简课程的做法，提出增加文化教育，这一过程逐步恢复了完备的学校课程体系。

（三）学校管理及教学规范化

规范的学校管理及教学形式能加强文化教育的实施。各区对学制、教学形式、学校管理等方面都作出了规定，以期改变根据地教育中训练班等较为随意的教育模式。

规范教学秩序。1948年6月，太岳区提出了中等教育要建立正常的教学制度，改变中学过去那种无计划、无制度的现象，逐渐走上正规化。批评过去中学教学内容中存在左倾偏向。例如，整个半个月专门学习报纸上的一篇文章。通知强调必须纠正此种偏向，同时对过去"教育

---

❶ 中共中央晋绥分局．关于恢复受灾区域学校教育的指示［Z］．1948-8-1.

❷ 晋绥边区行政公署通令．关于恢复学校教育问题（民教字新1号）［M］//中央教育科学研究所．老解放区教育资料·解放战争时期．北京：教育科学出版社，1991：22.

❸ 晋察冀边区中学师范考试办法细则（草案）［M］//中央教育科学研究所．老解放区教育资料·解放战争时期．北京：教育科学出版社，1991：363.

结合实际"的做法提出批评，认为"单纯的结合实际"的做法是经验主义的学习方法。单在课堂学习书本而不注意结合实际，又是"教条主义"的做法，也是错误的。因此，重新定义了"教育结合实际"，提出教育"结合实际是为了提高学习效率，从整个教育来说是为了用"。要求学校改变工作队和生产队的现象，不能无限制地担负工作任务和生产任务。● 8 月晋绥区要求应尽量减少学生开会、下乡、生产、演习等活动，且只有在战争、灾荒等特殊条件下经过教育会议的同意以及主管教育机关的批准，学校才能组织此类活动。同时要求学校规范教育制度，要求中、小学的修业年限与始业毕业须认真按照过去规定的学制办理，对学生不得任意送进调出。● 8 月 20 日 ~ 9 月 5 日，根据地召开华北中等教育会议，会议规定，为了加强文化教育必须减少学生的社会活动、生产劳动和过多的政治教育。各种学生活动时间不得超过 6 ~ 8 小时，取消学校生产缴公任务。学生活动若需停课 3 天以上，必须经过主管机关批准。每年实际上课时间不得少于 36 周。此次会议还通过了普通中学与师范学校实施办法及中小学教职员待遇标准草案，并呈华北人民政府审核，颁布实施。● 1948 年 9 月 3 日 ~ 21 日，山东区召开第三次全省教育会议，对学校的具体要求是：要有学制，要按规定课程进行教育；要有学年学期，开学放假；要有入学考试；要有毕业；学期中间，不经行署教育处之批准，不应动员学生出校工作，要克服过去学生的流动现象●。

规范学制。1948 年 8 月晋绥区在学制方面要求认真按照过去规定的初小四年，高小两年，初中三年的制度办理。严格执行入学、毕业的标准及考试、升级、留级制度，不得敷衍草率。● 同年 10 月，东北区发

● 行署主任牛佩琮在太岳区中学教育会议上的总结报告 [M]//中央教育科学研究所. 老解放区教育资料·解放战争时期. 北京：教育科学出版社，1991：381.

● 中共中央晋绥分局. 关于恢复受灾区域学校教育的指示 [Z]. 1948 - 8 - 1.

● 华北中等教育会议决定改善中等教育制度 [M]//中央教育科学研究所. 老解放区教育资料·解放战争时期. 北京：教育科学出版社，1991：399.

● 山东省战工会第三次全省教育会议. 对恢复与整顿全省教育作出具体方案 [N]. 大众日报，1948 - 10 - 24.

● 晋绥边区行政公署通令. 关于恢复学校教育问题（民教字新 1 号）[M]//中央教育科学研究所. 老解放区教育资料·解放战争时期. 北京：教育科学出版社，1991：22.

出教育工作的指示。根据按正规学制办学的要求，指示规定学制上仍采用小学四二制，中学三三制的制度，高中按照地方建设需要分科。培养高小教师的师范学校四年，初小教师的简易师范两年，必要时还可开设半年到一年的短期教员训练班。❶ 10 月，华中区中等教育会议规定华中区学校的学制暂定为初、高中各两年；初、高师各两年。初级和高级简师各一年。其他各种专门职干学校学制，根据它的性质和需要另定。高中分文理科，必要时普通中学设职干班。假期规定中学一般不得超过75 天。新生入学须经过测验，修业完毕，发给毕业证书。为了使学生能修完一定的课程，今后不得随意抽调学生。在教学要求和教学方法上，会议认为必须提高学生的文化知识水平，规定政治课占课程总时数的 10%，课外活动约占授课时总数的 1/3，每天下午晚饭前两小时为限。参加校外集体会及其他活动，必须取得校长教师的同意。❷

此外，本身基础较好的东北区提出，学校除了在教育制度和教育方法上实现正规化之外，还要求争取做到教学设备的正规化。提出在目前首先应把重点中学装备好，将来再根据条件逐渐把其余的中学装备起来。❸

从 1948 年开始，根据地建立正规教育制度的力度相当大。东北区除了 1947 年召开教育会议外，在 1948 年还召开了两次教育会议。三次会议重点讨论了建立正规教育制度，会议后颁布的政策措施更是体现出加强正规化建设的做法。山东区、华中区也先后召开了教育会议。1948年 10 月，《人民日报》发表《恢复与发展中等教育是当前的重大政治任务》❹ 一文。文章肯定了华北、东北教育会议规定中等教育必须正规化的做法，文章写到，从 1947 年根据地转入进攻以来，军事上的胜利使根据地范围迅速扩大，学校的数目也显著增加。同时，为了进一步争取全国胜利的任务，教育也面临新的要求。教育工作应能够培养出大批政治进步，且具有中等文化程度和基本科学知识的人才，来补充军事、

---

❶　东北行政委员会教育委员会. 东北行政委员会关于教育工作的指示［Z］. 东北行政委员会教育委员会，1947.

❷　华中中等教育会议确定今后办理方针［N］. 新华日报（华中版），1948－11－30.

❸　东北行政委员会教育委员会. 东北行政委员会关于教育工作的指示［Z］. 东北行政委员会教育委员会，1947.

❹　恢复与发展中等教育是当前的重大政治任务［N］. 人民日报，1948－10－6.

政治、经济文化各方面工作的干部。这是一个重大的政治任务，如果不能很好地解决这个问题，就会妨碍战争的胜利与国家的建设。文章提出，根据地以往以"短期的政治性的学校或训练班"形式的中等教育已经不能满足当前教育的新需要。虽然，华北和东北区在中等教育正规化上，有些做法还有待实际考验，但总的来说是恰当的。[1] 文章将根据地教育的正规化建设提升到政治任务的高度。

总的来说，根据地教育在1946～1949年经历了从与战争结合到建立正规教育制度的发展过程。虽然与1937～1942年的教育发展背景不同，但其中的做法是类似的。而不同的是，前一次教育与抗日战争结合，建立正规的教育制度主要是受到了根据地本身贫瘠的制约而停止。此次教育与战争结合则是针对国民党的国内战争，教育需处理的情况更为复杂。此次建立正规教育制度出于根据地接管城市后的需要，和已具备建立正规教育制度的基础。这对课本编撰提出了新的要求，之前的课本再次受到批判。从文件政策的表述看，虽然此次对课本的批判不如上一次强烈，但在某些方面基本上已否定原有课本。

第二节　　教科书的编撰概况

在1947～1949年，根据地各区新编的教科书种类较多，此时期是根据地教科书编撰最丰富的时期。以往根据地教科书供应困难的问题已经完全得到解决。小学教科书中"科目分编"类教科书增加，上一阶段国常合编、史地合编的教科书逐步被国语、常识、历史、地理教科书代替。中学各科教科书逐渐编撰齐全，打破了以国文教科书为主的局面。此外，由于华北解放区是新中国政府机关所在，其编撰的教科书，使用范围和影响力为最大。

一、小学教科书

该阶段小学课本于1948年前后陆续出版。在"新型正规化"的要

---

[1] 恢复与发展中等教育是当前的重大政治任务［N］. 人民日报，1948－10－6.

求之下，教育开始注重"学科知识"的学习，或多或少地修正了前一阶段强调"经验知识"的教育形式。这种改变体现在小学教科书上，首先是学校科目的增加带来小学教科书种类的增加，其次因"科目合编"形式的教科书已不能较好适应学科知识的学习，而在该时期采用了"科目分编"形式的教科书。

1. 新增小学政治常识教科书

政治常识教科书是该时期根据地新编的教科书。根据地提出老解放区加强文化教育，新解放区加强政治教育的要求。政治常识课本主要是针对新解放区而新编的。山东和东北等根据地都编撰了此类教科书，如图 4 - 1 所示。

图 4 - 1 东北行政委员会教育部，《高小政治常识》
（第二册），东北新华书店，1949 年

小学政治常识教科书为高级小学使用，两地区均为 1949 年出版。山东小学《政治常识》分为学校、社会、国家民族和世界知识等几个部分。目的是"教育儿童具备新民主主义的品德、知识和能力，做一个新中国的好国民"。

2. 小学国语教科书

该时期小学国语教科书继承了上一阶段的做法。一般来说，初级小学部分编 8 册，供四年制初级小学使用。高级小学部分编 4 册，供二年

制高级小学使用。初级小学一般采取国语和常识合编的形式。虽然初级
小学仍然是国语和常识"合编",但上一阶段"国语常识合编课本"的
名称已经用"国语课本"代替。山东省小学学制设置为初级小学、中
级小学和高级小学,学制均为两年,因此国语教科书各级小学分别编有
4 册。

　　陕甘宁、晋冀鲁豫、晋绥、山东等区基本上是修订了原教科书,华
北区则是新编了小学国语教科书。例如,陕甘宁边区国语教科书改编自
陕甘宁 1946 年版《初级新课本》和高小《国语课本》❶。无论是修订还
是新编,都继承了上一阶段国语课本的编撰经验。在各区所出课本中,
以华北解放区的小学《国语课本》影响力颇大,为 1949 年后小学国语
课本编撰的模板,如图 4 - 2 所示。

图 4 - 2　惪頮、刘松涛、黄雁星、项若愚编,秦征绘图,
《国语课本》(第一册),华北新华书店,1949 年

　　华北的这套小学《国语课本》出版于 1949 年。初级小学国语课
本于 1948 年 10 月和 1949 年 1 月分别出版了一次,两次出版的教科
书内容相同。编撰者是惪頮、刘松涛、黄雁星、项若愚,由秦征绘
图。高级小学国语课本于 1949 年 1 月 ~4 月出版,编辑者是惪頮、刘

---

❶　刘御. 初小国语(第二册)[M]. 新华书店,一九四八年三月.

松涛、黄雁星。该套课本根据"革命形势新发展及华北解放区具体情况","适用于一般农村及中小城镇,较大城市可根据城市特点,酌编补充教材"。

晋察冀小学《国语课本》由晋察冀边区行政委员会教育处审定。初级小学《国语课本》于1948年前后出版,由刘松涛、黄雁星、项若愚编撰,任惕绘图,晋察冀边区行政委员会教育处审定。因为该课本编撰者亦为华北区小学《国语课本》的编撰者,故两套初小国语课本中关于国语教学的三个主要目的的陈述相同。课本在内容和编撰上很相似。晋察冀高小《国语课本》于1948年前后出版。第二册由李光增、李剑飞、戴树人编撰,第三册由刘松涛、黄雁星、项若愚编撰。其他册的编撰者不详,该课本再版后没有注明编撰者如图4-3、4-4所示。

图4-3 刘松涛、黄雁星、项若愚 　图4-4 李光增、李剑飞、戴树人,
编撰,任惕绘图,《国语课本》 　　《国语课本》(第二册),晋察冀
(第五册),晋察冀新华书店,1948年 　　新华书店,1948年

东北区在1947~1949年先后编有两套国语课本。第一套由东北政委会编审委员会出版,出版时间在1947年前后;第二套由东北行政委员会出版,出版时间在1949年前后,如图4-5~4-7所示。

图 4 – 5 东北政委会教育部，
《高小国语》（第三册），
东北书店，1947 年

图 4 – 6 东北行政委员会教育部，
《初小国语》（第二册），
东北新华书店，1949 年

图 4 – 7 东北行政委员会教育部，《高小国语》
（第一册），东北新华书店，1949 年

晋绥于 1948 年编有一套初级小学国语课本，由晋绥边区行政公署
教育处审定。第一册由东方明、刘正方、辛景月编撰，三位也是晋绥
1946 年出版初级小学国语课本编撰者。该套课本仅第一册注明了编撰

者。晋绥高级小学国语课本的编撰情况不详，如图4-8所示。

图4-8　东方明、刘正方、辛景月，《国语课本》
（第一册），晋绥新华书店，1946 年

总的来说，根据地的小学国语教科书在 1937～1946 年已经有了很好的基础，其编撰体例以及对内容的选择都形成了一定规范。1946～1949 年，各根据地根据新的教育方针对国语教科书进行了修订和新编，主要侧重于使教科书的内容更符合新的政治环境。

3. 小学算术和珠算教科书

该时期小学算术教科书延续上一时期的做法，编有初级小学 8 册，高级小学 4 册。山东省小学学制设置为初级小学、中级小学和高级小学，各学段学制均为两年，因此算术教科书各级小学分别编有 4 册。各区均于 1948 年前后出版了新编教科书。其中，华北小学《算术课本》被作为 1949 年新中国成立后的第一套小学算术课本的模板。

华北小学《算术课本》于 1949 年后陆续出版。编有初级小学 8 册，高级小学 4 册。由惠颒、刘松涛、黄雁星、项若愚编撰，由秦征绘图，如图 4-9、4-10 所示。

图 4 – 9　 憙頫、刘松涛、黄雁星、项若愚编撰，秦征绘图，《算术课本》
（第六册），华北联合出版社，1949 年

图 4 – 10 憙頫、刘松涛、黄雁星、项若愚编撰，秦征绘图，
《算术课本》（第一册），华北联合出版社，1949 年

1948 年晋察冀边区出版的小学《算术课本》是该区第三次编撰算术课本。第一次于抗战初期，第二次于 1946 年，此次课本出版是 1946 年的修订本，封面印有"重订本"字样。课本内的"写在前面"沿用了 1946 年版的，未有更新，如图 4 – 11、4 – 12 所示。

图 4 – 11 编撰者不详，《算术课本》（第六册），晋察冀新华书店，1948 年

图 4 – 12 编撰者不详，《算术课本》（第二册），华北新华书店，1948 年

1947 年出版的山东省小学《算术课本》是该区第二次编撰算术课本，第一次于 1946 年。1947 年版《算术课本》分为初级小学、中级小学、高级小学各 2 册，如图 4 – 13、4 – 14 所示。

图 4 – 13 编撰者不详，《算术课本》（第二册），胶东新华书店，1947 年

图 4 – 14 编撰者不详，《算术课本》（第四册），胶东新华书店，1947 年

东北初小算术课本编有初小算术、初小珠算和算术三类课本。由东北行政委员会教育部编撰，如图 4 - 15 ~ 4 - 17 所示。

图 4 - 15　东北行政委员会教育部，
《初小算术》（第二册），
新华书店，1949 年

图 4 - 16　东北行政委员会教育部，
《初小珠算》（三、四年级用），
新华书店，1949 年

图 4 - 17　东北行政委员会教育部，《算术》
（高小第三册），新华书店，1949 年

4. 小学历史、地理和自然教科书

对于历史、地理、自然课本，老解放区以改编修订为主，新解放区则新编课本。因此，除国语和算术外，小学其他科目新编的课本较少，多采用原课本的修订版。

在历史和地理课本方面，老解放区以上一阶段出版的史地合编课本

为主，新解放区则重新编撰分科课本。高级小学历史课本一般编为 4
册，供二年制高级小学用。此次根据地出版的高级小学历史课本，山东
于 1947 年前后出版，东北于 1949 年再版，如图 4 – 18、4 – 19 所示。

图 4 – 18　编撰者不详，《历史课本》（第一册），
胶东新华书店，1947 年

图 4 – 19　东北政委会教育部，《高小历史》
（第三册），东北书店，1949 年

山东区新编了高级小学《自然课本》，该套书编有 4 册，供二年制高级小学使用，如图 4 – 20 所示。

图 4 – 20 山东高级小学《自然课本》
（第四册），胶东新华书店，1949 年

总的来说，该阶段小学新编课本主要出在新解放区。其中以华北编撰的一套小学课本国文、国语、算术、自然、地理等科影响力最大。除了放弃原合编课本的形式，而采用以分科课本外，还增加了小学政治常识课本。新编课本在前一阶段的基础上得到进一步发展。各区在 1948 年前后陆续新编的小学课本，既体现了新形势的需要，也继承了根据地课本编撰的传统。这一时期的课本大部分都被作为 1949 年新中国的第一套学校课本供全国使用。例如，由惠頫、刘松涛、黄雁星、项若愚编撰的华北区的一套小学课本（包括国语、算术、国文、自然等科），科目齐全，成为 1949 年后新中国的第一套小学课本。东北的算术、生物等学科课本被全国各学校采用。

二、中学各科教科书

1946 ~ 1949 年，中学课本的编撰取得很大进展。中等教育各学科课本逐步完成，基本解决了中等教育课本供应不足的问题。同时，随着中等教育由干部教育性质转型至普通教育，中等学校课本也逐步学科化，改变了内容杂乱的现象。该时期中学课本编撰逐步规范，出版了几套中学课本。这是根据地中等教育课本编撰最齐全的时期。虽然仍以国文、历史等文科学科为主，但对前一阶段各学校自行选材编撰教学材料来说，已经有了相当大的发展。根据地继在前一阶段集中解决小学课本的问题后，将解决中等教育课本作为本阶段的重要工作。

1. 中学国文和国语教科书

该时期的根据地中等教育有"中等国文"和"国语文选"两种课本。最早编出的课本沿用"中级国文"做书名，后统一改为"中等国文"。根据地编出的两套课本，分别由各地区出版社出版发行。此外，作为新解放区的东北区也有"中等国文"课本，如图4-21~4-23所示。

图4-21 王食三、韩书田、李光增、
于共三、池鉴，《中级国文》
（第二册），华北新华书店，1948 年

图4-22 王食三、韩书田、李光增、
于共三、池鉴，《中等国文》
（第一册），新华书店，1948 年

图4-23 王食三、韩书田、李光增、于共三、池鉴，
《中等国文》（第三册），新华书店，1949 年

　　这套中学国文课本由王食三、韩书田、李光增、于共三、池鉴编撰，审定者是晋察冀边区行政委员会教育处。新华书店、晋察冀新华书店、华北新华书店等多家书店出版过这套课本。最先使用"中级国文"为课本名，后改为"中等国文"。该套中学国文课本共编有3册，供三年制中等学校使用，师范学校等其他性质的中学学校、训练班也可采用。这套课本是该时期影响最大的中学国文课本，如图4-24所示。

图4-24　东北政委会编审委员会，《国文》
（第一册），东北书店，1947年

图4-25　李光家、于敏、于贡三、马启明、王食三，《国语文选》
（第一册）（第二册），皖北新华书店，1949年

　　由李光家、于敏、于贡三、马启明、王食三编撰的《国语文选》课本于1949年出版，由山东省政府教育厅审定。标注为"中学课本及青年自学读物"。皖北新华书店等多家出版社出版了这套课本。

　　2. 中学历史教科书

　　该时期初级中学的历史课本主要采用叶蠖生编的《中国历史课本》和《两千年间》作为教学补充。初级中学和高级中学的外国历史课本节录自历史原著，如图4-26~4-28所示。

图4-26　叶蠖生，《中国历史课本》，新华书店，1949年

图4-27　叶蠖生，《中国历史课本》，冀南新华书店，1949年

图 4 - 28　叶蠖生,《历史》（初中一年暂用课本）,
东北新华书店，1949 年

　　《中国历史课本》由叶蠖生编撰，新华书店于 1949 年出版。该套历
史课本供初级中学使用。虽名为"中国历史课本"，实际是以中国历史
为中心，采用中外历史合编的方式。这套初级中学历史课本被皖北、东
北等地采用，如图 4 - 29、4 - 30 所示。

图 4 - 29　华北人民政府教育部教育科编审委员会节录，
《中国历史》（上册），新华书店，1949 年

图 4 – 30　华北人民政府教育部教育科编审委员会节录，
《外国历史课本》，新华书店，1949 年

图 4 – 29 和图 4 – 30 所示的历史课本，均为华北人民政府教育部教育科编审委员会节录。初级中学《外国历史课本》节录自沈长虹编著的《世界史话》，高级中学《中国历史课本》节录自中国历史研究会编著的《中国通史简编》，由新华书店于 1949 年前后出版。

三、禁止使用的教科书

在根据地每次新的教育方针提出后，即会对当时的教科书展开批判。而这时期，主要从教育新型正规化的需求，批判了国民党和日伪教科书存在"法西斯毒素"，根据地自编教科书存在"经验主义"问题。提出禁止前者，改善后者。

有了新编课本之后，原国民党统治地区和日伪统治地区所出版的课本是被禁止使用的。这些课本被认为是存在"法西斯毒素"的课本。各区先后规定包括取缔课本和禁止学校开设相关科目的教育政策，虽然将国民党和日伪的课本摆在一块，但由于去除日伪课本对社会的影响容易，去除国民党课本的影响较难，所以根据地将工作重点放在排除国民党课本的影响上。

华中区规定"严格取缔敌伪课本及腐败教材"。❶ 1948 年 7 月，中共西北局要求新解放区学校适当地调整课程，要求凡是包括法西斯毒素，反共反人民的课本，应立即停授（如公民）或改变其内容（如国文、史地），其与目前人民实际需要不太密切者，则可酌量减少（如数理课中部分不切合实际需要的）或改为选修（如外国语）。教材除国文、史地由教育厅陆续供给外，政治常识在教材未正式印发前，可根据《群众日报》进行时事政治教育。数学、理化则暂依旧本，或加以必要的删改后讲授。❷

1948 年 10 月，陕甘宁边区规定新解放区国民教育中，国语、史地必须采用陕甘宁教育厅编印的课本及选用高级国语补充教材；算术、自然可选择较好的旧课本加以必要的删改，暂时使用；公民、常识在未有新课本之前，可暂从《群众日报》选材，讲解时事和政治常识，并联系学校和学生实际，进行新的纪律、思想、生活教育。旧公民课本一律禁用。❸ 根据陕甘宁教育厅国民教育科的记载，根据地在接管韩城后即着手改造教育，由于该区仍然是小农经济社会，生产技术仍在手工业阶段，社会分工仍很简单。因此，课程门类不应太多，对国民党统治时期韩城完小开设的多门课程进行了合并（见表 4 – 1、表 4 – 2）。

表 4 – 1　国民党统治时期韩城完小的课程❹

年　　级	课　　　程
一、二年级	国语、算术、音乐、图画、劳作、体育
三、四年级	国语、算术、音乐、图画、劳作、体育、珠算
五、六年级	国语、算术、珠算、公民、时事、历史、地理、自然、音乐、图画、劳作、体育、童训、户政

---

❶　白桃. 华中教育概况（节选）[M] //中央教育科学研究所. 老解放区教育资料·解放战争时期. 北京：教育科学出版社，1991：199
❷　中共西北中央局关于黄龙新区学校教育的指示 [Z]. 1948 – 7 – 10.
❸　陕甘宁边区政府关于开展黄龙分区国民教育的指示 [Z]. 1948 – 11 – 2.
❹　陕甘宁边区政府对新区完小课程的意见 [Z]. 1948 – 12 – 10.

表 4 – 2　陕甘宁边区对新区完小课程的意见

年　级	课　程
一、二年级	国语、算术、美术、唱游
三、四年级	国语、算术、常识、音乐、美术、体育
五、六年级	国语、算术、公民、史地、自然、音乐、美术、体育

如表 4 – 1 所示，根据地将"蒋匪奴化的教育"的主要课程彻底取消，如童训、户政等。公民课则另换新民主主义的内容。1949 年 3 月，陕甘宁边区政府又提出在国民教育方面，取缔有反动内容的科目。除了重复 1948 年提出的取消公民课，改编国文、历史、地理课本之外，还提出取缔英语课。规定初中新生不授英语，旧生及高中生课根据需要开设英语选修课。此外，在新解放区增加政治课，要求课外进行适当的军事体育及生产劳动教育。❶ 1949 年陕甘宁的《中等学校改革方案初稿》也提出"必须首先停授或改变含有反共反人民毒素的科目与教材"，具体科目指的是国民党时期开设的公民、伦理、童训、军训。要求改用人民政府审定的课本。在课本拿到前，也要停止教授原课本中反共反人民的内容。规定新的课程是：

实际需要不大的英文，初中停授，高中酌予减少。公民停授之后，另设政治常识，以使学生正确地认识社会发展和中国革命的基本规律，培养其为人民服务的思想。其他课目暂仍沿用旧本。改革后，初中，简师必修科目为国文、数学、政治常识、中外历史、中外地理、动植物、理化、生理卫生、音乐、美术、体育。高中及后期师范必修科目为国文、数学、政治常识、生物、理化、中外历史、中外地理、艺术，师范学校加授教育课，高中加授英文。职业学校的必修科另订之。❷

根据《中等学校改革方案初稿》的记载，同一时期国民党的中学课程开设了 15 门课程，比根据地多 7 门课。这 15 门课程是：公民、体育、童训、国文、算术、博物、生理卫生、化学、物理、历史、地理、

❶　陕甘宁边区政府关于黄龙分区中等学校工作的指示［Z］. 1949 – 3.
❷　中等学校改革方案初稿［M］//陕西师范大学教育研究所. 陕甘宁边区教育资料·中等教育部分（上）. 北京：教育科学出版社，1981：317 – 318.

劳作、图画、音乐、选修课（实际即英文），每周教学时数实际 35 小时（课程标准规定 31 小时）。根据地对各门课程中包含"法西斯毒素"内容的批判：

公民与童训——封建思想加法西斯主义的宣传与训练。

体育与劳作——形式主义的训练，对学生健康之增进，劳动观点、劳动习惯之培养无实际作用。

英文——半殖民地教育的表现，浪费时间，不切实用。❶

国统区的课程被批判为是与社会分工脱节的，这些课程反映的是反动统治阶级的要求，与群众的要求是矛盾的，对社会无用。因此要废除"日本帝国主义奴化教育及国民党封建法西斯愚民教育的旧课本"，重新编撰"反映人民革命和生产建设要求的新课本"❷。

1948 年 9 月，豫皖苏行署教育处提出对于新解放城市，首先帮助其原有公、私立的中学校开学，原公立中学教职员待遇暂由政府供给。私立的中学应履行备案手续，仍可私办，征收学费，但必须取消国民党党义及公民课程，在教材上、教学上政府予以领导，在方式上应循序改进，不可操切。❸ 同年 10 月，东北提出"新区的教育方针"，为了使学校不致过早中断，原有知识分子也能不流散，安心工作，东北区提出维护新解放区原本学校现状的政策，但要对其加以必要和可能的改良。教育改良要遵照新民主主义教育方针来办。对原有课程要加以调整或改革，凡反动的封建法西斯主义的教材，必须立即停止教学，或改变内容后方可教学。不切合目前需要的东西，可以酌量减少或选修。政治常识、国文、中国近代史等，应选用根据地自己的材料作教材。❹

从 1948 年开始各区先后颁布教育政策，禁止存在包含"法西斯毒素"内容的课本以及相关的课程，目的是为了消除其他政党的影响，使

---

❶ 初级中学课程教材讲授提纲［M］//陕西师范大学教育研究所. 陕甘宁边区教育资料·中等教育部分（上）. 北京：教育科学出版社，1981：323 - 324.

❷ 张健东. 北小学教育概况［N］. 人民日报，1949 - 5 - 21.

❸ 豫皖苏行署教育处. 关于中等教育问题的信，给各专署教育科长各中学校长的一封信［N］. 学枫报，1948 - 9 - 3.

❹ 东北行政委员会教育委员会. 东北行政委员会关于教育工作的指示［Z］. 东北行政委员会教育委员会，1947.

社会接受根据地的政治及文化。

第三节　教科书的文本特征

一、教科书内容主题突破本土化

建立正规的教育制度，准备接受城市教育是这一阶段教育的核心任务。抗日战争后期的教育及教科书已不适合新政治环境的需求，被批评为太过于强调生活经验的学习，排斥知识体系的学习，需要改进。由此，该时期的教科书在内容上突破了抗战后期教科书本土化的局限。

（一）"内战政治"替换"抗日政治"

教科书在新的政治环境下，更换了内部的政治文化内容。前一阶段的"抗日政治"被当前的"内战政治"代替。该时期教科书中的"内战政治"主题集中体现在土地改革政策、国共两党战争策略等方面，并贯穿于各个学科之中。教科书中苏联题材的增加和对生产劳动题材的保留，是该时期政治环境对教科书的影响。

1. 增加"土地改革"题材

中国革命根据地于 1946 年 5 月 4 日发出《关于清算减租及土地问题的指示》，该指示将抗日战争时期削弱封建的"减租减息"政策改为消灭封建实行"耕者有其田"的政策。1947 年 7 月，全国土地会议在西柏坡召开，决定彻底废除封建土地制度的《中国土地法大纲》，土改工作以燎原之势在各个解放区开展起来。1948 年前后，根据地在重编或改编各科教科书中增加了大量土地改革的内容。

华北 1948 年版初级小学《国语课本》第二册第一课"心全上学了"这样写道：

心全过去家里很穷，爹给人家做长工，上不起学。自从分了地，翻了身，有了吃穿，心全也上学了。❶

---

❶ 惠頫，刘松涛，黄雁星，项若愚. 国语课本（第二册）［M］. 华北新华书店，民国三十七年十月：1.

　　该册教科书为初级小学一年级学生用，简简单单几句话将土地改革的背景、政策和效果介绍给了在初级小学一年级就读的学生。"心全过去家里很穷，爹给人家做长工，上不起学"是土地改革的背景；"分了地"是土地改革的政策；"翻了身，有了吃穿，心全也上学了"是土地改革的效果。根据地教科书与政策变化密切相关，根据地并没有放松利用课本宣传政策的传统。国语教科书除了采用叙述事件的形式来宣传土地改革政策外，还多用韵文和歌谣的形式。华北1948年版初级小学《国语课本》第二册第七课"我们家的房"，课文这样写道：

> 十字街，向西来，
> 我家大门面南开。
> 院里有棵大槐树，
> 北房西房两面排。
> 窗子打，又向阳，
> 不是分地翻了身，
> 怎能住上这样的房。❶

　　华北1948年版的初级小学《国语课本》第二册第十四课"抓石子（一）"：

> 小花和小青抓石子玩，一面抓，一面唱：
> 你一我一，平分土地。
> 你二我二，男女有份。
> 你三我三，耕地深翻。
> 你四我四，预备种子。
> 你五我五，忙送粪土。❷

　　国语教科书中这些采用歌谣形式的课文表现出群众对执行土地政策的喜悦心情。算术教科书除了编有田亩及斤两的换算，对习题的编写也紧扣农民的生活。譬如有"王老五今年卖白菜424斤，卖葡萄686斤，

---

❶　惠频，刘松涛，黄雁星，项若愚. 国语课本（第二册）［M］. 华北新华书店，民国三十七年十月：8.

❷　惠频，刘松涛，黄雁星，项若愚. 国语课本（第二册）［M］. 华北新华书店，民国三十七年十月：16.

那么共合多少斤?""王家庄 7 户人家过年,计划杀 2 口猪,每户平均分 14 斤,还剩 12 斤慰劳子弟兵,问这口猪共杀多少斤肉?""张金贵由蔚县运到张家口细麻 35 487 斤,卖出 12 458 斤,还剩下多少斤?"这些习题所展现的丰富生活有力地宣传了土地改革政策,即只有在土地改革后才会有如此幸福的生活。

另一方面,不仅仅在教科书内容里注入了大量有关土地改革的内容,在教学上也提出教学要与土地改革政策密切结合,为土地改革服务。鼓励教师积极加入到土地改革斗争当中,要求教师参加土地改革政策学习,帮助政府进行土地改革政策的准备工作,以便更好地投入到对学生的教育当中去。教师在教学中应结合课程内容,增加当地的具体材料证明地主阶级剥削劳动人民的罪恶。一些学校组织学生参加当地的土改斗争会,使学生亲眼目睹农民阶级对地主的控诉。同时学校还要求学生将了解的相关知识传达给家人和朋友,鼓励大家参加土地革命,实现"耕者有其田"的梦想。这样的教育教学形式大大提高了儿童的"阶级觉悟性",使土地改革运动贯彻到整个边区。学校是文化的集中地,因此也成为政府各项政策的中转站。教科书是教育的核心,也是政治文化的宣传媒介。教科书因此而成为土改工作的重要力量。

2. 增加"内战"题材

内战是该时期根据地的中心工作,根据地十分重视学生的思想政治教育工作,培养儿童的革命信念。教科书通过鲜明对比的形式呈现了两党及其所统治区域的差异,通过宣传党的中心任务,介绍战争形势及历史,引导儿童积极抗战,并激发儿童的爱国热情。

其一,教科书宣传党的领导。国文教科书编入了大量体现根据地人民当家做主新形势的内容,这些课文歌颂根据地创建的光荣历史和现状,激发学生坚决保卫根据地的热情。课文"谁也不能包办"讲述了边区人民当家做主人的新形势;"引入大别山"歌颂边区创建的光荣历史,激发人民坚决保卫边区的热情;"我们的政府""发扬民主作风"在教儿童认识和了解民主政府的同时,也将他们对未来生活的更明确的认识编入教材;"斯大林""中国儿童在苏联""幸福的苏联农民"等课文通过歌颂苏联,来间接呈现在中国共产党领导下的中国社会的前进方向,鼓励学生为实现"人人都幸福,人人都快乐"的社会而努力奋斗。除此以外，还有对党的军队的直接歌颂，譬如"小红军""红军的妈妈""刘志丹和小平"等课文，通过朴实的言语和生动的事件给根据地的儿童塑造了一个个有血有肉的党的英雄人物，通过伟人的故事激励儿童的革命信心。国语教科书中的"相信组织的力量了""积极宣传团结群众，共同抵御敌人的思想""毛泽东之歌""朱德司令的故事""左权的话"等这类课文向学生宣传党的领导人，以此来宣传党的方针措施。

其二，教科书宣传国民党的黑暗及其统治区的悲惨状态。国语教科书中用"河边村的老汉""一个逃兵的话"等课文呈现国统区劳动人民的悲惨境遇，"张希和的下场""张双成的冤仇"等类似的课文为儿童描述了战争中的不同人物，通过对比来形成儿童的感性认识。国语教科书中的这些课文，在儿童心中形成强烈印象，突出了党领导下边区广大劳动人民生活的自由。譬如有课文"卖国贼蒋介石"，以标题点明了人民鲜明的政治立场。常识课本中有课文描述"皖南事变"：

这是国民党反动派，定下奸计，阴谋消灭抗战坚决为国为民的新四军。反动军队立刻四面包围，猛烈地打起来。新四军毫无防备，措手不及，结果九千多人大部被消灭，真是凄惨极了，反动派做的坏事还多着呢！发动过三次反共高潮。❶

在这类课文里呈现出国民党的黑暗之处，意图使儿童对其本质有更深的认识，激发儿童对党的热爱之情。此外，教师在日常的教学中会有意识地增选此类材料。语文课增选报纸上的有关国共战争英勇事迹的通讯报道，或者将当地的斗争事例由教师改编成课文来进行教学。在数学课中增加了反映实际斗争情况的应用题。如某次战役我军歼灭了多少敌人，缴获多少武器装备等内容，以此来告知儿童现下革命的形势。通过对国民党的描写来对学生进行思想教育，鼓励学生支援战争。

其三，对参与战争的常识知识的宣传。在战争激烈时期，广大师生纷纷参军参战，组织战后支援团。为减少不必要的伤亡，满足师生服务战争前线的需求，教科书还教给学生一些基本救护知识。在自然课本中

---

❶　张腾霄，高岱. 初级常识课本（第四册）［M］. 新华书店晋察冀分店，1946－5：1－3.

增加了防空、卫生、救护等知识。如"毒气和防毒法""假死和人工呼吸法""外伤和止血法""怎样看护病人"等，以提高边区儿童和群众的自我保护和救助能力。

同时，在教学中还特别注意将各科知识与战争环境紧密相连。如一些学校通过教授学生爱护军队和学习家属战士的往来书信内容，从而发动学生给自己在前线的爸爸、叔叔、哥哥等亲戚写信，告诉他们家里发生了怎样的变化，分到了什么东西，叫他们不要挂念家里的事情，安心打仗。他们写的这些信，都是关于自己平时最熟悉的事情，因此写得很生动，兴趣也特别高。像有的小学生，在他们慰劳战士的鸡蛋上都写了简单的快板信："鸡蛋圆溜溜，活像蒋贼头，你们吃了它，打仗多加油。""小小一封鸡蛋信，送给前方大哥们，别看这点礼物小，一颗鸡蛋一颗心"❶。收到家乡的来信，前线的战士们更是欣慰和高兴，热情地加以回复："谢谢你们的鸡蛋信，我们一定照你们的话去做，早些捉住蒋介石，同时也希望你们好好学习，回家多帮爹娘做事情。紧紧握住你们的小手……"❷ 这种学习形式不但让学生学以致用，提高了他们的写作兴趣，同时也大大激发了前方战士的斗争意识。

3. 增加"苏联"题材

反映苏联内容的课文增加了。如该时期教科书课文"列宁的外套""苏联的儿童"均反映了苏联的内容。"列宁的外套"一课呈现了苏联领导人列宁的故事：

冬天，北风卷着大雪，列宁披上了破旧的外套。同志们都关心着列宁的健康，有的对他说："换件毛衣穿吧！"

他笑着说："大家不都是一样的冷吗？有些人连破外套都没有呢！"

不久，把白军打败了，革命胜利了。好开玩笑的同志们说："列宁同志的外套，再不用替革命效劳了，大概该拿进博物馆去了吧！"可是列宁还是披着那外套——现在更破烂了。

一天，一个同志，看着列宁穿烂了的外套，很关心地说："报告，

---

❶ 人民教育出版社，老解放区教育工作经验片段·第一辑［M］. 上海：上海教育出版社，1960：57－58.

❷ 人民教育出版社，老解放区教育工作经验片段·第一辑［M］. 上海：上海教育出版社，1960：58.

人民委员长列宁同志，请你马上脱下外套来，不然严寒会冻坏你的。"

列宁同志紧握着他的手说："是的，我们胜利了，可是我们还得用更多的钱做许多建设事业。一切为了苏维埃人民的幸福，不能只顾个人的享受！"

关于苏联的课文是该阶段新增加的内容，尤其是对苏联领导人的介绍，在之前的教科书中只有对根据地领导人的介绍。增加这种内容体现了该时期政治环境的变化。

4. 保留"生产劳动"题材

从 1942 年教育与"实际"结合以来，生产劳动是教科书增加最多的内容。教科书把劳动观点、劳动教育彻底贯彻到内容中去。特别是毛主席提出开展大生产运动后，有关生产劳动的内容有了更明显的增加。

在算术教科书中有关计算的内容，都是取材于日常生活中常用的方面，如讲到四则运算："吴英家过年割 4 斤 12 两猪肉，10 斤 13 两羊肉，共几斤几两？""猪肉比羊肉多几斤几两？"[1] "小黄家统累税共 85分，如每分担负 0.8 斗，他家应纳税多少？""如每分纳税 55 元，他家应纳税多少？"[2] 1946 年由晋察冀报社出版的初级小学《算术课本》的"前言"写道："几年来实际情况的发展和物价的上升不输文字题的应用，数目字的大小都和群众的生活需要有距离。我们这次改编是尽力使它'实际化，带上农村的特点'。"[3] 实际的东西也就是根据地以生产劳动为中心的生活中所需要的东西，是符合根据地特点的东西，因此算术教科书中较多地选取日常生活中实用的四则运算知识、地亩计算、斤两换算等。

自然教科书对与农业生产有关的科学知识进行了详细介绍，如讲"果树的接木"，首先阐明为什么要对果树进行接木："用种子播种出来的果树，常常会把好品种变成了劣品种，而且生长很慢。要想保持果树优良的性质，或改良它的品种，使它能很快地生长起来，并开花结果，

---

[1] 晋察冀边区行政委员会教育处. 算术课本（第五册）[M]. 晋察冀新华书店，1946 – 6：1.

[2] 晋察冀边区行政委员会教育处. 算术课本（第三册）[M]. 辛集市解放书店，1946 – 6：72.

[3] 算术课本（第五册）[M]. 察哈尔报社，1946：前言.

就得用人工接木法。"接下来讲如何进行人工接木法："接木法是把优良品种的枝条（刚生一年的嫩枝最好），接在品质较劣的枝干上。甲树的枝条，叫做接种；乙树的枝干，叫做砧木（也叫台木）。接木的时候，做砧木的部分，无论横断或切断面，要十分平滑，使它能够和接种的断面互相接起来，然后用荣草把外面捆住，再涂上些黏土，经过一个时期，便能生叶、开花、结出果实来。"

为了培养学生的劳动观点，同时结合根据地劳动力缺乏的困难，很多学校按照自然环境、学生的年龄特点以及教学时间的不同，组织了各种各样的生产劳动实践。如在四专区，开设开荒、种菜、打柴、养鸡、挖药等课程活动。边区灵活的课时安排也便于学校将学生组织起来进行农业生产。譬如教师在讲"什么庄稼上什么粪"时，不仅在课堂内给学生讲述书本知识，而且利用学校春耕运粪的时机和教师休息时间，结合课本知识，现场为学生分析各种肥料的成分，哪种土壤适宜于哪种肥料，使学生在掌握有关肥料基本知识的同时，提高学习兴趣，形成爱劳动的习惯。

教科书通过多层次地呈现及宣传，引导学生坚定革命信念，鼓励将所学知识应用于实际行动中，为革命尽自己的一份力量。此时，各地各级学校为了配合备战工作，展开了大规模的宣传运动，向群众介绍抗战的重要性和光明前途，动员全社会积极支持战争。这样的宣传教育工作大大提高了人民的阶级觉悟和革命热情，青壮年踊跃参军参战，敌后的广大民众积极进行生产，组织战时运输队、游击队等配合作战，尽人力物力来支援前线。在党的领导下，根据地的教育工作为战争的胜利做出巨大贡献。

（二）增加城市元素

在这一时期出版的教科书中，若编有课本说明，其内容大多有类似这样的描述："本书适用于一般农村及中小城镇，较大城市可根据城市特点，酌情补充教材。"这在前一阶段课本中是不会出现的，城市特点正是以前极力排除的元素。以前根据地大量删除课本中与城市相关的内容，此时课本编撰时却又将城市特点单独提出。一些未来得及修订的教科书，也提出要求让教师据此自行补充教材。表4-3是1948年华北版初级小学《国语课本》第六册的内容结构，其中很多课文是1942～

1946 年禁止教科书选入的。这册教科书新增的内容有代表性地反映出该时期教科书对本土化题材选择的突破。

表 4-3　华北初小《国语课本》第六册（1948 年）

一、一颗心儿向太阳	十六、聪明的植物	三十、送行	四十四、小春的日记（一）
二、请毛主席来望望	十七、蚂蚁和蟋蟀	三十一、左权将军的故事	四十五、小春的日记（二）
三、我们的国家	十八、一个懒孩子	三十二、列宁的外套	四十六、让小同志骑吧
四、两兄弟	九、坦白认错	三十三、三斤半重的大鞋子	四十七、没有字的介绍信
五、筑堤歌	二十、给二叔的信	三十四、鹿的角和脚	四十八、三句话
六、救了全村人的性命	二十一、织布谣	三十五、比本领	四十九、写信的方法
七、平型关大战	二十二、启事和广告	三十六、鸟儿座谈会	五十、给毛主席拜年的信
练习一	练习三	练习五	练习七
八、这不是苍蝇吗	二十三、磨豆腐	三十七、参观印刷厂	
九、消灭蝗虫	二十四、一个豆瓣的旅行	三十八、他是什么	
十、写报告	二十五、奇怪的胃	三十九、电灯	
十一、高尔基的学习精神	二十六、不要只觉得自己好	四十、苏联的儿童	
十二、几个能干的孩子	二十七、食物里的养料	四十一、刻舟求剑	
十三、虹	二十八、食盐	四十二、长城和运河	
十四、养小鸡	二十九、拔苗子	四十三、称象	
十五、庄稼人的好朋友			
练习二	练习四	练习六	

初级小学《国语课本》第六册共编有 50 课。总体上看，该册教科书仍然编有大量体现根据地本土化的内容。但是，该册教科书新编的一些内容是上一阶段教科书中所禁止的，其中，反映城市生活的课文又出现了。例如，该册教科书中的第三十八课"他是什么"、第三十九课"电灯"、第四十课"苏联的儿童"。第三十八课"他是什么"描述的是火车。在前一阶段，像火车、汽车、飞机、轮船这类在农村根据地看不到的东西，被称为是不符合根据地"实际"的，曾经从教科书中删除。第三十九课介绍电灯：

> 李谦和哥哥到城里去。
>
> 晚上，看见一个玻璃球发出光来，比煤油灯要亮得多。他很奇怪，急忙问哥哥："这是什么东西？这样亮？"
>
> 哥哥说："这是电灯。风吹不灭，有电门可以开闭。有的电门在电灯上头，有的电门在墙上。用手往下一扭，两条电线相接连，电灯就亮了；往上一扭，电线隔开，电灯就灭了。"
>
> 哥哥说完了，用手把电门一闭，电灯果然就灭了；再一扭，又亮了。
>
> 哥哥又说："下雨打雷的时候，我们不要接触电线，也不要随便扭电门，因为这时容易触电，发生危险。"

从课文中可以看出，由于根据地烧煤油，没有电灯，刚进城的李谦不认识电灯。课文通过哥哥的叙述向学生介绍了电灯以及电灯的使用方法。增加城市的内容是由于根据地此时正在接受城市教育，准备从根据地进入城市。原教科书以农村的生活方式为原型编撰，不仅取材来自农村，且教科书中的故事也是以农村生活为背景的，相对应的这些反映城市生活内容的课文在 1942～1946 年是被批判和禁止的。

作为新接收的解放区，教科书在选材上更是突出了城市化的特征。这是由于新解放区不同于老区，以城市为主。因此教科书在内容上作出了调整。如东北的教科书突破根据地化的趋势就比华北的教科书要强得多。东北于 1949 年出版的初级小学《国语课本》在教学事项中就提出"本书以乡村儿童为主要对象，但亦照顾到城市儿童，因此穿插一些城市的材料"❶。如表4-4所示的《国语课本》第八册的内容结构。

表4-4　东北初小《国语课本》第八册（1949年）

一、秋天到	十三、劳动英雄刘英源	二十六、漂亮的书是怎么来的
二、爱校就是爱自己	十四、刘胡兰宁死不屈	二十七、一封电报
三、从小就和劳苦群众在一起	十五、吹哨子的小孩	二十八、爱迪生的故事
四、王滨的改过	十六、掉下来的杏子也不吃	二十九、勤劳和懒惰
五、拾金不昧的孙宝	十七、当记录	三十、我国人的发明
	十八、介绍信	
练习一	练习三	练习五
六、许秀的办法	九、桂云为什么不上学	
七、蜜蜂的引路	二十、家庭会议	
八、烟囱顶上的人（一）	二十一、煤油不是用煤块压出来的	
九、烟囱顶上的人（二）	二十二、一块牌子	
十、捉猩猩	二十三、狼和小羊	
十一、一条小虫和一艘大船	二十四、火龙地	
十二、慢慢再说	二十五、奇怪的文字	
练习二	练习四	

东北区初小《国语课本》第八册共编有30课，虽然编辑大意里说本教科书以乡村儿童为主要对象，但其中关于城市的内容也较多。有第二课"爱校就是爱自己"、第七课"蜜蜂的引路"、第八课"烟囱顶上的人（一）"、第九课"烟囱顶上的人（二）"、第十课"捉猩猩"、第十一课"一条小虫和一艘大船"、第二十一课"煤油不是用煤块压出来的"、第二十三课"狼和小羊"、第二十五课"奇怪的文字"、第二十六课"漂亮的书是怎么来的"、第二十七课"一封电报"、第二十八课"爱迪生的故事"。这些课文中有的是关于城市生活的描写，有的是以

---

❶　东北行政委员会教育部. 初小国语（第八册）［M］. 东北新华书店，1949.

动植物为第一主角叙述。这些课文突破了上一阶段教科书"根据地化"的特征。

从本土化逐渐过渡到城市化是这一阶段课本最明显的特征，是根据地课本在内战时期的变化。从课本的具体内容看，是随着根据地政治文化的新需要而产生的变化。

二、教科书编撰形式强调学科规律

（一）教科书加强学科体系的体例结构

抗日时期教科书在叙述结构上已呈现出规范化的特征，内战时期教科书叙事结构逐步趋向完善。教科书不仅在叙述要素上继承了前一阶段的丰富性，而且更凸显的是，其在叙述框架上强调了学科体系的应用。

1. 教科书基本元素的完善

教科书叙事结构中的基本要素继承了前一阶段教科书叙述要素的丰富性，并更加充实和完善了各基本元素。各科教科书中有标题、目录、课文、单元、生字、插图、编辑大意、练习等元素，较上一阶段的教科书更加完善。值得注意的是，几乎该时期的每册教科书中都有对该册教科书的详细教学说明，体现出该时期在教科书编撰过程中党对学科规律及教学规律的重视。例如，华北的初小《国语课本》教科书中的"编辑要旨"，对该套教科书的编撰作了十分详尽的说明：

编辑要旨

一、本书系依据革命形势新发展，及华北解放区具体情况，编写的全区统一的新课本。

二、本书系春季始业，共八册，国语常识合编，供初级小学四年之用。

三、本书每课教学实践八十分至百二十分（两节或三节），因地域边区，气候及生产季节不同，为便于联系实际，前后顺寻，可酌情挪前移后。

四、本书教学主要目的有三：（一）识字，逐步养成阅读写作和讲话的能力；（二）学得必需的知识，明白个中道理；（三）启发观察事物，分析思考问题的能力。为达此目的。（1）在学习语文方面：新学生字，必须强调多写，并分析字的偏旁结构，区别类似字的不同点，以便儿童记忆。但不要只记单字，应注意［词］与［术语］的记忆和应用，然后提高到联词造句，联句成文。（2）在学习知识道理方面：要贯彻教学做合一的精神，懂得了记去实行。在儿童活动中，注意启发其观察分析研究思考各种问题，以丰富儿童生活。并以丰富的生活内容，来提高儿童讲话和写作的水平。

五、每单元后的练习，即是根据上述精神编的，但这只是示范性质，教学时不应局限于此。教师应善于补充引申，使儿童反复练习。

六、本书适用于一般农村及中小城镇，较大城市可根据城市特点，酌情补充教材。

因改编时仓促，缺点仍会很多，加以各地实际情况不同，教学时从实际出发，不适宜处更所难免。希望教师能灵活运用，批判研究。发现了缺点，或有什么心得与创造，都希望随时记录下来，寄交边区政府教育处，以供将来再修改时的参考。❶

"编辑要旨"的第一点即呈现了编撰教科书的大背景，交代了新编该套教科书的原因；第二点和第三点对教科书的整体结构和适用对象作出介绍，介绍了在微观的教学活动中如何使用该册教科书；第四点介绍了教科书的教学目标；第五点和第六点介绍了教科书可能存在不足的地方，提出教师应在教学活动中注意补充；最后总结部分对教科书的编撰过程作出交代。编撰要旨的详细说明涵盖了教科书编撰和使用过程。这教科书中的小小变化反映的是教育理念的巨大转变。

该时期教科书基本要素的充实和完善，体现了教科书越来越着重学科规律和教学规律的特征。随着基本元素的逐渐完善，前一阶段教科书中形成的强调政治和本土化叙述的特点逐渐减弱。

2. 加强学科体系的叙事框架

加强学科体系的叙述是该时期教科书的一大特点。如果将前一阶段教科书的叙述理解为是学科知识迎合本土经验，那么本阶段则产生了回

---

❶ 惪頵，刘松涛，黄雁星，项若愚. 国语课本（第二册）［M］. 华北新华书店，民国三十七年十月.

归学科知识的趋向。

根据地从 1942 年以来采取精简课程的方式，强调教育内容的"实际"作用。这是出于当时根据地教育资源贫瘠和政党建设的需要，即"实际"的需要。不仅取消多门课程，而且各科教科书大幅删减了本学科内容。总的来说，根据地课本放弃了学科知识体系，倾向于与"实际"结合的经验学习。而内战时期，党的政治环境发生变化，教育方针也随之变化。一方面，教育资源贫瘠的问题得到解决，政党建设的基地由农村转向城市；另一方面，不注重学科知识体系的课本存在的问题日益明显。党在这个新背景之下，再一次提出建立正规教育的方针。现有教科书被认为是"经验主义"的，尤其是 1942 年以来的课本所提倡的一些做法，被认为是游击环境下的做法，需要改变。

首先，这一阶段各学科教科书的编撰逐步完成。学科规定性很强的理科教科书在这一阶段的编撰种类明显增多，这体现了该时期教科书对学科知识的重视逐步超越了对本土经验的重视。中学教科书是此次教科书修订工作的重要方面。自抗日战争初期，根据地的学校教育就以小学教育为主，发展到 1942 年以后，各区小学课本的编撰已有一定基础，但相比较而言，中等教育方面却较为薄弱，学校所用的大部分课本由各校自行编撰。教科书中存在问题严重，尤其是进入城市后，在正规化的教育制度里，自编课本不规范的问题尤为显著。1948 年 8 月，华北区召开中等教育会议，会议对学校自编课本有以下描述：

某些学校不管讲什么课都要"联系政治"，甚至讲太阳也要研究它的"阶级性"。国文教材选了过多的为中学生所不易理解的政治论文或文件，而不注意学习语文的规律性知识。历史课忽视历史事实，抽象地讲历史的规律和教训。所有这些错误，都需要迅速纠正。❶

以上华北区对中学课本的这一描述反映了当时中学课本所存在的严重问题。一方面是由于根据地中等教育属于干部教育性质，所以各学校尤为强调政党任务的完成与学习，不看重文化知识的学习。例如，豫北中学把学生组织成 3 个工学团到实际工作中去学习，"结果一学期只教

---

❶　华北中等教育会议决定改善中等教育制度［M］//中央教育科学研究所. 老解放区教育资料·解放战争时期. 北京：教育科学出版社，1991：401.

了3篇国文，还是当政治课讲授的。有把学校不适当地提出'以公养学'，过分加重学生的生产活动，减少了很多上课时间。学生对于学习文化的要求，被许多学校所忽视，甚至被错误地认为是'单纯的文化'观点，要学生反省"。根据地中等教育强调的"中心工作即中心课程""从做中学"，放松甚至取消了普通中学应有的文化教育。另一方面，在1942~1946年，根据地将小学教育作为教育工作的主要任务，而中等教育方面则采用各校自行选择教学内容的形式。因此，1942年以来的中学根据地课本存在偏重政治、知识体系零散、偏离学科规律、编排混乱等问题。

"国文课本"是根据地中等教育的核心课本。根据新的教育方针，根据地从选材、编撰等方面批评了自己以往的"国文课本"。从课本的选材上，提出存在两种有问题的偏向："偏重文艺文与'古文'的好高骛远"以及偏重"强调直接应用"。偏向一所指为"与实际结合"的教育方针尚未提出之前所编撰的国文课本。以陕甘宁的《中级国文》课本为代表。此种国文多选了小说、戏剧、诗歌与其他艺术性的散文和"古文"，1942年后其受到批评，被认为是不符合根据地实际的课本，由此根据地重编了课本。偏向二指1942后重编的课本，以《中等国文》为代表，其选材局限在新闻、通讯、报告、总结与某些定式应用文上。以上两种偏向都忽视了中学语文学习的重点应该放在"朴素切实、简单明了、自由活泼地记叙一件事情、论说一个道理的普通文上边"[1]。从课本的编撰上，提出"国文课本"存在不注重学科规律的问题，提出语文规律是语文的客观规律与学生的学习规律相结合的产物，它不是单纯的说明"是什么"，解释"为什么"，而必须能够指出"怎样"来，这样对于学生的语文实践，才能起到指导作用[2]。例如，从以下三种对当时国文教学情况的描述中就能看出根据地的国文教育未考虑到学科规律的需要。

一种偏向是把国文课变成常识课，或政治课，或故事课。教员在课

[1] 郭绳武. 初中国文课程标准草案中几个问题 [J]. 边区教育通讯，3（2），中等教育专号，1949–1–10.
[2] 郭绳武. 初中国文课程标准草案中几个问题 [J]. 边区教育通讯，3（2），中等教育专号，1949–1–10.

堂上专门讲课文内的常识，或思想问题，或故事，把一课的内容解释完了，任务也就完了。甚至以前有的教员，还发动学生讨论它，在考试的时候出的题目也大都是关于常识故事和思想问题的，学生所得到的也就只是一些常识、故事，或政治术语。

一种偏向就是教白话文，也用逐句讲解的方法（这种办法还很通行）。其实现在的白话文与我们的口语已经差不多了，只要解决了学生不了解的字、词和难懂的句子或意思，他自己就能够懂得的。如果我们再去逐句地讲解，只不过是把文章上的话重说一遍。这是毫无意义的。

一种偏向是读死书的办法，教员是一篇一篇不断地教，学生是一篇一篇不断地学，到底教这一篇文章是为了什么，学这篇文章是为了什么，教与学双方都不了然。学生死读、死记，记也记得不少，读也读得不少，就是不会用，和"用"完全联系不起来，也不知读了记了是为的什么。❶

这三种偏向描述了中等教育的国文教学情况，呈现出该时期中等教育混乱无规范的现象。这种忽视学科规律，而重视生活经验的教育形式，虽然是根据地在 1942 年以来倡导的教育形式，但在新的教育方针下已被批评为"经验主义"的。同时，又因为在 1946 年以前，根据地的中等教育发展较慢，集中编撰的课本较少，故中等教育中存在的"经验主义"比小学教育严重。因此，改善课本的"经验主义"也是集中于改善中等教育课本中的"经验主义"。

其次，这一阶段学科分编形式的教科书增多了。之前那种采取学科合编形式的教科书逐渐被学科分编的教科书所代替。小学课本以延续1942 年以来形成的课本规范为主，但也加强了对学科知识的学习和应用，这是该时期小学课本最为明显的变化之一。华北 1948 年版小学初级《国语课本》的"编辑大意"对国语课本的教学提出以下三个目的：

（一）识字，逐步养成阅读写作和讲话的能力；

（二）学得必需的知识，明白个中道理；

（三）启发观察事物，分析思考问题的能力。为达此目的，（1）在

---

❶ 郭绳武. 初中国文课程标准草案中几个问题［J］. 边区教育通讯，3（2），中等教育专号，1949 – 1 – 10.

学习语文方面：新学生字，必须强调多写，并分析字的偏旁结构，区别类似字的不同点，以便儿童记忆。但不要只记单字，应注意［词］与［术语］的记忆和应用，然后提高到联词造句，联句成文。（2）在学习知识道理方面：要贯彻教学做合一的精神，懂得了即去实行。在儿童活动中，注意启发其观察分析研究思考各种问题，以丰富儿童生活。并以丰富的生活内容，来提高儿童讲话和写作的水平。❶

教科书在此处的说明，体现出对国语学科知识本身的关注。编撰课本的目的在于帮助儿童提高阅读、写作和讲话等能力，这一转变尤为明显。前一阶段的国语课本中很少对课本教学目标有描述，并未将体现国语知识的阅读、写作和讲话的能力作为课本的编撰依据，侧重的是对政治文化的宣传。而华北1948年初级小学《国语课本》仅有"明白个中道理"这一条看似与宣传根据地政治文化相关，其他对课本教学目的的描述都是对具体的学科知识的掌握和应用。

在根据地教育发展历程上，曾经历过的两次建立正规教育制度的尝试，都迅速结束。第一次尝试是在1934年前后，根据地在颁布相关教育政策后即开始长征，导致相关教育政策并未实施；第二次尝试是在1938年前后，党到达陕北后提出了教育正规化建设的教育方针。由于党未能考虑根据地本身教育资源贫瘠的问题，便制定了迅速扩大教育规模和提高教育质量的过高的教育计划，导致这次教育正规化建设被后期批评为不切合实际的做法。1942年后，根据地针对这次正规化建设中存在的问题，提出了与之相对的教育形式，沿用至今，尤其在教科书上强调了新旧之别。旧的课本含有城市化的内容，不符合根据地实际情况，而新的课本是与根据地实际相结合的。如今，再次提出教育的正规化建设，就出现了新编教科书中既对根据地教科书传统的突破，又对根据地传统的继承。

（二）教科书叙事风格突破本土化

该阶段的教科书在叙事策略上突破了前一阶段形成的本土化的特点。从根据地课本总体发展来看，根据地课本宣传党政治文化的功能一

---

❶ 惪頬，刘松涛，黄雁星，项若愚. 国语课本（第二册）［M］. 华北新华书店，民国三十七年十月.

直未变。该时期延续了上一阶段形成的课本编撰的规范形式，解放战争时期的教科书仍然保持着上一阶段形成的根据地教科书的某些特征，例如课文的选材以农村题材为主。但该阶段教科书选入了大量的城市题材，并且在课文的叙述策略上突破了平实直白的单一特色，对上一阶段教科书特征的突破也是很明显的。

　　小学国语教科书，不仅选入了很多 1942～1946 年禁止教科书使用的课文，而且在叙述策略上，其对本土化特征也有明显突破。例如华北 1948 年版初级小学《国语课本》采用了大量以动植物为主角的故事进行叙述。如该套教科书第六册有：第十六课"聪明的植物"、第十七课"蚂蚁和蟋蟀"、第二十四课"一个豆瓣的旅行"、第二十五课"奇怪的胃"、第二十六课"不要只觉得自己好"、第三十四课"鹿的角和脚"、第三十五课"比本领"、第三十六课"鸟儿座谈会"。这类课文以动物或植物为第一人称的形式向学生介绍动物，这种叙述的形式是对本土化叙事的突破。具体到每课课文内容的语句，可以说被上一阶段批评为"化得荒唐"的教科书叙述形式又出现在教科书中了。具体以该册教科书的第二十四课"一个豆瓣的旅行"为例：

　　我刚离开豆芽筐子，便被放在锅里煮熟了。接着又被一双筷子夹起来，送进人家的嘴里，周围都是牙齿，中间有一条舌头搅着，舌根里流出许多唾液。我以为这回可以来补养人的身体了，哪知这个人吃的太快，没有细嚼，就把我整个咽下去了。我顺着食道溜下来，到了一个很宽大的地方，原来这就是胃。胃在不停地蠕动着，四下流着胃液，被嚼烂的同伴，都变成了稀粥一样的糊糊。我在那里住了半天，还是原来的样子。

　　后来，再往下去，才到小肠里。这里也流出许多肠液，被嚼烂了的同伴们，都被吸收到人身各部门去了。我因为没有被嚼烂，白白旅行一次，只好同别的渣滓顺着大肠溜出来。

　　课文以生动有趣的形式，描述了一个豆瓣在人体被消化的过程，以"旅行"这一拟人化的方式叙述，告知学生要细嚼慢咽，养成良好的饮食习惯。该册教科书的第三十六课"鸟儿座谈会"：

　　一天黄昏，许多鸟儿在树林里开座谈会。

麻雀说："人类太不讲理了！我只借住了他们的屋檐，他们就叫我'害鸟'，常常谋害我，掏我的孩子，用泥土堵住我的家门！"

鸽子说："是呀！我的孩子也常被人们害死的！"

燕子说："糟害人家的庄稼，人们自然要讨厌你的。我不是一样借住屋檐吗？他们为什么不打扰我，还叫我'益鸟'呢！这主要是因为我替人捉害虫的缘故。"

老乌鸦不高兴地说："我和喜鹊也有时吃害虫呀！为什么他们也讨厌我?！"

啄木鸟说："我和杜鹃，一心一意替人捉害虫，人们从来就叫我们'益鸟'。你们捉害虫很少，害庄稼儿很凶，人们为什么不讨厌你们呢？"

老乌鸦听了，再也不哼声了。

课文通过各种鸟儿开座谈会的形式向学生展示了害鸟和益鸟的区别。这类课文生动有趣，曾经在 1937～1942 年的教科书中出现过。例如 1942 年出版的陕甘宁《初级新课本》就编有大量此类课文。不过到 1942 年根据地展开教育与实际结合的改革后，此类课文便被批评为不符合实际。

教科书叙事形式强调学科规律的转变，主要是源于党对建立正规化教育制度的要求。此次是根据地第三次提出建立正规的教育制度。如上文所述，第一次是苏维埃时期，相关的教育政策颁布后还尚未实施，党就开始长征。第二次是 1938～1942 年，由于根据地实际情况的限制，实施中出现诸多问题，1942 年停止。此次建设被批判为是不切合根据地实际情况的做法。对于在 1942 年批判过的教育正规化的做法，第二次被概括为"旧型正规化"，而第三次教育的"新型正规化"。在这一过程中，根据地的中等教育建立了起来，并且改变了以往干部教育的性质，拓展了中等教育的功能。小学教育方面更是在原来的基础上突出了文化教育的比重。总体上看，第三次教育正规化建设改变了"教育结合实际"进程中削弱学科知识教育的做法。该时期教科书是由"农村版"逐步过渡到"城市版"过渡阶段。正是由于建立正规教育制度的政策被再次提出，之前被认为是远离根据地实际的学科知识才被重新赋予了教育价值。其中一些之前被肯定的，后又被批判是"经验主义"的课本，又开始呼吁不能仅停留在经验知识的学习上，要关注长期的知识。这种观念和实践的转变推动了课本的转向。

该时期，根据地开始统一编撰中学课本。中等教育中文科类的课本基本编撰完成，解决了前一阶段中学教育鼓励各校自行选材编撰，结果导致内容混乱的问题。这一时期，根据地将课本的规范引入了中等教育课本编撰中，同时，因新的教育方针提出了新问题，小学教育方面也于1948年前后重新编撰了新的课本。理科类课本的重编较晚于文科类课本，甚至一些理科类课本并未重编，继续沿用1946年以来的课本。这一时期的课本成为新中国成立后第一套在全国推广使用的课本，根据地课本的经验深刻影响了1949年之后课本的编撰。

回溯根据地教科书发展历程，不难发现，根据地课本对政治文化的宣传始终未变。中央苏区时期课本与苏维埃化的历程结合，抗日战争初期的课本与战争结合紧密，后又经历了与教育和根据地两种不同的"实际"结合的过程。总的来看，课本始终是与根据地的政治文化的需要结合，只是不同时期政治文化的需要不同而已。因此，这一时期虽然提出了建立正规化教育的方针，改进存在"经验主义"问题的课本，但根据地教育对政治文化的宣传并未改变。政治文化仍然是根据地教育紧扣的核心，虽然具体要求与之前不同了，但仍然是根据地自己的"实际"。

第五章　革命根据地教科书的特征及影响

教科书作为人类文明精华的重要承载物，由于它的特殊地位，使得它在根据地传播新思想新文化中具有无可取代的优势。党充分认识到教科书的意义和价值，所以在极端恶劣的环境下，也从未放松过教科书的编撰与出版。在特殊的历史环境中，革命根据地教科书形成了自己独特的文本特征，对之后的教育及教科书编撰产生了极大影响。

第一节　革命根据地教科书之特征

在根据地教科书当中，尤其体现了关注农村、为战争服务，注重与根据地本土经验结合等文本特点，形成了根据地教科书政治面向和农村面向的两大典型特征。其中，政治面向是最典型的特征，教科书的农村面向特征贯穿了政治动员这条主线，甚至可以说农村面向的最终目的也是实现教科书的政治面向。

一、根据地教科书的政治面向特征

从革命根据地的教科书的宏观结构到每一册的微观结构，都宣传了党的政策，肯定了党的领导。通过教科书文本使教科书使用者具备共同的价值追求，从而争取了最广大的受众支持。在战时的严重形势甚至混乱的状况下，教科书为确立并巩固党的领导地位发挥了极大的作用，达成了良好的宣传效果。

（一）教科书政治面向特征一：宣传党的政策

根据地教科书利用课文直接或间接地、形象地阐释党的政策，在根据地产生了巨大的政治动员效应。教科书不仅呈现了党的政策，还从党的组织制度、党的政策效果方面对党的工作形式和意识形态展开宣传，使学生对党形成了统一的认识，由此加强了党的领导。

1. 教科书直接发布党的政策

把党和政府的公文选入受众面最广、读者最多的教科书中，以求最大的宣传效果。比如由晋冀鲁豫边区政府教育厅审定，皇甫束玉编的《初级新课本》第七册第三十三课"防旱备荒的指示"，直接将政府当时的指示和通知选编到课文之中。课文一开始是这样介绍的：

一天，龙泉村村公所接到县政府关于防旱备荒的指示，全文如下：

武安县县政府　指示

建字第一〇三号

民国三十五年七月十五日

接着就是该文件的全文，讲述的是武安县在六七月经历的旱灾，政府预备通过各种方法帮助该地区人民进行防旱备荒工作。需要强调的是，该课本于 1946 年 10 月出版，而选用的是同年 7 月出的根据地政府文件，教科书反映党的政策之快是今天电子化时代的教科书都不容易做到的。

2. 根据地教科书直接介绍党的制度

通过教科书来影响广大群众，以获得民众对党的组织及工作方式的认可，确立和加强党的领导。这方面，根据地教科书紧跟党的政策变化，及时修订对党组织的介绍。中央苏区时期教科书对党所建立的苏维埃政府机构展开了介绍，在列宁初级小学校适用《国语读本》第二册第一课"列宁学校"中，课文以儿歌的形式介绍了苏维埃政府创办的学校。

列宁学校，是苏级埃政府创办的；贫苦的小同志们，大家有书读，真正得到解放了！

在抗日战争时期，教科书对党所建立的抗日民主根据地政府展开了介绍，如晋察冀边区教育研究会编写的抗战时期初级小学《常识课本》第二册第二十三课"中国共产党"这样介绍中国共产党：

中国共产党，是为无产阶级及全中华民族谋解放的政党，它是统一战线的发起者和坚持者，在它领导下有八路军和新四军，这两支坚强的铁军，在敌人后方——华北、华中、华南各地建立了坚强的抗日根据地，领导着广大的人民抗日。

有意思的是该课有两道练习题："想"和"做"。其中"做"的题目是："宣传共产党对于老百姓的好处"。这一类课文几乎占所有课文的 1/4 ~ 1/3。可见，根据地教科书使用了相当大的篇幅来宣传党组织制度，强化学生对党的工作及工作方式的认同，由此加强党的领导，从而有效确立和巩固党的领导。

3. 教科书呈现党的政策效果

这类课文是对党的政策进行直接宣传。如晋冀鲁豫边区的《初级新课本》第六册第一课"减租谣"，以韵文形式介绍了根据地实施的土地政策。课文先描述了地主对佃户的压迫，最后对减租政策称赞道：

自从来了共产党

佃户生活得改善

种地的团结一股劲

减租斗争大开展

到如今，吃得饱，穿得暖

组织互助搞生产

感谢共产党

领导佃户把身翻

朗朗上口的韵文，使学生易于接受、易于背诵。这种利于传播的形式，起到了很好的宣传效果。学生学会后，唱给家长、邻居听，党的政策又得到了更进一步的传播。

（二）教科书政治面向特征二：宣传党的领导人

宣传党的领导人是教科书政治动员的特征之二。教科书根据每个阶段的政治环境编入不同的领导人。

首先，教科书直接宣传党领导人的高尚美德和非凡经历、感人故事。宣传领导人的经历，目的在于树立起他们的领袖地位或引导人们永远怀念他们。如晋冀鲁豫边区高小《国语课本》中的课文"毛泽东爱护小孩"，讲述了毛泽东同志去孙家山时，用自己的车将一位患脑膜炎的小孩送到中央医院医治，使小孩获救的故事。通过医生的描述，"要不是毛主席用汽车把孩子送来，再耽误两小时，我们的后代又要减少一个"，来传诵毛泽东对小孩的救命之恩，树立毛泽东热爱民众的形象。最后课文通过这位孩子的母亲的语句，"有福气的人才能碰见毛主席，这是难得机会"，来表达民众对毛泽东同志的敬仰之情。实际上，这篇课文不仅开始了向民众传达党及其领袖是人民大救星的意蕴，也同时开始了神化领袖的宣传。

又如晋冀鲁豫边区《初级新课本》编有课文"朱德的扁担"，讲述了井冈山被敌人围困后，战士们去列宁岗挑粮的故事。战士们为了不让朱德司令挑，经常把他的扁担抢去。于是朱德在他的扁担上写下的"朱德的扁担"五个字，意思是不要别人来帮他挑。课文内还有朱德的插图，最后写到：

以后，大家谈起来的时候，常常骄傲地说："我们的朱总司令，和我们一样背过粮呢！你不要看他是个总司令，挑起粮来比我们挑得还多……"

此外，此套课本中的"左权将军歌"一课，用六段歌词歌唱左权：

左权将军家住湖南醴陵县，他是中国共产党优秀党员。老乡们，他是中国共产党优秀党员。

未当政治委员，苏联先留洋，回国以后由军长升到参谋长。老乡们，回国以后由军长升到参谋长。

参加中国革命，整整十七年，他为国家为民族费尽心血。老乡们，他为国家为民族费尽心血。

日本鬼子五月，扫荡咱路东，左权将军麻田附近光荣牺牲。老乡们，左权将军麻田附近光荣牺牲。

左权将军牺牲，为的是老百姓，咱们边区老百姓，永远记在心。老乡们，咱们边区老百姓，永远记在心。

群众武装要开展，加油搞生产，为报左权将军的恩，工作（要）好好干。老乡们，为报左权将军的恩，工作（要）好好干。

再如陕甘宁边区的《国语课本》编有"志丹陵歌"一课，用五段感人的歌谣来歌颂和怀念刘志丹同志。其中两段是：

志丹陵来高又高，
高不过老刘的大功劳：
领导人民闹革命，
吃穿问题解决了。
送灵的队伍低下了头，
抬着灵柩想老刘：
想起当年闹革命，
老刘是咱的好朋友。

要不是他当年领导好，

今天怎能抬起头。

其次，教科书通过宣传领导人家人的楷模作用，以及领导人对家人的严格要求来衬托领导人的伟大和非凡。陕甘宁边区初小《国语课本》有课文"毛岸英进大学"，讲述的是毛主席的儿子从苏联学习回来，被毛主席送到根据地"劳动大学"学习的事情：

"岸英到了吴家枣园，见了吴满有，吴满有把他编在变工队里，第二天就开始上课。

第一课：开荒。第二课：耕地。第三课：上粪。第四课：点籽……

课文最后这样写道：

岸英带着满脸的笑容回到家里，毛主席一看，也笑开了。原来岸英不像从前了——他那又白又红的皮肤，现在又红又黑了。

又如陕甘宁边区的《初级新课本》有课文"革命领袖的父亲"，讲述的是刘志丹的父亲刘丕基的事迹：亲自劳作、踊跃交公粮：

知道他的人，没有一个不说他好。

在根据地教科书中，我们不断看到诸如"毛泽东的少年时代""毛泽东同志传略""朱总司令""朱德将军的故事""刘志丹的故事"等歌颂共产党领袖人物的课文。通过故事化、偶像化甚至神化的方式，有效地树立起领导人的高大形象。需要注意的是，当时对党的领导人的宣传基本上是对领导人群体的宣传，这是一种良性的宣传，是对党的领导集体的形象树立，还没有走向独尊一人的极端。

（三）教科书政治面向特征三：服从战争的需要

根据地教科书服从战争的需要是教科书政治面向的重要特征。从中央苏区时期的战争到抗日战争时期，再到内战时期的战争，教科书时刻根据战争的需要修订相关的内容，强化不同时期的战争意识，并培养学生的战争本领。

例如，抗日战争时期，为了满足抗战的实际需要，教科书中编有大量与抗战直接或间接相关的课文。有的课文直接介绍抗日过程中的战斗，如"平型关大战""百团大战"，用抗战的胜利来鼓舞民众；有的课文旨在激发学生抗日的决心，陕甘宁的初小《国语课本》第二册中第二十七、二十八、二十九课，连续三课都是与战争相关的内容。第二十七、二十八课"大哥的刀""二哥的枪"以韵文的形式展示了一位学生希望拿起武器去抗战的急迫心情。第二十九课"学打仗"，实际是根据地的孩子们的抗战游戏或抗战启蒙。课文这样写道：

> 拿上木刀和木枪
> 大家都来学打仗
> 你们装作日本兵
> 我们装作八路军
> 他们有的装汉奸
> 有的装作老百姓
> 八路军帮助老百姓
> 打走了汉奸和日本

1942 年陕甘宁《初级新课本》第四册中的第一课"放哨"，用韵文的形式描述了小孩放哨的情景，鼓励学生为了抗战的胜利不怕苦不怕累的精神：

小娃小，也放哨。不怕冷风如刀割，不怕烈日如火烧。手拿红缨枪，路口查路条。小娃小，也放哨，不怕冷风如刀割，不怕烈日如火烧，小人做大事，来把家乡保。

即便是最客观科学的理科教科书，也很好地承担起为抗战、为农村服务的历史责任。如 1942 年版晋察冀边区点滴社的高级小学《算术课本》第二册是这样设计题目的：

敌人有公路一条长 59.1 里，有一天晚上，被自卫队破坏了 21.5 里，妇女自卫队破坏了 10.7 里，问未破坏的还有几里？

学校作了很多木头手榴弹，甲级学生 32 人，遇到演习时，恰好平均分完，乙级学生 48 人，演习时也恰好平均分完，问该学校至少有手榴弹几枚？

1939 年，沁县第二民族革命两级小学校油印《算术》的题目也同样表现了鲜明的抗战特征：

现有手榴弹 100 箱，每箱 75 颗，要用民夫往前方担送，每人担 50 颗，共需民夫多少？

张武李勇同去太原参战，张武每天走 75 里，李勇每天走 90 里，但张武先走一天，李勇几日后就可把他追上？

为了传播战争与生产所直接需要的知识与技能，根据地教科书做出了巨大的努力。在《国防常识课本》❶ 第二册中，一共 16 课，其中 5 课与抗战的知识技能密切关联（第三课"几种急救法"、第四课"毒气与简易防毒法"、第五课"战时急救法"、第六课"怎样看护伤兵"、第七课"一个小医院"），几乎占全书内容的 1/3，其他的也多是与当地生产相结合的。至于《国防国语课本》❷，一共 25 课，每课与抗战相关，即便写信、回信、写便条、写收条、缝棉衣等课文，也都是在写抗战，传递抗战需要的知识技能。学生在校接受教育后，回到家里能直接帮助家长，或者自己也学会独立解决实际问题。上述课程的设置体现了根据地教科书与抗战生活紧密结合的特点。这样做，既服从了抗战需求，也赢得了大众欢迎。

根据地教科书通过宣传战争的理想与胜利，鼓舞了根据地民众的士气，在民众中确定了抗战必胜的信念。从实用的角度，指导了民众如何在抗战环境中生存以及应该如何支持抗战。教科书对抗战大篇幅的叙述，也意在告诉民众大家肩负着同样的目标，大家应该为了这同一目标而奋斗。

通过根据地教科书的动员，根据地的民众从儿童到青年，从男子到女子，都受到了一次前所未有的政治洗礼，成为中国共产党各项政策的拥护者和践行者。为了保障根据地红色政权的稳定与扩大，中国共产党利用教科书进行了强大的政治动员，为中国革命的最终胜利奠定了坚实的基础。正如有学者所说："共产党已经成功地在根据地的农民心目中确立了自己牢不可破的正统感，等于是瓦解了当时还是正统国家政权的代表者——国民党政府的权威，到了 1945 年抗战胜利时，在根据地农民心目中，蒋委员长的地位已经被毛主席完全取代了。更重要的是，落

---

❶　没有版权页，据分析应该是胶东国防教材编辑委员会编写，1943 年出版.

❷　胶东国防教材编辑委员会. 国防国语课本（第六册）[M]. 东海印刷社，1943.

后、分散而且自治力很强的根据地农村，就此被注入了类现代的民族国家意识，甚至建立了对中国共产党和国家政权的某种崇拜，如果说在此之前，国家政权的强化与下移，乡村组织还可以或者能够组织抵制的话，那么从这以后，就再也没有可能了。"❶

二、根据地教科书的农村面向特征

为"执行教育为革命战争和阶级斗争服务和教育与生产劳动联系起来的方针"，建立"一种与人民相联系的教育（所谓与人民相联系，不但是说人民可以普遍地享受教育，而且是说人民的实际生活应该为教育的中心内容）"❷，就需要在根据地教科书中彻底扭转国统区教科书中明显的城市化取向，尽最大可能贴近最广泛的群众，突出农村实际，渲染农村生活，关注农业生产。经过广大教育工作者的努力，农村取向成了边区教科书的标志性特征。我们在根据地教科书中看到了一幅浓墨重彩的乡村图景，这是与国统区完全不同的一幅图景。

（一）重视农村生产知识

在根据地成立的早期，由于没有任何经验，教科书主要参照国统区已出版的教科书编写。这种以城市生活为主要图景的教科书，与根据地的实际情况差别太大，不受当地群众欢迎。如教科书要求儿童天天洗澡、刷牙，放学回家向父母行礼问好等。

据边区教科书的主要编撰者、解放初期曾任甘肃文化教育厅厅长、人民教育出版社副社长的辛安亭回忆：边区农民对这样烦琐的礼节感到不愉快，甚至觉得厌恶。❸ 曾有这样的事实：有一位青年教师教这一课时，要求学生回家给父母行鞠躬礼（课本上有行鞠躬礼的插图）。效果怎样呢？有一个学生对他疲劳的父亲行了一个鞠躬礼后，他父亲非但没

---

❶ 张鸣. 乡村社会权力和文化结构的变迁（1903～1953）［M］. 西安：陕西人民出版社，2008：223–224.
❷ 打碎旧的一套［M］//教育科学研究所筹备处. 老解放区教育资料选编. 北京：人民教育出版社，1959：4.
❸ 辛安亭. 编写教材必须注意联系实际——延安时期编写教材的经验［J］. 课程·教材·教法，1982，（1）：84–91.

有高兴，而且是生气地责骂。辛安宁认为这不是笑话，而是深刻的教训！最后他总结到，这种教科书不是建立在广大工农群众需要的基础上，而是建立在主观愿望的基础上，是从城市上层儿童生活出发的，是从抽象概念出发的；不是从广大农村儿童的生活出发。由此，辛安亭提出编写教科书应从边区客观实际出发，要结合边区实际；教材的表达形式，也要结合学习对象的实际，便于学生学习和掌握。

战时边区的一个重要任务是恢复和发展生产。与此相配合，在根据地教科书中，大量加入了有关边区农村生产的内容，教给学生掌握基本的生产劳动方面的知识，培养其劳动信念，让学生对本地的社会发展状况有一定了解，知道如何合理利用本地资源条件来科学地发展生产。可以说，教科书对边区的生产和经济发展起了重要的指导作用。如1945年陕甘宁边区教育厅审定《初级新课本》第四册第十三课"沤粪"一课，写两位小学生访问群众如何沤粪的报告：

在自己种的地里或附近，挖一个窖。把能沤粪的蒿草割下，用锄刀锄成一寸来长。晒一两天，垫到粪窖里。垫时把草和湿土一层一层夹起来，二三寸厚一层，一直垫满。如能倒进一些污水更好。

这样，经过一个月，窖里的草和土就沤成黑油的肥料。上到地里，作用和羊粪差不多。

在根据地教科书中，几乎绝大部分内容都与农村生活相关。无论是语文教科书中的故事、人物，还是数学教科书中的应用题，又或者是常识教科书中内容，都是根据农村生活而编写。《初级新课本》在"编辑大意"中特别提出"本课本以广大农村儿童为主要对象……"❶。编撰者的这一定位代表了根据地教科书的发展方向。事实上，为了更好地服务于农村生活生产，当时甚至把国语和常识合编为一种在陕甘宁边区和晋冀鲁豫边区最常见的国语常识教科书。

陕甘宁《初级新课本》第四册共计有58课，除个别课文外，几乎都涉及农村生活。有的课文从抗战大局引导学生从事劳动。如第七课"春耕"提到："大家都要努力耕啊，保证军民有饭吃啊，大家就要多

---

❶　晋冀鲁豫边区教育厅审定，皇甫束玉编. 初级新课本（第七册）［M］. 太行群众书店，1946－10.

耕种啊。"第九课"开水渠"号召老百姓造林开水渠，课文写道："我们不靠天，我们不求神，我们不但是要打日本，并且还要和自然作斗争。"有的课文从发展生产引导学生协助家长做家务。如第五课"拾粪竞赛"描述了各村子各校学生自行组织拾粪比赛，帮助家里生产的场景。

　　在国语、常识、历史等教科书中，大量加入了有关边区农村生产的内容，将这些常见的东西以文本的形式出现，使学生对课本有更高的学习兴趣，让学生在学得科学基本知识的同时，也对本地区的社会发展状况有了一定了解，知道如何合理利用本地资源条件来发展生产。学校的教育教学为边区社会生产、经济的发展起到了重要的指导作用。

（二）重视农村生活常识

　　教科书还担当起传播科学常识，教给儿童以及广大群众正确生活习惯的重任。如在常识课本"编者的话"中明确说明，要使学生正确认识自然和卫生的常识，知道如何征服和利用自然，培养良好的卫生习惯。这样的目的，不会局限于教给学生，而是由学生传播到所有群众中，使边区所有群众了解基本的科学常识，正确认识生产生活中的各种自然现象，养成良好的生活卫生习惯。艰苦、勤劳、朴素、合作的优良品质正是根据地广大农村贫瘠的战时生活环境所需要的道德要求。根据地教科书通过编撰各种来自农村生活的事件以及革命故事，借榜样的示范力量鼓励学生。《初级新课本》第四册❶第七课"小吴萍"描述了一位七岁的学生响应号召在家搞生产，学习纺织的故事。通过努力，小吴萍可"每天纺一两头等纱"，受到小吴萍这种精神的激励，大家都"加油生产起来"。抗战时期高级小学《算术课本》❷ 中，我们看到的应用题也大都与农村、生产，与艰苦、勤劳、朴素、合作品质及服从抗战需要密切联系。如：

　　荒地30亩，妇女队已开3.6亩，青年队已开4.5亩，老汉队也开2.8亩，问未开的荒地还剩多少亩？

　　借贷所原有小米20.7石，昨天李三借去1.5石，今天又扩充小米

---

❶　陕甘宁边区教育厅. 初级新课本（第四册）［M］. 1945.
❷　算术课本（第二册）［M］. 晋察冀边区点滴出版社，1942.

2.8 石，问借贷所共存小米多少？

王少廷卖猪一口共 36.42 斤，每斤是 0.9 元，除去购买公债款 15.7元，问他尚剩多少元？

在学校教育教学的过程中，教师不会局限于只在课堂教给学生基本的生产劳动方面的知识内容，而且会组织学生实地参加各种劳动，将理论与实际相结合。

根据地教科书是根据地教育的重要组成部分，将科学文化知识撒播到广大人民群众之中，为新中国成立后教科书建设甚至整个教育发展奠定了基础。根据地教科书也是共产党的重要宣传工具，不仅有力配合了抗战救国，而且全面宣传了共产党的政策，为树立共产党的权威、确立共产党的领导、促进根据地各项事业的发展，做出了卓越的贡献。

首先，根据地教科书建立了封闭且统一的教科书制度，保证了教科书政治宣传的功能。为了实现教科书的政治宣传，保证自上而下的政治文化的传输，根据地教科书从 1930 年以后就加大审查力度，提出政府统一编撰的规定。允许各地书店、文化合作社翻印，大量发行，从而有效地扩大了教科书的影响。根据地教科书制度的建设包含了从编撰、出版、审定、发行、使用、巡查各个环节，最终形成了封闭且统一的制度。这种制度保证了教科书宣传的有效性和准确性。

其次，教科书内容始终紧扣政治文化的主题。从中央苏区时期号召儿童们要"努力革命"开始，根据地教育就以其鲜明的政治性指向培养"苏维埃革命斗争的新后代"。根据地教科书在整个编撰出版过程中，从教科书的名称到内容选择，一直贯穿了极强的政治宣传的取向。

正如毛泽东指出："政治上动员军民的问题实在太重要了。我们之所以不惜反反复复地说到这一点，实在是没有这一点就没有胜利。没有许多别的必要的东西固然也没有胜利，然而这是胜利的最基本的条件。"❶ 中国共产党充分利用教科书进行通俗、形象的宣传，有效树立了党的形象和威望，激发了广大民众的革命热情，提高了人民群众的政治觉悟和积极性，赢得了广大人民群众的信任和支持，为党聚集革命力量和实现中国革命的最终胜利奠定了坚实的基础。教科书成为宣传共产

❶ 毛泽东．毛泽东选集．第二卷［M］．北京：人民出版社，1991：513．

党领导不可替代的、影响最广泛的重要文本。

第二节 革命根据地教科书之影响

中国革命根据地的共产党人将自己对历史、对世界、对人生的总体理解和把握熔铸到教科书中，以此传播共产主义理想，启迪千百万民众。教科书在中国共产党发展历程中所发挥的巨大的政治动员效应，是其他任何文本所不能取代的。同时，作为一种特殊教育模式的载体，随着党全面进入城市后又深刻影响着之后的教育。

一、革命根据地的政治动员功效

革命根据地的学校是政府执行政策的助手，教科书具有宣传和协助执政的功能。经由教科书，使学生达成一种高度的文化共识和文化认同：肩负共同的任务，通过共同的生活方式、共同的话语模式，达到共同的精神文化，最后完成共同的任务。再经由广大的学生将其传至社会。一定意义上来说，共产党在人民心中地位的上升是和根据地教科书的发展成正比的。

革命根据地教科书的政治动员功效在中央苏区时期的教科书中就已鲜明体现。1930 年 5 月，湘鄂赣边界工农兵暴动委员会编辑出版的《红孩儿读本》以及之后的《共产儿童读本》《苏维埃课本》《国防教科书》，仅看教科书名就政治意味十足。随后，教科书经历了抗日战争前期、抗日战争后期、解放战争时期，在内容主题和编撰形式上跟随每个时期的政治文化的变换。抗日战争前期，中国共产党推行建立正规化的教育制度，教科书为符合正规化的建设，在编撰上逐渐规范化，在内容主题上也突破了中央苏区时期以政治为核心的单一选材。当然，政治主题仍然是该时期教科书中的重要题材。抗日战争后期，随着教育与"实际"结合的展开，根据地推行了一系列教育政策措施，最终的目的是使得教育与根据地的本土经验结合。在这一进程当中，前一阶段教科书规范编撰的做法被批判为不符合根据地实际情况。因此，教科书在选材上删除了与本土无关的内容。在编撰形式上也极力与本土特征相适应，进行本土化的改编。解放战争时期，根据地又依据新的政治环境重新设定了教育方针，教育以服务战争和为进城做准备工作。据此，根据地又提出了建立正规化教育的制度。因前一阶段中，教科书基本为本土化内容，因此，内战时期的教科书在选材上又增加了适应城市需要的内容，在编撰形式上也突破了仅体现本土特征的形式。

在这一迂回转折的教科书编撰历程中，只有一条主线是不变的，即始终反映根据地的政治文化。根据地教科书在内容主题和编撰形式上几乎完全跟随政治文化的变化而不断地修订或新编。因此，几乎每次教科书新编都有对原有教科书的批判。在中央苏区时期，党新编教科书时，对国民党地区的教科书、私塾使用的传统课本、教会编撰的教科书进行了批判，并命令禁止使用；抗日战争前期则是对中央苏区时期的教科书展开批判，提出其中政治观的错误；抗日战争后期则是对抗日战争前期的教科书展开批评，提出教科书中过多城市化内容等问题不符合根据地的实际情况；解放战争时期批评抗日战争后期的教科书存在过于重视本土的经验，对学科知识的关注度不够。根据地教科书不断地否定前一阶段的教科书，其理论依据始终是新阶段的政治文化的需要大于教育规律和学科规律的需要。与此相应，教科书在编撰体例上则迂回较少，呈现出不断完善和规范的趋势。可见，政治文化是推动根据地教科书变换的主要动力。

在根据地的发展历程中，教科书的确产生了巨大的政治动员效应。在信息单一的革命根据地，教科书无疑是有着最大范围读者的文本。中国共产党充分利用教科书展开政治动员，在提高广大人民群众的识字水平和认知水平的同时，有效树立了党的形象和威望，激发广大民众的革命热情，提高了人民群众的政治觉悟和积极性，赢得了广大人民群众的信任和支持，为党聚集革命力量和实现中国革命的最终胜利奠定了坚实的基础。

二、革命根据地教科书的塑形作用

中国革命根据地教科书为新中国成立以来的教科书编辑出版提供了经验。正如第一次全国教育会议上的总结报告提出的："建设中华人民共和国的新教育是一个长期奋斗过程。中国的新教育正和中国的新政治、新经济一样，开始于二十多年前的老解放区（当时的土地革命根据地），经过八年抗日战争和三年多解放战争，在毛主席的文教政策领导下，有了重要的发展，并积累了不少的经验，尤其在民众教育、知识分子的思想改造教育、农村小学教育等方面。"中国革命根据地教科书作为新中国成立初期新编教科书的模板，直接影响了教科书的编撰。在1949年12月第一次全国教育工作会议上，考虑到各地不同的实际情况，提出了由旧到新的发展需要一个过程。在新中国成立之初，全国大部分地区都已经解放，但各个解放区还都有自己的教育教学体系，有自己所使用的教科书，如何进行整理和规划成为这段时期的难题。直到1951年2月，由政务院文化教育委员会批准出版总署制定的《1951年出版工作大纲》明确要求重新编写中小学课本，并规定全国中小学课本由国家统一供应。至1951年秋季，才开始统一使用全国通用的中小学教材。可以说，根据地教科书的编撰经验在新中国成立初期教育建设中起到了积极的作用。同时，根据地教科书又通过该渠道对之后的教科书编撰发挥着塑形作用。

我们很明显看到，在新中国的发展历程中，根据地教科书对中小学教科书产生了深刻的塑形影响。例如"文革"课本中对领导人物的偶像崇拜，教科书脱离学科知识体系编撰，完全与生产劳动的经验相结合的的荒诞现象，都可以从根据地教科书当中找到源头。又如新中国成立以来教科书中强调政治教化的问题，也可以从根据地教科书中找到模式。回到革命根据地的历史语境中，教科书的这些做法有其特殊的历史原因。应该注意根据地教科书所产生的影响。

总的来说，中国革命根据地教科书的制度及编撰的经验为1949年后的中国教育奠定了基础，其中伴随的教育价值观及教育实践形式变化对后来产生了长远的影响。我们应该在新的教科书编撰语境当中客观分析根据地教科书这一教育经验所带来的影响。

后　记

　　2011年寒假，我在北京整理着几篓破旧不堪的教科书。这差不多是石鸥老师的教科书博物馆中最破旧的书，所以我必须戴上白色手套相当缓慢小心地翻。它们大部分没有封面和版权页。别说很难见到一本内容齐全的，就连纸张齐全的一页都难得见到。我借助对近现代教科书基本情况的粗浅了解和收集整理教科书的经验，连蒙带猜地替它们归类，恢复了它们的身份。与博物馆中其他教科书相比，这几篓子教科书是格外不同的。以致长时间以来，我不知道如何去解释它们。

　　最初注意这些教科书，是因为它们在内容选择和编撰形式上所体现出来的独特。1930年编撰出版，供"红色初级小学校"一年级学生使用的《红孩儿读本》第一册第一课写道："红孩儿，笑哈哈，他常对人说道：我要做出掀天揭地的事业，我要走遍地角与天涯，做个伟大革命家。"1934年编撰出版，供"列宁小学"使用的《少队游戏》，编入的游戏有："勇敢冲锋杀敌""反对开小差""避飞机""丢炸弹""冲破新的困难""通过坑道""冲破敌步哨的侦探""攻城""抄袭要塞""秘密传令""臂力竞赛""两人三脚跑""视觉敌情""战图记忆""急行侦察""寻号行军""骑马战斗"。与前两本同一时期编撰出版，供"列宁初级小学校"使用的《国语读本》第二册第三十三课"打倒国民党歌"的课文直接列出了简谱和歌词。

　　这几个例子是本书第一章"中央苏区"时期的教科书所涉及的。与我们熟知的教科书相比，它们的选材和编撰有很大差异。谁编撰出版了这些教科书？他们为什么选择这些内容，为什么这样编撰？老师和学生使用这些教科书时是何想法？当时的人们能接受这些内容吗？这些教科书是否有效实现了当时的教育目的，还是别的？……我头脑中不断冒出这些细小又具体的问号，对它们的产生和使用过程充满了疑问。当然，也有一个简单明了且正确的答案：战争年代嘛！这个直接的答案在我的研究过程中也一度跳出来消解我的疑问，仿佛这些教科书身上的独特之处都可以用战争解释。顺着战争的逻辑去理解，是不是这样就可以了？

在革命根据地不过几十年的时间里，教科书在内容选择和编撰形式上的变化是相当大的。我最喜欢看的例子是两篇关于"盐"的文章。第一篇是在 1942 年编撰出版的教科书中，课文大概这样写：有一家人家，妈妈炒好了菜，两个儿子觉得不大好吃，妈妈才叫他们去找盐，于是"老大向东走，走到海边，买了些盐回来""老二向西走，找到一个大盐池，也买了很多盐回来"。第二篇在 1944 年编撰出版的教科书中，课文大概这样写：侯生云的爸爸是驼盐队的。侯云生问："三边有多少盐呢？为什么年年月月去驼，还没有驼完？"爸爸说："在定边县城有几个大盐池，一年能出几十万驼盐，全边区一百五十万人吃不完。"侯生云又问："为什么盐能算作三边的宝贝呢？"爸爸说："盐是谁也不能不吃的东西，能说它不是宝贝吗？我们边区驼出盐去，解决了公家和群众不少困难。可见盐不单是三边的宝贝，还是全边区的宝贝哩！"

这两篇课文是本书第二章和第三章所涉及的。1942 年版教科书对盐的描述采用故事的手法，超越了常规时空的限制，以童话形式呈现了两种盐的不同。1944 年版教科书则是采用事件叙述的手法，采用对话的形式呈现盐这一事物。两篇课文是根据地两个不同阶段的教科书代表。前版教科书被后版教科书取而代之，以平铺直叙的课文替换了儿童化的叙述语言，并且不再选用改编自传统故事和寓言的课文。两种不同的编撰手法背后反映出教育理念的不同，更是体现出那一时代对教育、教科书的不同理解、选择。若用今天对教育、教科书的理解来看，真是遗憾。在 1942 年版课文"盐"之类的教科书中所呈现的想象力、美感，以及诵读时的音乐感，在根据地教科书历史中犹如昙花一现。独特的根据地教科书模式正是在这一阶段形成并稳定下来，1944 年版课文"盐"之类的教科书成为之后的根据地教科书编撰的蓝本。并持续影响着 1949 年后的教科书编撰。

本书的重点正是在梳理 1949 年以前中国共产党编撰的教科书在内容选材和编撰形式上的特点及变化，并试图解释它的功能及影响。研究建立在教科书史料基础上，以文本特征为切入点，将该时期教科书历史发展划分为"中央苏区""抗日战争（上）""抗日战争（下）""解放战争"四个时期。对每一时期教科书的编撰概况、文本内容展开分析。其中，重点分析教科书的内容主题、编撰体例的特点与变迁。最后，将该时期的教科书置位于中国百年教科书的历史脉络中，分析其产生的原因、特点，以及对 1949 年之后教育及教科书的塑形作用。

本书的形成有两个基础。一是关于中国近代教科书的系列研究，二是关于中国革命根据地教育的系列研究。

关于中国近代教科书的系列研究是本书的直接生长点。近年来，中国近代教科书成为学界，甚至社会的重点关注。该领域研究以石鸥教授的研究团队为代表，首次整体梳理了清末新教育以来的教科书，从时间、学科、区域等层面展开深入研究，获得了对其发展历史的宏观且清晰的把握。该系列研究引用了丰富的教科书原件或原始资料，强化了教科书研究的权威性和准确性。目前，已有多部著作、多篇博士论文以此方式深入梳理近代教科书的历史及影响。这是本书形成的直接生长点。

我有幸作为团队成员，经历参与了收旧教科书、整理旧教科书和研究旧教科书。也由此有机会从宏观的中国近代教科书历史脉络中，注意到了中国革命根据地教科书在选材、编撰、叙事等方面的特殊性，以及在 1949 年后的教科书中看见这种特殊性的明显且持续影响。在研究团队的交流中，越来越肯定，中国有着古老且悠久的教育和文化传统，但是分析和解决当前教育存在的问题，有一个源头需要格外关注，即中国革命根据地的教育。要了解该时期的教育，就要直接翻开该时期的教科书。它是当时教育活动最主要的"参与者"，记录了教育活动的历史现场。研究由此而出发，希望可解释在中国近代教科书历史中的这一特殊现象。

关于中国革命根据地教育的系列研究为本书内容的展开提供了基础。1949 年以来，关于中国革命根据地教育的研究备受重视，以中央教育科学研究所的"中国革命根据地教育史研究"的相关课题研究为代表。早在 1956 年，中央教育科学研究所筹备处成立之时，就将征集中国革命根据地教育资料以及研究该时期教育经验作为一项重要的任务，并从各地征集来了近 300 万字的原始资料和报刊文章。其间的研究由于受到"文化大革命"的影响而结束。但在 1979 年 3 月召开的第一次全国教育科学规划会议上，革命根据地教育史的研究又重新被列为全国教育科学的重点研究项目。到 1983 年，全国教育科学"六五规划"将其列入重点项目，研究工作得以重启。"中国革命根据地教育史研究"课题组由中央教育科学研究所牵头，董纯才负责，各有关省区教育行政部门和科研部门积极配合参与了项目。前后共征集了上亿字的资料，包括第一手的原始文献资料、各级各类学校的课本、知情人的口述资料。课题系列研究成果主要有教育资料汇编与中国革命根据地教育史两方面，完成了中国革命根据地时期的教育史料体系的建构，并在系列子专题上有深入研究。这系列研究成果为本书了解该时期教育基本状况提供了基础。

中国近代教科书的系列研究为本书提供了近代教科书发展的宏观视角，使本书可以对研究对象进行纵横双向的研究比对。中国革命根据地教育的系列研究为本书提供了丰富的教育研究参照，使本书可以了解该时期文化教育的发展状况。以此两方面为基础，从教科书编撰的"历史语境""基本情况""文本特征"三个层次考察中国革命根据地的教科书，并在每个历史阶段中结合教科书文本案例分层次展开论证分析。

全文共五个章节。第一章讨论中央苏区时期（1927～1937）的教科书。中央苏区时期极其不稳定的教育局面是教科书编撰的背景。这导致教科书编撰未走向常规化的轨道，成套的学科教科书较少，以读本、常识、识字、游艺等类型为主。在文本特征方面体现出了极大的原创性。具体有主题选材和结构体例单一、叙述风格成人化的鲜明特征；第二章讨论抗日战争初期（1937～1942）的革命根据地教科书。抗日战争初期确立教育全面为抗日服务，以及迅速建立正规的教育制度是教科书的编撰背景。虽然有严重的课本缺乏问题，但各项政策也促使了教科书编撰走向正规化。教科书在主题选材上突破了政治和生活的单一主题，大量加入学科知识，在编撰形式上引入了教学设计；第三章讨论抗日战争后期（1942～1946）的革命根据地教科书。抗日战争后期确立了教育应与"实际"结合的基本方针，停止了教育正规化的建设。这一时期，教科书缺乏的问题得到了解决，还编出了系统的以"学科混编"为主的教科书。教科书在内容主题上删除了"城市"，选材彻底本土化，在编撰形式上去除"儿童化"等形式，强调本土特征；第四章讨论解放战争时期（1946~1949）的革命根据地教科书。解放战争时期的教育为进入城市服务，建立正规化的教育被再次提出。该时期编出以"学科分编"为主的教科书。教科书在内容主题上突破本土化特征，增加了"城市"题材，在编撰形式上强调学科规律；第五章讨论革命根据地教科书的特征及后续影响。革命根据地教科书的发展历程体现出政治面向和农村面向两大典型特征；教科书的政治面向体现出根据地教科书在不同时期宣传党的政策和党的领导人，服从战争需要的特点；教科书的农村面向体现出教科书重视农村生产知识和农村常识的特点。最后，揭示根据地教科书在根据地社会中产生的政治鼓动作用以及对1949年后中国教育的塑形作用。

　　研究中的诸多问题还未能全部回答。今后的研究，我将进一步完善补充，并将重点放在解释教科书的功能与影响之上。

　　本书是教育部人文社会科学青年基金项目"延安教科书的形成与影响"（13YJC880055）的研究成果，也是北京市社会科学基金重大项目"革命根据地教科书整理与研究"（15ZDA09）的成果之一。

　　感激我的老师石鸥教授带领我进入教科书研究的领域，指引我展开研究。更感谢老师为我提供了如此丰富和珍贵的根据地教科书的资料。也感谢我的同门师兄、姐、弟、妹，感谢我的朋友们，在研究过程中给予我的启发和帮助。

石　玉
2015年写于浙江嘉兴